25가지 문제로 배우는
LLM 입문 with 파이썬

25가지 문제로 배우는
LLM 입문 with 파이썬

——

초판 1쇄 발행 2024년 07월 15일

지은이 **요시키 간다**
번역 **임선집**
감수 **채호창**
펴낸이 **한창훈**

발행처 **루비페이퍼** 등록 2013년 11월 6일(제 385-2013-000053호)
주소 경기도 부천시 원미구 길주로 252 1804호
전화 032_322_6754 팩스 031_8039_4526
홈페이지 www.RubyPaper.co.kr
ISBN 979-11-93083-19-2

- 이 책은 저작권법에 따라 보호받는 저작물이므로 무단 전재와 무단 복제를 금하며,
  이 책 내용의 전부 또는 일부를 이용하려면 저작권자와 루비페이퍼의 서면 동의를 받아야 합니다.

- 책값은 뒤표지에 있습니다.

- 잘못된 책은 구입처에서 교환해 드리며, 관련 법령에 따라서 환불해 드립니다.
  단, 제품 훼손 시 환불이 불가능합니다.

——

Generative AI-Master LLMs Python Hands-On
Copyright ⓒ 2024 Yoshiki Kanda All rights reserved.
Korean Translation Copyright ⓒ 2024 by Rubypaper Publishing Co.
This Korean edition published by arrangement with Yoshiki Kanda through Agency-One, Seoul.

이 책의 한국어판 저작권은 에이전시 원을 통해 저작권자와의 독점 계약으로 루비페이퍼에 있습니다.
저작권법에 의해 한국 내에서 보호를 받는 저작물이므로 무단전재와 무단복제를 금합니다.

들어가면서

OpenAI의 챗GPT가 전 세계를 휩쓸면서 LLM이 각광을 받고 있습니다. LLM이란 대량의 텍스트 데이터에서 주어지지 않은 다음 단어를 예측하는 기법으로, 자연어의 통계적 패턴을 학습해서 번역, 요약 등 다양한 언어 작업을 수행하는 범용 모델입니다. **챗GPT**가 LLM의 대표적인 예입니다. 2023년 11월에는 GPT-4-Turbo라는 더욱 빠르고 정확하며 대량의 컨텍스트를 처리할 수 있는 모델이 공개되었고, 이미지를 해석할 수 있는 GPT-4 with Vision이라는 멀티모달 모델도 동시에 출시되었습니다. 그 직후 Anthropic사에서 20만 토큰의 컨텍스트를 입력할 수 있는 클로드2.1 모델을 공개하였습니다(토큰은 하나의 단어 혹은 문자를 의미합니다). 앤트로픽은 2024년 3월에 **클로드3** 모델을 추가로 출시하여 다양한 벤치마크에서 GPT-4를 능가했습니다. 구글에서도 OpenAI의 GPT-4 with Vision에 필적하는 제미나이 울트라$^{Gemini\ Ultra}$라는 멀티모달 모델을 발표한 바 있습니다. 2024년 2월에 제미나이 1.5가 공개되고 최대 컨텍스트 길이가 100만 토큰까지 확대되는 등 비약적인 기술 발전이 이루어지고 있습니다. 아울러 구글은 제미나이를 개발하는 과정에서 획득한 기술을 기반으로 구축한 오픈소스 Gemma를 공개해 화제가 되고 있습니다. 이처럼 OpenAI, Anthropic, 구글은 치열한 경쟁을 벌이고 있으며 이들이 발표하는 모델의 세부적인 내용은 기업 비밀에 부치고 있습니다.

반면 메타(구 페이스북)는 이 세 회사와는 다른 길을 걷고 있습니다. 메타는 2024년 4월에 **라마3**^{Llama3}를 출시했습니다. 타 회사의 LLM과 달리 오픈소스로 공개된 라마3는 벤치마크(성능을 시험하여 수치화하는 것)에서 라이벌인 제미나이 프로 1.5와 클로드 3 소네트 모델을 능가했습니다.

다만 어떤 LLM이라도 인간에 필적하는 능력을 목표로 학습하려면 수천에서 수만 대의 고성능 엔비디아 GPU가 필요한데, 이런 환경을 갖출 수 있는 업체는 한정적입니다. 앞서 언급한 회사와 더불어 마이크로소프트, 애플, 테슬라, 아마존 정도의 빅 테크 기업만 이러한 투자가 가능할 것입니다.

들어가면서

이처럼 빠르게 발전하는 AI 영역에서 변하지 않는 부분과 변하는 부분을 구분하고, 변하지 않는 핵심 기술을 집중적으로 습득하는 것이 중요합니다. 따라서 이 책에서는 LLM을 살펴보고자 합니다. 구체적으로는 컴퓨터 사이언스 분야에서 생성 AI가 등장하기까지의 과정을 살펴보고, 변하지 않는 핵심 기술인 '언어 모델'이란 무엇인지 알아봅니다. 또, 공통적으로 사용하는 **트랜스포머**^{Transformer}라는 모델의 개발 배경에 대해 설명합니다. 이어서 데이터 과학에서 주로 사용하는 파이썬의 넘파이^{Numpy} 라이브러리를 사용해서 GPT를 직접 구현해 보고 GPT-2의 모델 가중치를 로드하여 언어 모델을 생성해 봅니다. 그리고 보다 실용적인 구글의 대규모 언어 **Gemma-2b**를 사용하여 파인튜닝까지 시도합니다.

이 책의 대상 독자

이 책의 대상 독자는 AI와 자연어 처리에 관심이 있는 학생, 데이터 과학자, 엔지니어, 자연어 처리 연구원, 소프트웨어 개발자입니다. 따라서 파이썬과 수학의 기초 지식이 없어도 누구나 쉽게 읽을 수 있도록 노력했습니다.

이 책의 구성

이 책은 파이토치, 허깅페이스, 파이썬 등으로 구성된 25개의 실습 과제로 생성 AI와 대규모 언어 모델, 즉 LLM의 기초와 최신 기술 동향을 살펴봅니다. 먼저 개념과 이론을 살펴보고 연계된 실습을 진행한 다음 코드를 한 줄씩 상세하게 살펴보면서 이해를 높일 수 있도록 구성하였습니다. 실습은 간단하게는 프롬프트로 이미지를 생성하는 것부터 데이터 전처리, 추론 및 시각화 등을 통해 실제로 생성 AI를 구축하거나 파이토치, 허깅페이스, 파이썬 코드를 작성하는 방식으로 구성되어 있습니다.

이 책은 총 3개의 파트로 구성되어 있으며 각 파트에서 다루는 내용은 다음과 같습니다.

Chapter 1 생성 AI

생성 AI의 정의와 구성을 살펴보고 자주 등장할 용어들을 살펴봅니다. 실습으로는 챗GPT를 이용한 튜링 테스트와 코파일럿을 이용한 질의 응답을 해보고, 응용 예제까지 살펴봅니다. 또, 이 책의 실습에서 자주 사용할 도구인 구글 코랩 환경 설정도 다룹니다.

머신러닝의 입문 단계로써 신경망을 사용하여 손글씨를 숫자 이미지로 시각화하기, 2013년에 구글에서 발표한 자연어 처리 기술인 'Word2Vec'으로 King-Man+Woman 계산하기, 2017년 구글에서 발표한 트랜스포머에 기반한 SentenceTransformer로 문장 간 유사도 계산하기 등의 실습을 진행합니다.

Chapter 2 LLM 기본 편

이 파트에서는 언어 모델에 대한 정의와 기술적 문제, 극복 과정을 설명합니다. 실습으로는 가장 기본 모델인 n-gram 언어 모델을 파이썬으로 구현하여 학습과 문서 생성을 시도합니다. 또한 n-gram 언어 모델의 문제를 해결한 RNN 언어 모델과 그 친척인 신경망 번역 모델을 구현합니다. 더불어 트랜스포머 번역 모델을 소개합니다.

이 책의 구성

Chapter 3 LLM 심화 편

이 파트에서는 넘파이 라이브러리를 사용하여 GPT 언어 모델을 작성하고 여기서 더 나아가 허깅페이스에 공개된 모델을 이용하여 문장을 생성합니다. 그리고 트랜스포머의 인코더 전용 모델인 BERT의 파인튜닝을 통한 추론 결과를 비교합니다.

그리고 '심화 편'이라는 키워드에 걸맞게 LoRa와 구글 Gemma-2b-it을 사용하여 효과적으로 파라미터를 생성하는 파인튜닝과 추론을 실행합니다.

이 책을 집필하면서 끊임없이 변화하는 AI 기술을 따라잡는 것이 쉽진 않았습니다. 하지만 이 분야를 연구할수록 그 가능성에 매료될 수밖에 없을 정도로 최근 경이적인 기술 발전이 이루어지고 있습니다. 예를 들어 혁신적인 LLM이자 멀티모달 모델인 챗GPT와 구글 제미나이 등의 등장으로 AI 기술의 변곡점이 가까이 왔음을 실감하고 있습니다. 우리는 이러한 새로운 도전과 발견의 시대에 살고 있습니다. 이러한 시대에 끊임없이 학습하는 자세가 중요하다는 것을 다시 한번 깨닫게 됩니다. 이 책을 통해 여러분이 생성 AI와 LLM에 대한 이해를 넓히고, 활짝 핀 AI 시대에서 더 나은 기회를 얻기를 희망합니다.

역자의 말

몇 년 전 국내 어느 대학에서 외국인 학생들을 대상으로 딥러닝 과목을 가르칠 기회가 있었습니다. 당시 교재를 찾아 방문했던 아마존 사이트에서 정말 간결하고 쉬운 허깅페이스 트랜스포머 책을 발견해 그 책으로 수업을 진행했습니다. 이때 경험을 바탕으로 번역한 책이 『101가지 문제로 배우는 딥러닝 허깅페이스 트랜스포머 with 파이토치』입니다.

첫 번역서와 유사하게 이 책은 25가지 문제를 내고 그에 따른 해설을 실어 독자가 문제별로 따라가면서 코드를 실행하며 학습하도록 구성돼 있습니다. 제가 이 저자를 좋아하는 이유는 어려운 주제를 상당히 쉽고 간결하게 설명한다는 것입니다.

생성형 AI와 LLM은 최근 엄청난 붐을 일으키고 있습니다. 이 책의 번역을 마친 직후 OpenAI에서 GPT-4o가 발표되었고 하루 뒤에 구글이 100만 개 토큰을 처리할 수 있는 제미나이 1.5 프로를 선보였습니다. 그리고 마이크로소프트 365 코파일럿 한글판도 출시되었습니다. 그야말로 AI의 특이점이 조만간 현실이 될 것 같습니다. 이런 분위기 속에 이 책은 다음과 같은 안내서 역할을 하길 희망합니다.

① 생성형 AI와 LLM에 대한 기초 학습
② LLM 코드 실습을 통해 진입 장벽 낮추기

원서의 언어 모델 예제가 일본어 전용 모델들이 대다수다 보니 국내 독자들의 편의를 위해서 한국어 처리 모델로 변경했습니다. 또, 원서에 없던 '보충 수업' 섹션을 추가해 이 책의 두 번째 목표인 진입 장벽을 낮추는 데 일조하고자 했습니다. 이는 파이썬, 파이토치, 트랜스포머 등 머신러닝, 딥러닝 프로그래밍에 익숙하지 않은 독자들을 위함입니다.

이 책은 전반적으로 쉽게 쓰여진 책이지만 그럼에도 LLM, 즉 딥러닝 모델 특유의 어려운 코드가 존재하기 마련입니다. 이렇게 어려운 코드를 만나서 이해가 어려울 때면 과감하게 넘겨도 좋습니다. 쉽게 읽히는 부분을 여러 번 읽고

역자의 말

난 다음에 어렵게 느껴졌던 코드로 되돌아와 읽어도 이 책을 이해하는 데 아무런 문제가 없습니다.

생성형 AI와 LLM은 대부분 파이토치로 작성한 트랜스포머 모델로 구성돼 있습니다. 그리고 데이터셋을 다루는 파이썬의 데이터프레임 구조가 대규모 언어 모델을 다룰 때도 이해의 기초가 됩니다. 또, 파이토치는 파이썬의 라이브러리이기도 해서 파이썬과 파이토치 그리고 파이토치에 기반한 트랜스포머 모델 등은 모두 파이썬 코드 구조에서 포괄적으로 이해하는 것이 좋습니다.

최근에 저는 파이썬 데이터프레임에서 다국어 텍스트로 구성돼 있는 일부 변수(예: 고객 리뷰 내용)의 값을 영어로 번역하는 작업을 수행했습니다. 이때 파이썬 코드 구조 안에서 허깅페이스 트랜스포머 모델을 불러와 다국어 번역을 수행하고 다시 파이썬 코드의 데이터프레임으로 저장할 수 있었습니다. 즉, 파이썬, 파이토치, 트랜스포머 모델, LLM은 상충하는 개념이 아니라 전체적으로 하나의 코드 파일(예: ipynb 파일)에서 필요할 때마다 불러 내서 사용하는 레고라 생각하면 편리합니다. 레고끼리 연결할 수 있듯이 이들 프로그래밍 언어나 모델도 모두 연결됩니다. 그리고 작업 결과는 후속 쓰임새에 따라 파이썬 데이터프레임 혹은 파이토치 데이터세트 형식으로 저장하면 됩니다. 따라서 각각에 대한 기초 지식을 꾸준히 닦아 두기를 당부합니다. 이는 생성형 AI와 LLM의 폭발적 성장 시점인 이 즈음에 꼭 필요한 여러분의 자산이 될 것입니다.

이 책에 대한 질문이나 의견이 있다면 다음 이메일로 연락하기 바랍니다.

- 한국어판 내용 관련 질의: jasonyim@naver.com

임선집

소스 코드와 실습 안내

이 책에서 다룬 모든 실습에 쓰인 한국어판 소스 코드는 github.com/jasonyim2/book5에서 다운로드받을 수 있습니다. 소스 코드는 책의 어느 부분을 학습하더라도 쉽게 실행할 수 있도록 7개의 코랩 노트북 파일에 담아 두었습니다. 코랩 노트북 파일에 따른 실습 범위는 다음과 같습니다.

▶ 원서에 쓰인 일본어판 소스 코드는 bit.ly/3Po8SyR에서 구글 코랩 노트북 파일로 직접 다운로드받을 수 있습니다.

코랩 노트북 파일(.ipynb)	실습 범위
Book5_1.ipynb	실습 5 ~ 14
Book5_2.ipynb	실습 15, 16, 17
Book5_3.ipynb	실습 18, 19
Book5_4.ipynb	실습 20, 21
Book5_5.ipynb	실습 22, 23
Book5_6.ipynb	실습 24
Book5_7.ipynb	실습 25

전체 소스 코드를 내려받아 모든 ipynb 파일을 구글 드라이브에 업로드한 다음 파일을 구글 코랩에서 열고 코드를 순서대로 실행하며 책을 읽는 것을 추천드립니다. 참고로 구글 코랩은 파이썬, 파이토치 등의 다양한 프로그래밍 언어를 코딩할 수 있는 코랩 노트북 환경을 제공합니다.

- **구글 코랩**: colab.research.google.com

이 책의 모든 실습 코드는 코랩에서 실행했고 웹 브라우저는 크롬을 사용하였습니다. 실습을 진행하면서 기본적인 코랩 사용법을 손에 익힐 수 있지만, 더 자세한 설명은 〈Google's terms of use and privacy(policies.google.com)〉를 참조하기 바랍니다.

목차

CHAPTER
01
생성 AI

01.1 _ 생성 AI란? 14
01.2 _ 튜링 테스트 16
    실습01 챗GPT의 튜링 테스트 17
01.3 _ AI의 정의 20
01.4 _ 검색 엔진 빙 코파일럿 21
    실습02 질의 응답하기 24
    실습03 이미지 생성하기 26
    실습04 이미지로 질의 응답하기 29
01.5 _ AI의 역사와 생성 AI 31
01.6 _ 파이썬 프로그램 환경 33
    실습05 첫 파이썬 코딩 34
01.7 _ AI 다트머스 회의 41
    실습06 숫자 이미지 그리기 43
    실습07 전결합형 신경망 정의하기 53
    실습08 학습 전 추론: 더미 데이터 55
    실습09 학습 전 추론: 테스트 데이터 58
    실습10 전처리: 데이터 정규화 62
    실습11 학습 데이터 및 테스트 데이터 분할 65
    실습12 신경망 학습시키기 66
    실습13 성과 평가하기 68
    실습14 추론 및 시각화하기 72

01.8 _ 머신러닝   77

01.9 _ Word2Vec으로 King-Man+Woman 계산   80

    실습15 Word2Vec, 유사한 단어 찾아 정렬하기   81

01.10 _ 딥러닝   91

    실습16 Sentence-Transformer를 활용한 문장의 유사도 측정하기   97

01.11 _ 디퓨전 모델과 MMM   100

    실습17 텍스트로 이미지 생성하기   104

CHAPTER 02

LLM 기본 편

02.1 _ 언어 모델이란?   112

02.2 _ n-gram 언어 모델   114

    실습18 n-gram 언어 모델 기본형 만들기   118

    실습19 응용 n-gram 언어 모델 만들기   131

02.3 _ RNN 언어 모델   139

    실습20 RNN 언어 모델   142

02.4 _ Seq2Seq 모델과 셀프 어텐션 메커니즘   155

02.5 _ 트랜스포머   157

    실습21 트랜스포머를 이용한 신경망 기계 번역하기   159

CHAPTER 03

LLM 심화 편

03.1 _ GPT		170
실습22 GPT, picoGPT 실행하기		171
실습23 GPT로 한국어 문장 생성하기		196
03.2 _ BERT		199
실습24 BERT 파인튜닝으로 영문 뉴스 기사 분류하기		202
03.3 _ Text-to-Text 트랜스포머, T5		217
03.4 _ 스케일링 법칙		218
03.5 _ 언어 모델 퓨샷 학습기		221
03.6 _ FLAN		224
03.7 _ InstructGPT(RLHF, PPO)		226
03.8 _ RLHF에서 DPO로		229
03.9 _ MoE		231
03.10 _ Sparse MoE		233
실습25 나만의 LLM 파인튜닝하기		234

찾아보기 260

CHAPTER

01

생성 AI

01.1 _ 생성 AI란?

01.2 _ 튜링 테스트

01.3 _ AI의 정의

01.4 _ 검색 엔진 빙 코파일럿

01.5 _ AI의 역사와 생성 AI

01.6 _ 파이썬 프로그램 환경

01.7 _ AI 다트머스 회의

01.8 _ 머신러닝

01.9 _ Word2Vec으로 King−Man+Woman 계산

01.10 _ 딥러닝

01.11 _ 디퓨전 모델과 MMM

01.1 생성 AI란?

딥러닝 협회에서는 생성 AI를 "사용자가 데이터를 입력하면 특정한 처리(저장, 분석, 생성, 학습)가 이루어지고 그 결과를 출력하는 AI"라고 정의합니다. 맥킨지 앤 컴퍼니의 〈What is generative AI〉 보고서에서는 음악, 소스 코드, 이미지, 텍스트, 비디오, 시뮬레이션 등의 산출물을 만드는 AI를 생성 AI라고 봅니다. 즉, AI가 입력을 받아 처리하고 그 결과로 무언가를 생성하면 이를 '생성 AI'라고 부릅니다. 이 정의는 키보드, 마우스, 디스플레이, 스피커와 같은 컴퓨터의 다양한 입출력 장치 덕분에 많은 AI 애플리케이션에 적용할 수 있습니다.

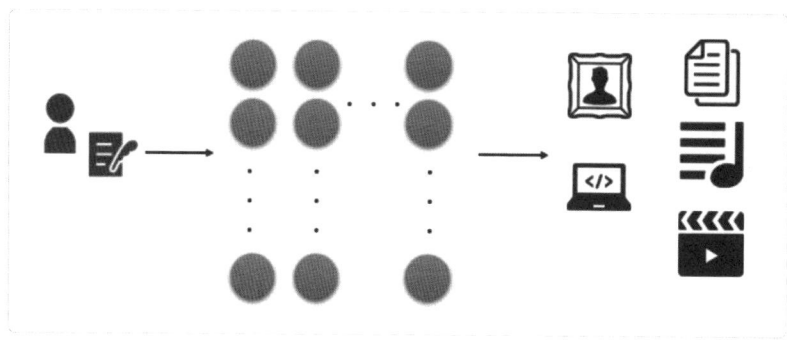

생성 AI 개념도

'생성 AI'라는 용어에서 AI는 **트랜스포머**^{Transformer}라는 특정 구조를 중첩하여 쌓아 올린 모델을 지칭하는 경우가 많습니다. 여기서 말하는 트랜스포머란, 인간의 신경 세포 네트워크를 모방한 딥러닝 신경망 중 특정한 형태를 지칭합니다.

앞서 그림에서는 사람과 산출물 사이 노드 간의 링크, 즉 연결선을 생략했지만 실제 모델에서는 이 링크마다 가중치를 부여합니다. 모델에 **레이블**^{Label}, 즉 정답 데이터를 입력한 채 학습시켜서 모델의 가중치를 업데이트합니다. 이러한 학습에는 고성능의 하이엔드급 GPU$^{Graphic\ Processing\ Unit}$가 필요합니다.

참고로 학계에서 '생성형^{Generative}'이라는 용어를 본격적으로 사용하기 시작한 것은 2014년부터입니다. 이 해에 컴퓨터 과학자 이안 굿펠로우$^{Ian\ Goodfellow}$ 박사가 발표한 GAN$^{Generative\ Adversarial\ Network}$ 모델에서 이 용어가 처음 등장했습니다. 생성형 모델은 GAN의 파생 모델인 VAE$^{Variational\ Auto\ Encoder}$, Flow-based 생성 모델 등을 거쳐 발전해 왔습니다. 그리고 2022년

이후에는 이미지를 생성하는 **디퓨전**^{Diffusion} 모델과 자연어 처리^{NLP, Natural Language Processing} 트랜스포머를 활용한 대규모 언어 모델인 **LLM**^{Large Language Model}의 발전이 두드러졌습니다. LLM의 대표적인 예가 바로 챗GPT의 **GPT** 모델입니다. 최근에는 이미지와 자연어 처리를 동시에 하는 멀티모달 모델인 **MMM**^{Multi Modal Model}이 각광받고 있습니다. 이러한 모델을 통칭해 생성 AI라고 합니다.

이처럼 생성 AI는 많은 모델을 포함하고 기능이 다양하기 때문에 학계에서는 물론이고 비즈니스 영역에서도 환영받고 있습니다. 일례로 이미지 생성에 흔히 쓰이는 스테이블 디퓨전^{Stable Diffusion}이나 미드저니^{Midjourney}의 백그라운에서 가동되는 모델이 바로 디퓨전입니다. 이런 이미지 생성 서비스는 디자인 업계의 상식을 뒤엎는 고품질 이미지를 생성해서 많은 사람을 놀라게 하고 있습니다. 특히 LLM을 사용하는 챗GPT는 튜링 테스트를 통과할 만한 수준의 대화를 할 수 있습니다. 즉, 사용자는 이제 인간과 대화하는 것인지 컴퓨터와 대화하는 것인지 구분할 수 없을 정도입니다. 이러한 추세를 반영해서 현재 시점의 생성 AI를 좀 더 간결하게 정의하면 "LLM, MMM, 디퓨전 모델 등 최첨단 AI 기술의 총칭"이라고 할 수 있습니다.

01.2 튜링 테스트

튜링 테스트^{Turing Test}는 컴퓨터 과학의 아버지라 불리는 영국의 수학자이자 논리학자인 앨런 튜링^{Alan Mathison Turing}이 1950년에 제안한 테스트입니다. 이 테스트는 모니터 너머 대화를 나누는 상대가 사람인지 기계인지 판단할 수 있는가를 심사하는 기준으로, GPT-4의 튜링 테스트 통과율은 41%입니다.

참고로 챗GPT에 탑재된 초기 버전 GPT인 GPT-3.5-Turbo의 통과율은 17%였습니다. 이후 등장할 후속 버전을 사용하면 이 성공률은 더 높아질 것으로 예측됩니다.

Does GPT-4 pass the Turing test?

Cameron R. Jones, Benjamin K. Bergen

We evaluated GPT-4 in a public online Turing test. The best-performing GPT-4 prompt passed in 49.7% of games, outperforming ELIZA (22%) and GPT-3.5 (20%), but falling short of the baseline set by human participants (66%). Participants' decisions were based mainly on linguistic style (35%) and socioemotional traits (27%), supporting the idea that intelligence, narrowly conceived, is not sufficient to pass the Turing test. Participant knowledge about LLMs and number of games played positively correlated with accuracy in detecting AI, suggesting learning and practice as possible strategies to mitigate deception. Despite known limitations as a test of intelligence, we argue that the Turing test continues to be relevant as an assessment of naturalistic communication and deception. AI models with the ability to masquerade as humans could have widespread societal consequences, and we analyse the effectiveness of different strategies and criteria for judging humanlikeness.

생성 AI들의 튜링 테스트 통과율(출처: arxiv.org/abs/2310.20216)

실습 01 챗GPT의 튜링 테스트

문제

챗GPT에 프롬프트를 입력한 다음 대화를 시작합니다. 그리고 챗GPT의 대답이 사람처럼 자연스러운지 확인해 보세요.

▶ 프롬프트란, 챗봇에게 입력하는 명령을 의미합니다.

해설

먼저 OpenAI의 챗GPT에 계정을 생성합니다. 웹 브라우저를 열고 챗GPT(chat.openai.com/auth/login)로 접속한 다음 [Sign up] 버튼을 클릭합니다.

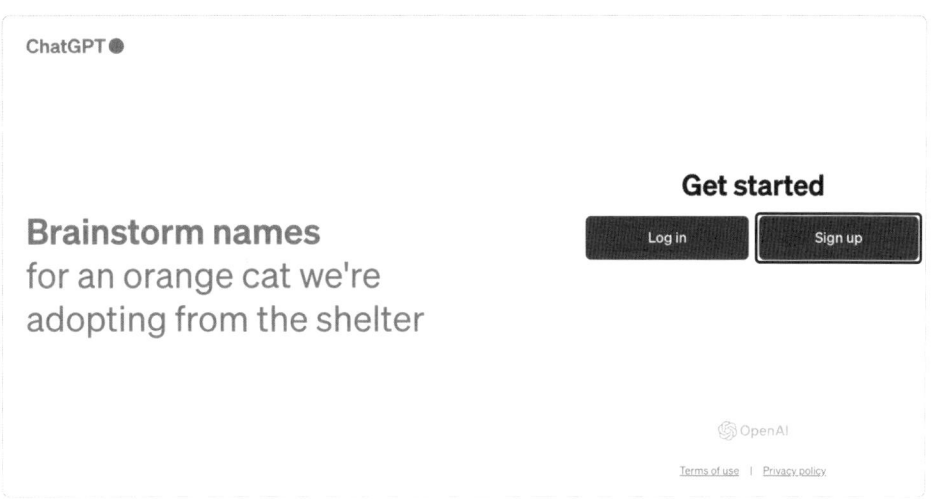

계정 생성 화면에서 구글 계정을 이용해 OpenAI 계정을 간단하게 생성할 수 있습니다.

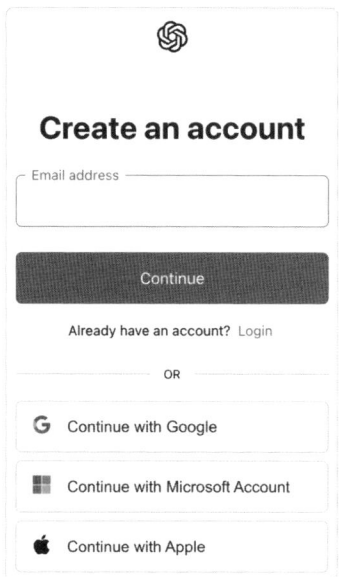

이제 챗GPT와 대화를 시작할 수 있습니다. 화면 하단에 "ChatGPT에게 메시지를 작성하세요…"라고 표시된 텍스트 상자에 커서를 놓고 텍스트를 입력합니다. 여기에 입력하는 텍스트를 **프롬프트**^{Prompt}라고 부릅니다.

> 챗GPT는 3.5 버전은 무료로 사용할 수 있으며 4 버전부터 Plus로 유료 결제가 필요합니다. 이 책에서 진행하는 모든 실습은 무료 버전으로 진행하겠습니다.

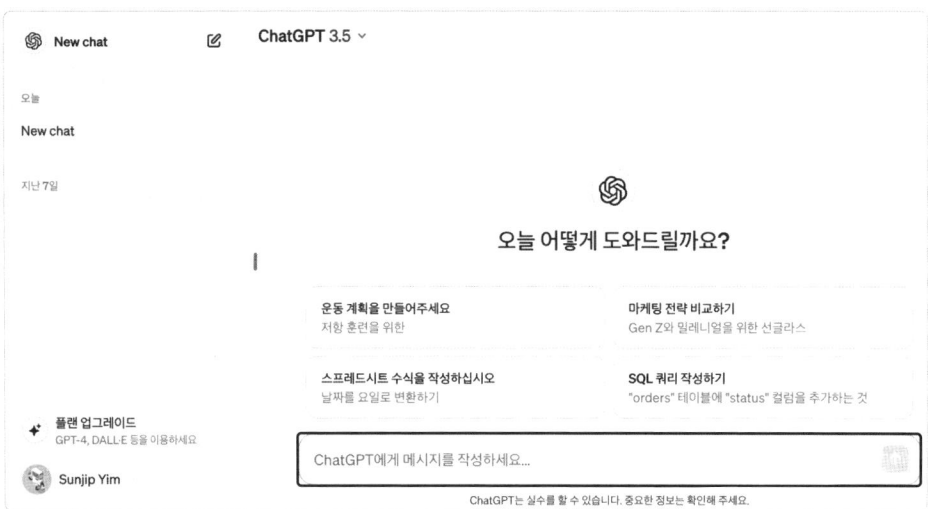

챗GPT에 다음 프롬프트를 입력해서 튜링 테스트 참여 지시를 내립니다.

 너는 튜링 테스트에 참가하고 있고, 질문자는 다양한 질문을 통해 네가 인간인지 AI인지 추측하는 상황이야. 너의 목표는 질문자가 너를 인간이라고 믿게 만드는 거야. 상대방의 짧은 질문에는 짧고 간결하게 대답하고, 긴 질문에는 길게 대답해 줘. 그럼 이제 네가 먼저 질문자에게 말을 건네서 대화를 시작해 줄래?

이제 얼마나 자연스럽게 대화가 가능한지 간단한 일상 대화를 시작하면 됩니다. 챗GPT와의 대화가 사람과의 대화처럼 자연스러운지 여러 질문을 던져 보세요.

 오늘 뭔가 새로운 걸 배워 볼까?

 새로운 것을 배우는 건 멋진 생각이에요! 어떤 분야에 관심이 있으신가요? 예를 들어, 새로운 언어 배우기, 요리 기술 향상, 혹은 새로운 스포츠나 활동에 도전해 보는 것도 좋은 방법일 수 있어요. 무엇이든 선택하셔서 새로운 경험을 즐겨보세요!

01.3 AI의 정의

생성 AI는 컴퓨터 사이언스$^{Computer\ science}$라는 학문 중에서도 인공지능$^{Artificial\ Intelligence}$을 연구하는 영역에서 개발되었습니다. AI의 정의는 전문가 사이에서도 의견이 분분하지만 대체로 '지능적인 행동을 컴퓨터로 구현하는 것'으로 의견이 모아집니다. 하지만 '지능'이라는 것 자체가 정의가 어렵기 때문에 AI와 관련해서는 보다 넓은 의미로 받아들여지는 경향이 있습니다. 일본의 여러 대학, 기관에서는 AI를 다음과 같이 정의했습니다.

기관/저자	AI의 정의
게이오 의과대학교/야마구치 고헤이	사람의 지적 행동을 모방-지원-초월하기 위한 구조적 시스템
공립 하코다테 미래대학/나카지마 히데유키, 국가정보학연구소/다케다 에이아키	인공적으로 만들어진 지능을 가진 실체 또는 그것을 만들려고 노력함으로써 지능 자체를 연구하는 분야
공립 하코다테 미래대학/마츠바라 히토시	궁극적으로 인간과 구별되지 않는 인공 지능
교토대학/니시다 토모아키	지능 또는 마음을 가진 기계
교토대학/나가오 마코토	인간의 두뇌 활동을 극한까지 시뮬레이션하는 시스템
도완고 인공지능 연구소/야마카와 히로시	컴퓨터 지능 중 인간이 직간접적으로 설계하는 것
도쿄대학교/호리 코이치	인공적으로 만드는 새로운 지능
도쿄대학교/이케가미 다카시	인간이 반려 동물이나 사람에게 느끼는 감정과 농담으로 가득 찬 상호 작용을 물리 법칙에 관계 없이, 혹은 물리 법칙을 거스르면서 인공적으로 만들 수 있는 시스템
도쿄대학교/마츠오 유타카	인공적으로 만든 인간과 같은 지능 혹은 그것을 만드는 기술. 즉, 데이터로부터 특징량을 생성하고 현상을 모델링할 수 있는 컴퓨터
오사카대학/아사다 왓카	지능의 정의가 명확하지 않기 때문에 인공지능을 명확하게 정의할 수 없음
전기통신대학/사토시 쿠리하라	인공적으로 만들었지만 사람의 수준을 넘어서는 지능
호쿠리쿠 첨단과학기술대학원/소구치 리이치로	인위적으로 만든 지능적인 행동을 하기 위한 시스템

01.4 검색 엔진 빙 코파일럿

검색 엔진 빙^{Bing}에서 제공하는 코파일럿^{Copilot}은 OpenAI의 GPT-4를 기반으로 사용자 질문에 답변을 제공하는 인공지능 보조 기능입니다. 코파일럿의 가장 큰 장점은 빙이라는 검색 엔진과 달리3$^{DALL-E3}$라는 이미지 생성 AI와 연동되어 프롬프트로 폭넓은 검색 결과를 활용하고 이미지를 생성할 수 있다는 것입니다. 또, 윈도우에 기본으로 설치된 웹 브라우저인 엣지^{Edge}에서 바로 사용할 수 있다는 것도 접근성을 높입니다. 맥OS 사용자도 웹 브라우저에서 빙 검색 사이트(www.bing.com)에서 코파일럿을 바로 사용할 수 있습니다.

코파일럿은 엣지의 최신 버전에서 원활하게 사용할 수 있습니다. 엣지를 최신 버전으로 업데이트하려면 엣지를 실행하고 오른쪽 상단의 설정 및 기타(Alt+F) 아이콘을 클릭한 다음 [도움말 및 피드백 → Microsoft Edge 정보]를 클릭합니다.

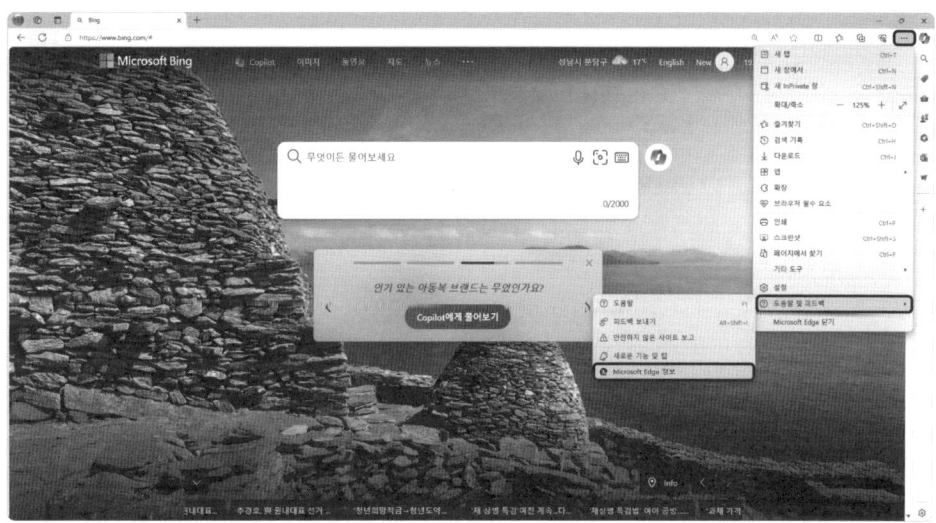

그러면 '설정' 탭이 새로 열리면서 자동으로 버전 업데이트가 진행됩니다.

엣지 브라우저 업데이트가 완료되면 [다시 시작] 버튼이 표시되고, 이를 눌러 엣지 브라우저를 재시작합니다.

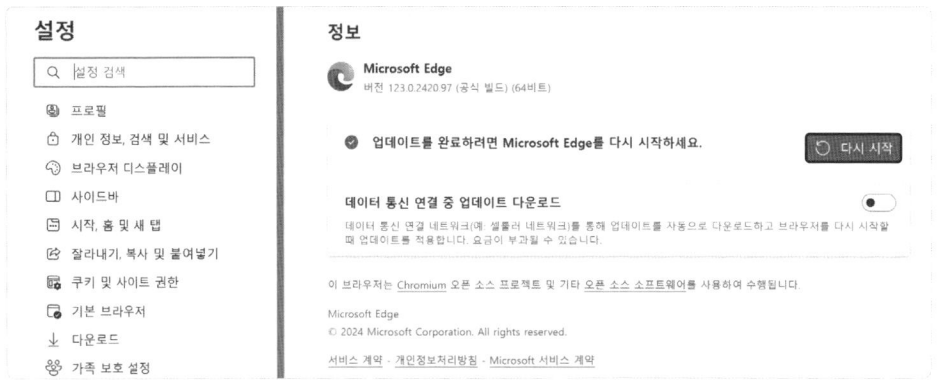

이제 시작 화면으로 돌아가 상단 왼쪽 메뉴에 [Copilot] 아이콘이 생성된 것을 볼 수 있습니다. 이 아이콘을 클릭하거나 오른쪽 상단의 빙 로고를 클릭하면 챗^{Chat}을 할 수 있는 창이 열립니다.

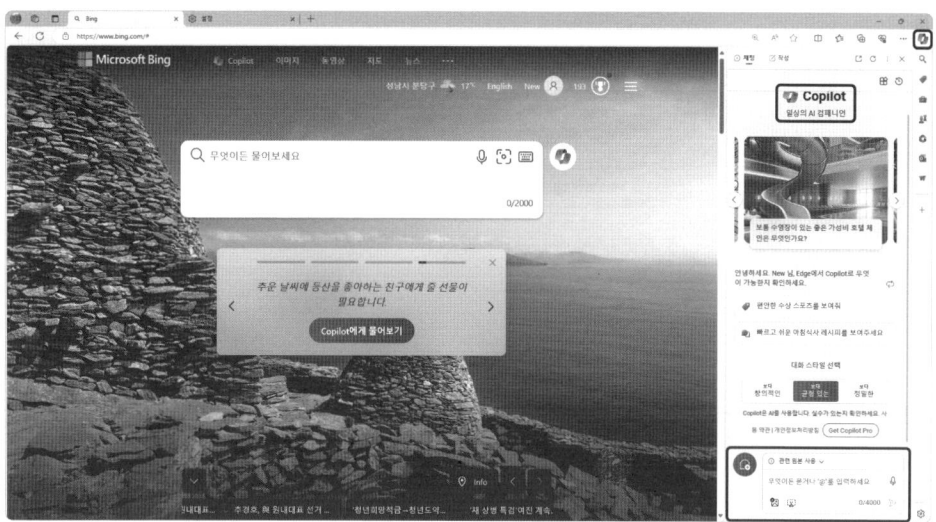

이것이 Copilot with Bing입니다. 여기에 질문을 입력하면 답변 출처 링크와 함께 GPT-4의 추론 결과를 출력합니다. 이미지 생성을 요청하면 달리3와 연동해 고해상도 이미지를 무료로 생성할 수 있습니다.

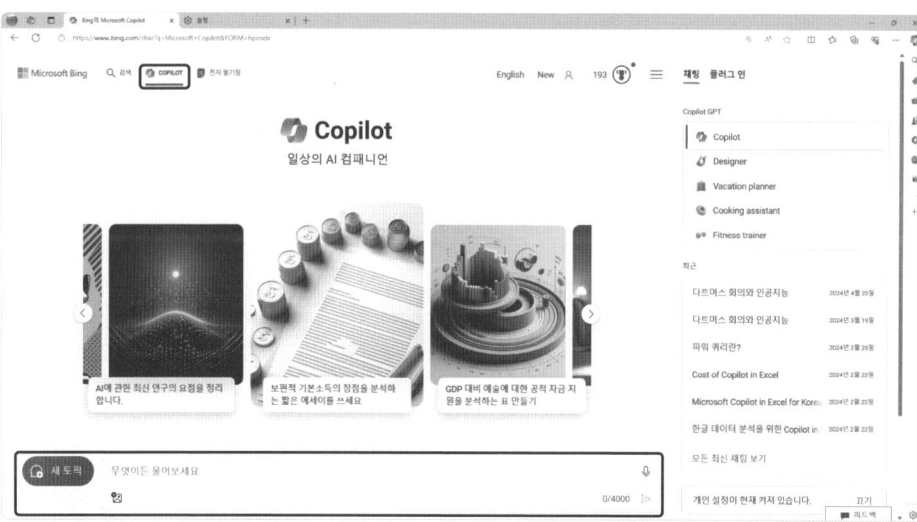

CHAPTER 01 _ 생성 AI

실습 02 질의 응답하기

문제

AI의 역사에서 중요한 사건 중 하나를 꼽으라면 인공지능이라는 분야를 확립한 학술회의 '다트머스 회의'가 있습니다. 코파일럿을 통해 이 회의가 열린 장소의 기원에 대해 알아보세요.

해설

검색 엔진에서 "다트머스 회의 장소의 기원은?"이라는 질문은 한 번의 검색으로 답을 도출하기 어렵습니다. 이럴 때 도움이 되는 것이 코파일럿입니다. 질문 방식에 정답은 없지만, 예를 들어 "인공지능이라는 단어를 처음 사용한 다트머스 회의 장소는 어디인가? 그리고 회의 장소를 왜 그곳으로 결정했는지를 간결하게 알려 줘."라고 입력하면 어떻게 되는지 살펴보겠습니다.

인공지능이라는 단어가 처음 사용된 다트머스 회의 장소는 어디인가? 그리고 회의 장소를 왜 그곳으로 결정했는지를 간결하게 알려 줘.

1956년에 미국 뉴햄프셔 하노버에 있는 다트머스대학에서 개최된 **다트머스 회의**가 인공지능 분야를 확립한 학술회의였습니다. 이 회의는 약 8주 동안 진행되었으며, 당시 다트머스대학에 있던 존 매카시가 주최했습니다. 이 회의에서는 인공지능에 관한 다양한 주제를 논의하며, 마빈 민스키, 너대니얼 로체스터, 클로드 섀년 등이 공동으로 제안했습니다. 그리고 이 회의에서 처음으로 "인공지능"이라는 용어가 사용되었습니다. 이러한 역사적인 순간은 인공지능 분야의 시작을 알리는 중요한 워크숍이었습니다.

출처: Bing과의 대화, 2024. 6. 17.

1. 다트머스 회의 – 위키백과, 우리 모두의 백과사전.
2. [전채남의 AI Story] 다트머스 학술회의.

3. 다트머스 회의 – Wikiwand.
4. [전채남의 AI Story] 다트머스 학술회의.
5. undefined. bing.com/search?q=.

참고로 생성 AI는 딥러닝 모델로 구성되어 있으며 딥러닝 모델은 숫자, 텍스트, 이미지 등을 출력할 때마다 실행 결과가 약간씩 다르게 나올 수 있으니 유의하기 바랍니다.

코파일럿은 대답의 근거로 위키피디아^{Wikipedia} 등의 링크를 제시합니다. 이 링크를 눌러 이동하면 참고 문헌에서 "J. McCarthy, Dartmouth College"라는 문구를 확인할 수 있습니다. 참고로 챗GPT에서도 코파일럿과 마찬가지로 웹 검색 시 출처를 플러그인^{Plugin}이나 GPTs로 보이게 할 수 있습니다. 단, 이 기능은 유료 버전에서 활용할 수 있습니다.

보충 수업 / 딥러닝 모델의 결과가 실행할 때마다 다른 이유

모든 딥러닝 모델은 초기 가중치를 랜덤하게 부여하고 이 초기 가중치가 수많은 은닉층에 배포되기 때문에 모델을 실행할 때마다 결과가 다르게 나올 수밖에 없습니다. 즉, 결과의 전체적인 방향은 동일하지만 약간의 오차를 보입니다. 이 책의 주제인 생성 AI와 대규모 언어 모델, 즉 LLM도 딥러닝 모델로 구성돼 있습니다. 따라서 이 책의 프롬프트를 그대로 입력해도 책의 결과와는 다르게 나올 수 있습니다.

실습 03 이미지 생성하기

'생성 AI'라는 키워드를 보면 텍스트보다 이미지 생성을 떠올리는 사람이 많습니다. 그만큼 문장을 입력하면 이미지를 만드는 AI가 화제였기 때문입니다. 대표적인 이미지 생성 AI로 달리3가 있습니다. 달리3는 코파일럿에서 무료로 이용할 수 있습니다.

문제

코파일럿에서 로봇과 사람이 손을 잡고 있는 모습의 이미지를 생성해 보세요. 사람의 출신지를 아시아, 미국, 아프리카 등 다양하게 설정해 보고, 로봇은 도라에몽처럼 귀여운 것부터 건담(로봇 만화) 같은 세밀한 것까지 재현이 가능한지 시도해 보세요.

해설

 로봇과 사람이 손을 잡고 있는 모습의 이미지를 그려 줘.

사람 한 명, 로봇 하나를 그려 줘. 사람은 동양인 중년 남성, 로봇은 도라에몽과 같은 고양이형 로봇으로 그려 줘.

 로봇과 사람이 손을 잡고 있는 모습의 이미지를 그려 줘. 사람은 인도 대학생, 로봇은 건담 스타일이고 둘이 사이좋게 웃으며 손을 잡고 악수하는 모습을 그려 줘.

사실적인 이미지를 생성해 줘. 고양이 모양의 로봇과 안경을 쓴 동양인 남성이 손을 맞잡고 있는 이미지를 생성해 줘.

이렇게 생성한 이미지 위에 마우스 커서를 얹으면 오른쪽 상단에 [저장] 버튼이 뜹니다. 이를 눌러 생성한 이미지를 쉽게 저장할 수 있습니다.

실습 04 이미지로 질의 응답하기

문제

이번에는 실습 3과 반대로 이미지를 코파일럿에 업로드하고 그 이미지에 대한 설명을 요청해 보세요.

해설

코파일럿에 이미지를 업로드하고 관련된 질문을 할 수 있습니다. 코파일럿 하단의 입력창에 실습 3에서 생성한 이미지를 마우스로 드래그해서 끌어다 놓습니다.

그리고 다음과 같이 질문하면 대부분 정확하게 묘사하는 것을 확인할 수 있습니다.

 이 이미지에 대해 가능한 한 자세히 설명해 줘.

이 이미지는 인형을 들고 있는 사람의 상반신을 보여 줍니다. 인형은 흰색과 검은색의 고양이 모양으로, 큰 파란 눈과 빨간 넥타이를 하고 있습니다. 고양이 인형은 회색 조끼를 입고 있으며, 조끼에는 노란색 버튼이 달려 있습니다. 사람의 얼굴은 프라이버시를 위해 흐릿하게 처리되어 있으며, 그는 흰 셔츠를 입고 있습니다. 배경에는 실내 환경으로 보이며, 식물의 일부가 보입니다.

01.5 AI의 역사와 생성 AI

구글이 유튜브에 공개한 생성 AI 소개 영상(youtube.com/watch?v=G2fqAlgmoPo)을 보면 생성 AI와 LLM의 관계는 다음 그림과 같이 표현할 수 있습니다.

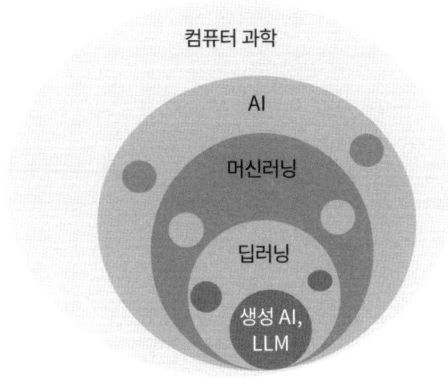

생성 AI와 LLM의 관계

이 그림을 참고해 오늘날의 생성 AI와 LLM의 발전에 이르기까지 중요했던 사건들을 앨런 튜링의 〈컴퓨터 과학〉이라는 강의에서 발췌하여 연대순으로 리뷰해 보겠습니다.

먼저 가장 포괄적인 개념인 '컴퓨터 사이언스'라는 학문에서 중요했던 사건들을 살펴보겠습니다. 초창기 컴퓨터의 역사를 돌아보면 컴퓨터의 기원은 AI를 만들려는 시도였습니다. 컴퓨터의 발전에 기여한 인물 중에서도 특히 중요한 사람은 앨런 튜링과 폰 노이만$^{\text{von Neumann}}$입니다. 튜링은 튜링 머신이라 이름 붙인 만능 계산 기계, 즉 컴퓨터를 실제로 구현할 수 있다는 기초 개념을 제시했습니다. 이어서 폰 노이만은 데이터와 프로그램을 메인 메모리에 저장하는 방식인 내장형 프로그램 이론을 정립했습니다.

참고로 앨런 튜링은 2차 세계대전 당시 독일군이 자랑하는 세계 최고의 암호 기계 에니그마^{Enigma}를 해독하였고 이는 영화 〈이미테이션 게임〉에 잘 묘사돼 있습니다. 그는 런던 수학학회$^{\text{London Mathematical Society}}$에서 열린 강연에서 자동 계산을 하는 기계(컴퓨터)에 대해 다음과 같이 언급했습니다.

> "수학자들은 문제를 성공적으로 풀기 위해 많은 예제로 연습하는데,
> 이를 기계에 비유하면 사람이 기계에 명령어 테이블$^{Instruction\ Table}$을 주는 것과 같다.
> 즉 기계는 스스로 명령어를 만들 수 없다.
> 지능형 컴퓨터의 실현을 위해서는 인간과 기계의 상호 작용이 필요하다."

튜링은 또한 기계가 인간의 사고와 감정을 이해할 수 있어야 한다고 말했습니다. 이는 LLM의 근간이 되는 **사후 학습**$^{Posterior\ Learning}$의 주요 개념(예: 이 책의 Chapter 3에서 다루는 SFT, RLHF 등)을 무려 70여년 전에 언급한 셈입니다. 이처럼 튜링은 초기에 개념만 존재하던 컴퓨터에 '지능'이라는 개념을 도입했고, 이를 판단하는 테스트로서 튜링 테스트를 제안하였습니다(실습 1 참고). 튜링이 보았던 이러한 미래는 2022년 11월 말에 등장한 챗GPT가 막대한 하드웨어와 데이터를 투입한 신경망 학습을 통해 마침내 등장하게 되었습니다.

01.6 파이썬 프로그램 환경

앨런 튜링의 시대와 비교하면 우리는 훨씬 나은 프로그래밍 환경을 갖고 있습니다. 클라우드에서 고성능 GPU를 이용해 프로그래밍 코드를 무료로 작성하고 실행할 수 있기 때문입니다. 다만 클라우드 서비스 제공사의 대규모 컴퓨팅 자원을 일정량 이상 사용하려면 비용이 들지만, 일반적인 학습용 데이터세트와 코드는 대부분 무료로 실행할 수 있습니다.

이 중 **구글 코랩**^{Google Colaboratory, 이하 코랩}은 웹브라우저에서 파이썬 코드를 실행할 수 있는 무료 클라우드 서비스입니다. 참고로 파이썬은 딥러닝 모델을 다룰 수 있는 파이토치^{Pytorch}나 텐서플로^{Tensorflow}도 지원하기에 매우 편리합니다. 코랩을 사용하면 웹 브라우저에서 **주피터 노트북**^{Jupyter Notebook}이라는 프로그램을 통해 결과를 실시간으로 확인할 수 있고 숫자, 텍스트, 이미지, 음성, 동영상 등의 데이터를 처리할 수 있습니다. 코랩의 장점을 정리하면 다음과 같습니다.

코랩의 장점

1. **설치 없이 바로 사용**

   구글 계정만 있으면 애플리케이션이나 프로그램을 설치할 필요 없이 바로 사용할 수 있습니다. 웹 브라우저에서 작동하기 때문에 OS나 컴퓨터 사양에 구애받지 않고 어디서든 실행할 수 있습니다.

2. **고성능 GPU를 무료로 사용**

   무료로 사용하는 코랩은 Tesla T4 GPU를 최대 12시간 동안 사용할 수 있습니다. 따라서 고성능 GPU가 필요한 머신러닝이나 딥러닝 학습에도 부담 없이 도전할 수 있습니다

3. **코드 및 결과 공유**

   코드와 실행 결과를 한 곳에 모아 공유할 수 있습니다. 연구자나 개발자끼리 협업할 때나 학습결과를 보고할 때 유용합니다. 이 책의 일본어 원서의 ipynb 파일도 코랩(bit.ly/3Po8SyR)에서 직접 공유하는 방식으로 제공하고 있습니다. 참고로 한국어 버전의 실습 예제 파일(ipynb 파일)은 깃허브(github.com/jasonyim2/book5)에서 다운로드받을 수 있습니다.

4. **다양한 라이브러리 사용**

   머신러닝과 딥러닝에 필요한 다수의 라이브러리가 미리 설치되어 있습니다. 파이토치, 텐서플로, 케라스^{Keras} 등 주요 딥러닝 프레임워크는 물론 넘파이^{NumPy}, 판다스^{Pandas}, 맷플롯립^{Matplotlib} 등 데이터 분석 라이브러리도 이용할 수 있습니다. 아울러 대부분 파이토치로 구성된 허깅페이스 모델과 데이터세트를 사용할 수 있어서 더더욱 편리합니다.

5. **다양한 튜토리얼과 샘플 코드 제공**

   머신러닝과 딥러닝 초보자도 튜토리얼과 샘플 코드를 참고해 빠르게 학습을 시작할 수 있습니다.

📁 실습 파일 : Book5_1.ipynb

실습 05 첫 파이썬 코딩

문제

코랩에서 새 노트북 파일(ipynb)을 만들고 "첫 번째 파이썬 코드"라는 텍스트를 입력한 다음 파일명을 Book5_1.ipynb로 저장해 다음과 같은 출력 결과를 만들어 보세요.

```
Dear Python

Hello AI and LLM!
```

해설

코랩(colab.research.google.com)에서 구글 계정으로 로그인합니다. 코랩 페이지로 이동하면 상단 메뉴에서 [파일 → 새 노트]를 클릭하여 새로운 노트북(ipynb 파일)을 생성합니다.

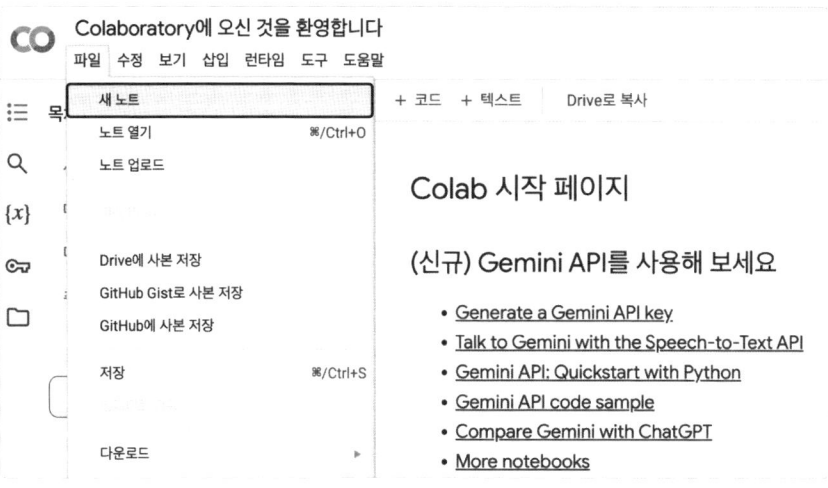

'Untitled1.ipynb'라는 새 노트가 생성됩니다.

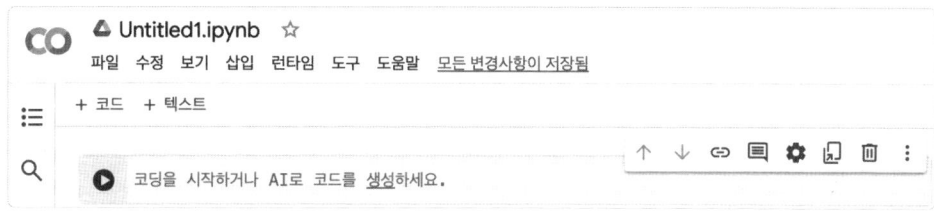

상단의 [+텍스트] 버튼을 클릭해 텍스트 셀을 추가합니다.

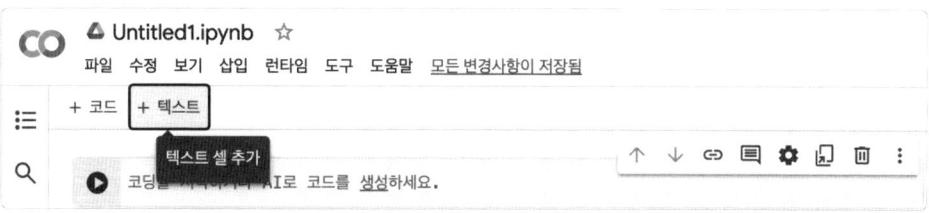

텍스트 셀이 생성됩니다. "더블클릭 또는 Enter 키를 눌러 수정"이라고 적힌 입력창을 더블클릭하면 텍스트 편집 모드로 전환합니다.

이제 "# 첫 번째 파이썬 코드"라는 텍스트를 입력하고 [Shift] + [Enter] 키를 누릅니다. 코랩에서는 텍스트 셀이나 코드 셀에서 [Shift] + [Enter] 키를 누르면 해당 셀 바로 아래에 코드 셀이 추가로 생성됩니다. 실행 화면은 양쪽에 2가지로 나뉩니다. 왼쪽은 입력 텍스트, 오른쪽은 출력될 결과의 미리 보기 화면입니다.

▶ [Shift] + [Enter] 키 대신 마우스로 다른 셀을 선택해도 텍스트 입력 결과가 확정됩니다.

텍스트 셀 위에 불필요한 빈 코드 셀이 있으므로 이를 제거하겠습니다. 해당 셀을 마우스로 클릭하여 선택한 다음 마우스 오른쪽 버튼을 클릭하여 나타나는 드릴다운 메뉴에서 [셀 삭제]를 선택하면 깔끔하게 텍스트 출력 결과만 남습니다.

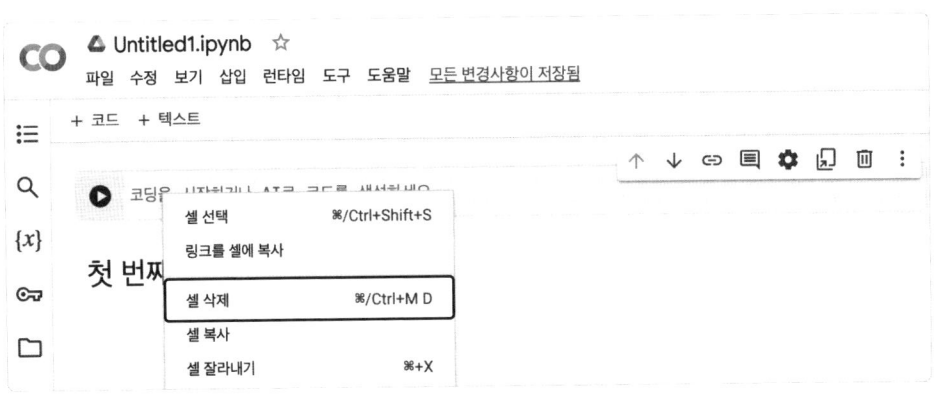

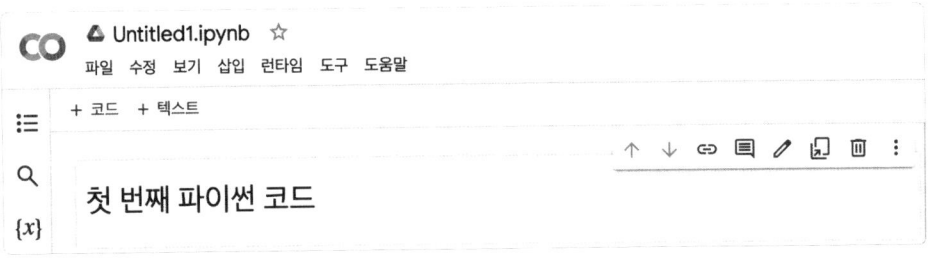

우리는 텍스트 셀에서 이미 [Shift] + [Enter] 키를 눌러서 해당 셀 바로 아래에 코드 셀이 생성되었지만, 코드 셀이 없는 경우 추가로 코드 셀을 생성해야 합니다. 코랩 상단의 [+ 코드]를 버튼을 클릭하면 간단하게 코드 셀을 추가할 수 있습니다.

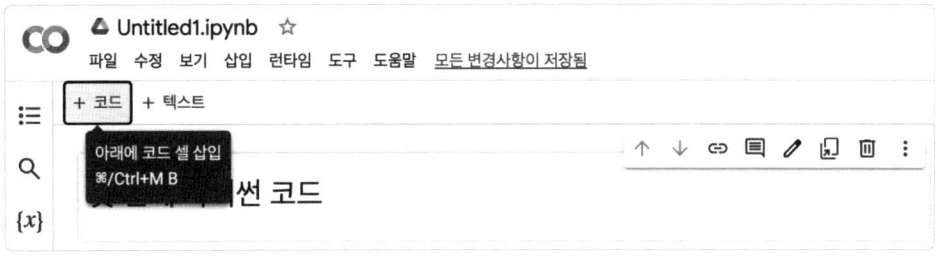

파이썬 코드를 입력할 수 있는 코드 셀이 텍스트 셀 아래에 추가됩니다.

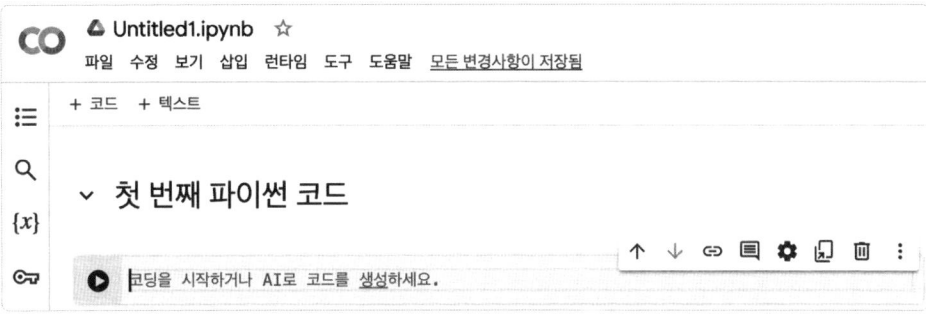

드디어 파이썬 코드를 작성할 수 있게 되었습니다. 다음과 같이 코드를 입력한 후 [Shift] + [Enter] 키를 눌러 실행합니다.

이 코드에서는 print 명령어와 줄바꿈이 포함된 텍스트를 일괄적으로 처리하는 3개의 따옴표 (""")를 사용했습니다. 하나의 줄에서 끝나는 텍스트는 작은따옴표(') 혹은 큰따옴표(")를 사용하면 되는데 여러 줄로 구성된 텍스트를 처리할 때는 3개의 큰따옴표(""")를 사용합니다. 상당히 유용한 기능이므로 알아 두면 좋습니다.

참고로 코드를 설명하는 주석^{Comment}은 코드를 작성한 프로그래머가 직접 작성하는 것이 일반적이지만, AI에 요청할 수도 있습니다. 예를 들어 OpenAI의 챗GPT에 코드를 붙여 넣고 설명을 요청하면 다음과 같이 친절하게 주석을 달아 줍니다.

다음 코드를 설명해 줘:

```
print("""Dear Python
Hello AI and LLM!
""")
```

이 코드는 파이썬의 print 함수를 사용하여 여러 줄의 문자열을 출력하는 예시입니다. """(큰따옴표 3개)로 문자열을 시작하고 끝내면 여러 줄의 문자열을 쉽게 표현할 수 있습니다.

여기서 출력되는 문자열은 다음과 같습니다:

첫 번째 줄에 "Dear Python"이라는 문자열이 출력되고, 두 번째 줄에 "Hello AI and LLM!"이 출력됩니다. 이 두 문자열은 큰따옴표 3개 사이에 있으므로 여러 줄을 포함하는 단일 문자열로 처리됩니다.

AI가 코드에 주석을 다는 실력은 고급 프로그래머에 맞먹습니다. 따라서 챗봇에 코드 설명을 요청하는 습관을 들이면 좋습니다.

이제 노트북의 제목을 변경하고 실습을 마무리하겠습니다. 화면 상단의 노트북 파일 제목이 표시된 영역을 클릭합니다.

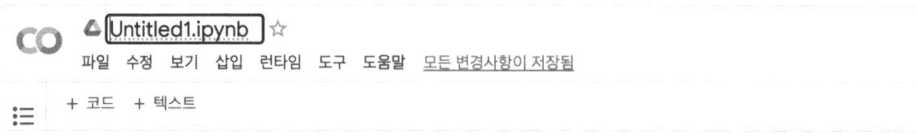

노트북 파일 제목을 "Book5_1"로 변경합니다. ipynb 확장자는 그대로 유지하면 됩니다.

이렇게 파일명을 변경하고 [Ctrl] + [S]를 눌러 저장합니다(맥은 [Command] + [S]). 혹은 파일 메뉴에서 [파일 → 저장]을 클릭해도 됩니다.

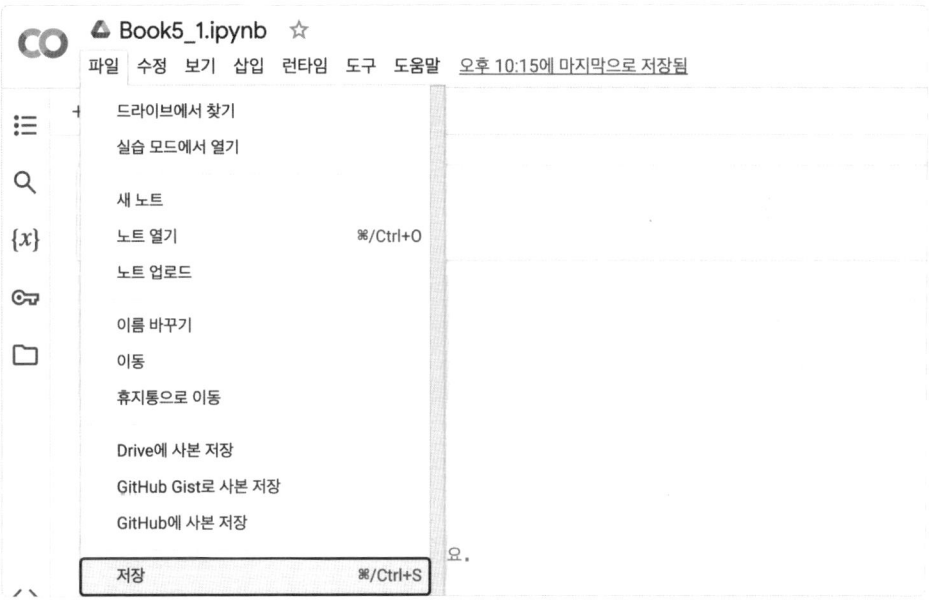

이렇게 저장한 파일을 구글 드라이브에서 쉽게 찾으려면 파일명 오른쪽의 별표(★)아이콘을 클릭합니다.

그러면 구글 드라이브에 접속했을 때 왼쪽 사이드바의 [Starred]에서 이 노트북 파일을 쉽게 찾을 수 있습니다.

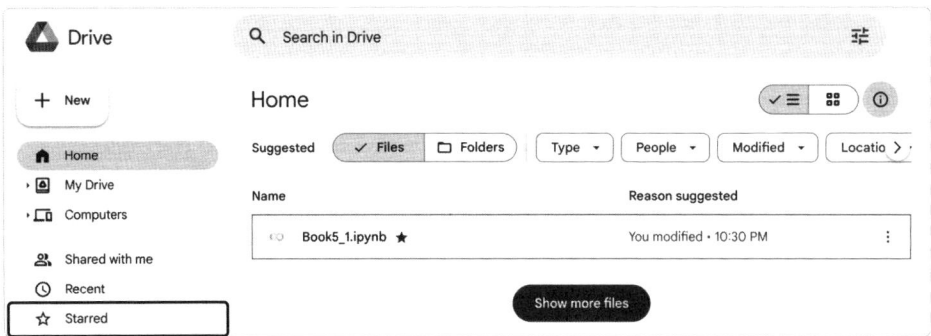

01.7 AI 다트머스 회의

AI라는 단어를 처음 사용한 것으로 알려진 1956년 다트머스대학에서 열린 회의를 좀 더 살펴보겠습니다. 이 회의에서 존 매카시$^{John\ McCarthy}$, 마빈 민스키$^{Marvin\ Lee\ Minsky}$, 네이선 로체스터$^{Nathan\ Rochester}$, 클로드 섀넌$^{Claude\ Shannon}$ 등이 중심이 되어 인간의 지능을 기계로 재현할 수 있는지에 대해 다양한 관점에서 토의가 이루어졌습니다. 다트머스 회의에서 논의한 내용은 다음과 같습니다.

1. **자동 계산기**

   인간의 지능을 모방하기 위한 자동 계산기$^{Automatic\ computers}$의 이론적 구현 가능성과 한계에 대해 논의하였습니다. 자동 계산기의 실용화를 위해 디지털화와 메모리의 형식 등을 언급했고 자동 계산기가 지능을 수반하는 기계가 될 가능성에 대해서도 논의했습니다.

2. **기계가 언어를 사용하도록 프로그래밍하는 방법**

   기계가 인간의 언어를 이해하고 사용할 수 있는 방법에 대한 논의가 이루어졌습니다. 이 논의는 지금도 자연어 처리 분야의 중요한 주제입니다.

   - 기계가 자연어를 읽고 해석하고 생성할 수 있는 프로그래밍 언어와 알고리즘 개발
   - 기계가 자연어 문법과 의미론을 학습할 수 있는 이론 및 모델 구축
   - 기계가 자연어를 사용하여 인간과 대화할 수 있는 시스템 및 인터페이스 설계

3. **신경망**

   인간 뇌의 신경세포 작용을 모방한 다수의 에이전트가 경쟁적으로 정보 처리를 수행하는 인공지능 모델에 대해 논의하였습니다. 당시 이 모델을 **팬더모니엄 모델**$^{Pandemonium\ Model}$이라고 불렀습니다. 문자 인식을 수행하는 팬더모니엄에서는 이미지 처리기가 보낸 입력 정보를 특성 추출기가 분석하여 수직선, 수평선, 모서리 등의 유무를 체크합니다. 그 출력을 각 문자에 해당하는 인지(혹은 매칭) 처리기가 받아 매칭 확률을 계산합니다. 그 매칭 확률을 평가하여 최종적으로 출력 처리기가 판단을 내립니다. 이 팬더모니엄 모델은 신경망 개념의 선구자가 되었으며 오늘날의 이미지 혹은 자연어 처리 딥러닝 모델의 로직과 흡사합니다. 신경망은 인공지능의 학습 능력을 높이는 기술로, 현대의 LLM이나 생성 AI에도 활용되고 있습니다.

4. **계산 크기 이론**

   계산의 크기와 복잡성에 대해 논의하였습니다. 이는 계산량 크기 이론$^{Theory\ of\ the\ size\ of\ a\ calculation}$의 발전을 불러왔습니다. 계산량 크기 이론은 알고리즘의 효율성과 한계를 분석하는 이론입니다. LLM이 사람과 원활하게 대화하기 위해서는 응답^{Response} 성능이 매우 중요하며, 이 기초 이론이 있어야만 응답 성능을 높여 실시간 대화가 가능해집니다.

5. 자기 개선

기계가 스스로 개선하는 방법, 즉 자기 개선$^{\text{Self-improvement}}$에 대한 논의가 이루어졌습니다. 이 논의는 기계학습과 딥러닝의 발전에 영향을 미쳤습니다. 기계학습과 딥러닝을 합쳐서 한 마디로 설명하자면 데이터를 학습해서 예측과 판단을 하는 기술이며, 챗GPT와 같은 LLM이자 생성 AI는 기계학습과 딥러닝의 응용 사례라고 할 수 있습니다.

6. 추상화

기계에서 추상화^{Abstractions} 및 개념 형성 방법을 논의했습니다. 이 논의는 지식 표현과 추론 분야의 발전을 불러왔습니다. 지식 표현과 추론은 인간의 지식과 사고를 기계로 표현하고 추론하는 기술입니다. GPT-4와 같은 LLM이자 생성 AI는 내부에 탑재된 지식을 활용한 상식적 추론이 가능합니다. 다만 내부 처리 과정이 블랙박스처럼 복잡하고 불투명한데, 이러한 내부 상태를 파악하기 위해 앞으로 이 추상화 분야의 논의가 활발하게 진행될 것으로 보입니다.

7. 무작위성과 창의성

기계가 무작위성과 창의성$^{\text{Randomness and creativity}}$을 가질 수 있는지에 대한 논의가 이루어졌습니다. 이 논의는 인공지능의 창의성과 다양성이라는 분야에 영향을 미쳤습니다. 무작위성과 창의성은 인공지능이 새로운 아이디어와 작품을 만들어 내는 능력과 관련이 있습니다. 세부적으로 다음과 같은 내용이 언급되었습니다.

- 창의적 사고력과 그렇지 않은 사고력의 차이는 무작위성^{Randomness}의 도입 차이일 것이라는 가설에 대한 검토
- 무작위성과 창의성을 평가할 수 있는 기준과 척도 제안

챗GPT의 매개변수 중 temperature는 값이 낮을수록 기계처럼 정해진 답만 할 수 있고 값이 높을수록 창의적인 대답을 합니다. 즉, 값이 높을수록 무작위성이 배가됩니다. 이처럼 무작위성은 사람과의 대화를 자연스럽게 이어나가는 데 있어서 매우 중요한 요소입니다.

다트머스 회의에서 논의된 이 7가지 주제는 언어 모델의 발전에 없어서는 안 될 핵심 요소입니다. 지금으로부터 약 70년 전에도 연구자들은 챗GPT와 같은 인공지능의 실현을 꿈꿔왔던 것을 알 수 있습니다. 이 중 특히 ① 자동 계산기와 ⑤ 자기 개선은 머신러닝 분야의 발전을 불러왔고 이는 자연스럽게 딥러닝 모델 개발로 이어졌습니다. 덕분에 오늘날 자연어 처리 모델이나 이미지 생성 AI를 훈련시키고 실생활에 사용할 수 있게 되었다는 점에서 이 회의의 역사적 중요성을 알 수 있습니다.

실습 파일 : Book5_1.ipynb

실습 06 숫자 이미지 그리기

이번 실습에서는 간단한 신경망을 이용해 숫자 이미지를 인식하고 그 정확도를 측정해 보겠습니다. 문자를 인식하는 팬더모니엄이라는 개념이 77년 전에 제안되었다는 것이 놀랍기는 하지만, 당시에는 일부 연구자만 생각해 낼 수 있는 개념에 불과했습니다. 하지만 현재는 기술의 놀라운 발전으로 머신러닝 초보자도 간단한 문자 인식 코드를 작성할 수 있습니다.

이번 실습에서 활용할 데이터세트인 0부터 9까지의 숫자를 28 x 28픽셀로 저장한 MNIST는 코랩에 설치된 사이킷런$^{Scikit-learn}$ 라이브러리에서 쉽게 불러올 수 있습니다. 파이썬의 장점인 방대한 라이브러리를 체감할 수 있을 것입니다.

문제

손으로 쓴 숫자 데이터를 불러오는 코드를 작성하고, 그중 하나의 샘플을 가져와 맷플롯립^{Matplotlib} 라이브러리를 사용하여 숫자 이미지를 그리는 코드를 작성하세요.

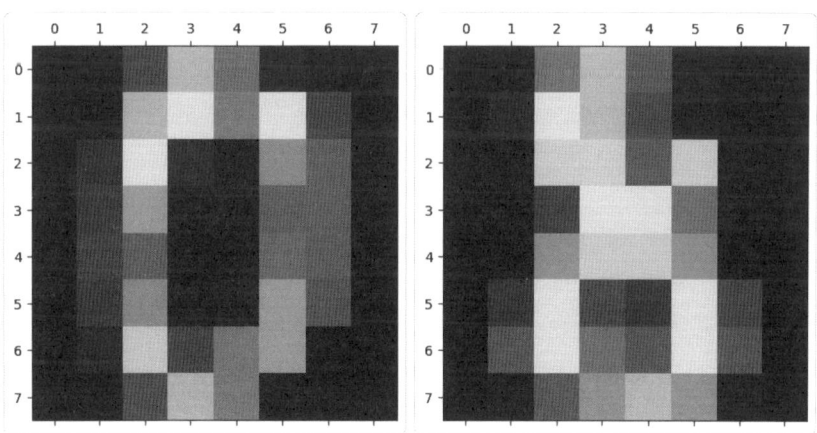

해설

구글 코랩 노트북을 한 번이라도 생성했다면 구글 드라이브의 [My Drive] 폴더에 [Colab Notebooks]라는 하위 폴더가 자동으로 생성됩니다. 실습 5에서 생성한 파일 Book5_1.ipynb는 구글 드라이브 [My Drive] 폴더에 자동 저장됩니다. 이 폴더의 하위 폴더를 생성하려면 구글 드라이브의 [My Drive → Colab Notebooks] 폴더에서 마우스 오른쪽을 클릭해 [New folder]를 선택합니다.

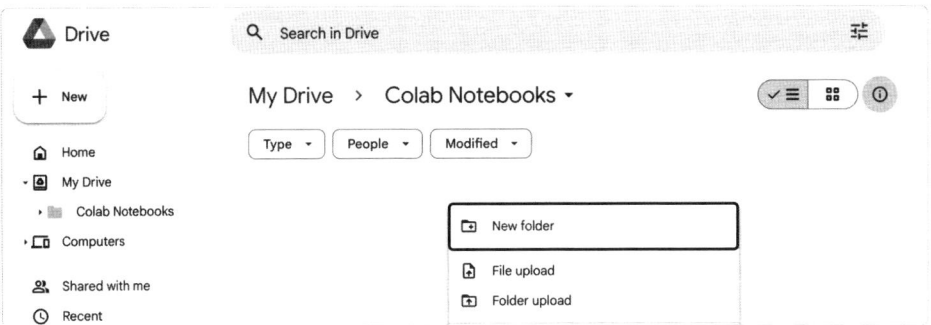

혹은 화면의 왼쪽 상단의 [+ New] 메뉴를 클릭한 후 [New folder]를 선택해도 됩니다.

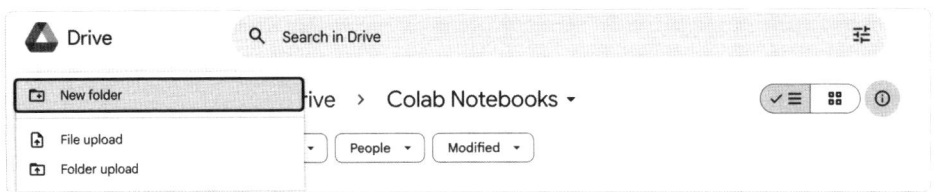

폴더명 입력창이 뜨면 "Book5"를 입력하고 [Create] 버튼을 클릭합니다.

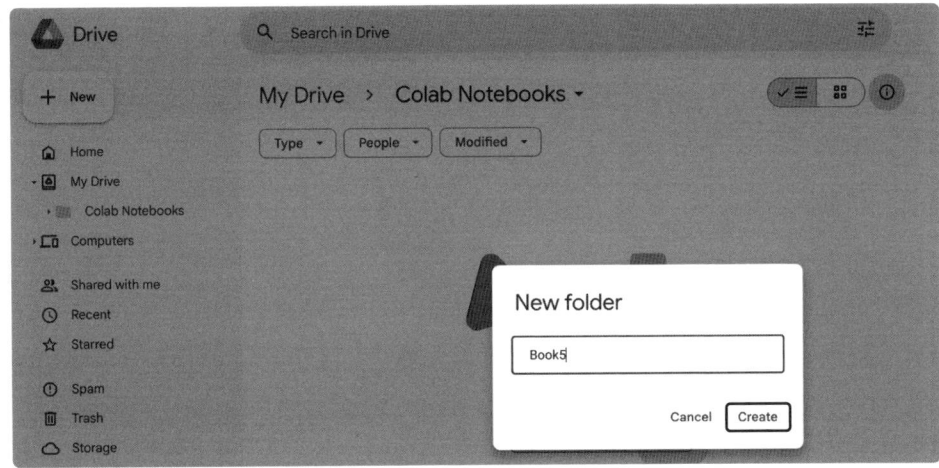

그러면 다음과 같이 [My Drive → Colab Notebooks → Book5] 폴더가 생성됩니다.

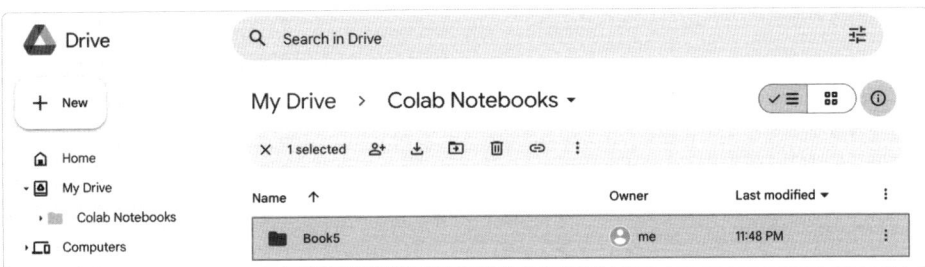

화면 왼쪽의 [My Drive] 폴더를 클릭하면 앞서 실습에서 생성한 Book5_1.ipynb 파일이 [My Drive] 폴더에 있는 것을 확인할 수 있습니다.

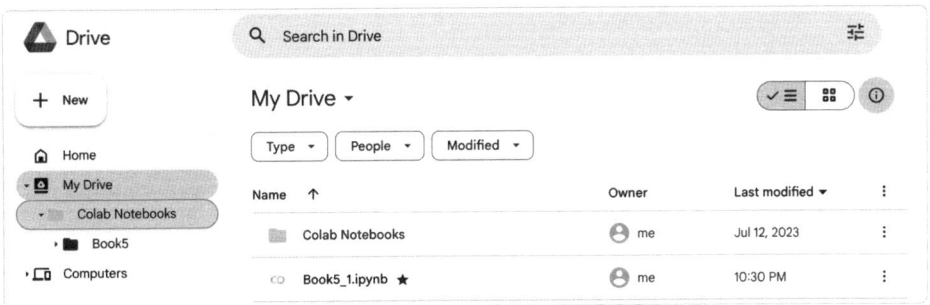

Book5_1.ipynb 파일을 드래그하여 Book5 폴더에 가져다 놓으면 파일이 해당 폴더로 이동합니다. 이제 Book5 폴더로 들어가면 이동시킨 파일이 들어 있는 것을 확인할 수 있습니다.

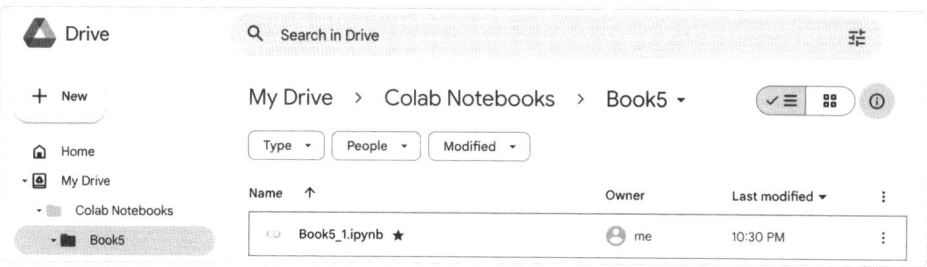

지금까지 우리는 구글 드라이브의 [My Drive → Colab Notebooks → Book5] 폴더를 생성했고 여기에 앞서 실습에서 사용한 Book5_1.ipynb 파일을 이동시켰습니다. 이후 이 책에서 작성하는 다른 코랩 노트북 파일도 [Book5] 폴더에 저장할 것입니다.

이제 Book5_1.ipynb 파일을 더블클릭해 코랩에서 이 노트북 파일을 실행합니다. 코드 셀을 추가하고 다음 코드를 입력합니다.

```
from sklearn.datasets import load_digits      #①
import matplotlib.pyplot as plt               #②
digit=load_digits()                            #③
digit.images[0]                                #④
plt.matshow(digit.images[0])                  #⑤
plt.show()                                    #⑥
```

▶ 각 코드를 본문에서 더 자세히 설명해야 할 때 코드 행에 주석(#)으로 참조용 숫자를 표기해 두었습니다. 단, 코드에서 간단한 주석으로도 설명이 가능한 경우는 주석문에 직접 설명을 달아 두었습니다.

코드 셀에 마우스 커서를 둔 상태에서 [Shift] + [Enter] 키를 누르면 코드가 실행됩니다. 그 결과는 다음과 같습니다.

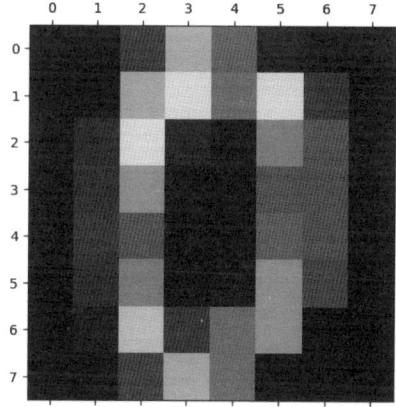

입력한 코드를 하나씩 살펴보겠습니다.

① `from sklearn.datasets import load_digits`

사이킷런 라이브러리는 코드에서 sklean으로 표기합니다. sklearn.datasets에서 datasets는 모듈^{Module}이라고 불립니다. 여기서 load_digits 함수로 문자^{Character} 데이터를 쉽게 가져올 수 있습니다.

> **보충 수업 / 모듈, 패키지, 라이브러리**
>
> 모듈은 파이썬 코드로 구성된 파이썬 파일(.py)입니다. 반면에 패키지는 여러 모듈을 구조적으로 조직한 디렉터리(폴더)입니다. 즉, 패키지는 모듈을 포함하는 컨테이너라 볼 수 있습니다. 라이브러리는 여러 모듈과 패키지로 구성된 더 큰 코드의 집합입니다.

② `import matplotlib.pyplot as plt`

편리하게도 넘파이 라이브러리의 ndarray 형식으로 데이터가 저장되어 있기 때문에 맷플롯립 라이브러리를 적용할 수 있습니다. 맷플롯립은 데이터 과학에서 그래프를 활용한 시각화에 쓰이는 라이브러리입니다.

> **보충 수업 / numpy.ndarray**
>
> 넘파이 라이브러리에서 ndarray는 다차원 배열을 의미합니다. 여기서 nd는 n-dimensional, 즉 다차원을 의미합니다. 그리고 array는 동일한 데이터 타입의 값으로만 이뤄진 배열을 의미합니다.

③ digit=load_digits()

　load_digits()로 가져온 데이터를 digits 변수에 저장합니다.

④ digit.images[0]

　digit.images의 첫 번째 이미지를 꺼내는 코드입니다. 다만 이 상태로는 아직 출력은 안 됩니다.

⑤ plt.matshow(digit.images[0])

　plt.matshow 함수는 행렬 형태의 데이터를 색상으로 표현한 이미지로 보여 줍니다.

⑥ plt.show()

　digit.images의 첫 번째 이미지를 출력합니다.

한편 load_digits()로 가져온 digits에 어떤 내용이 포함되어 있는지 확인하고 싶을 때는 dir() 메서드가 유용합니다. 메서드^{method}는 파이썬 함수의 일종으로, 파이썬의 표준 함수이기 때문에 별도의 라이브러리를 불러오지 않고도 사용할 수 있습니다.

> **보충 수업** / **digit.images[0]에 사용된 인덱스와 인덱싱**
>
> 인덱스는 파이썬에서 시퀀스(데이터가 나열된 자료 구조)의 특정 요소에 접근하기 위해 사용하는 숫자입니다. 시퀀스의 첫 번째 요소에 0, 두 번째 요소에 1, 세 번째 요소에 2, … 이런 식으로 인덱스를 부여합니다.
>
> 인덱싱은 인덱스를 이용해서 시퀀스의 특정 값을 추출하는 작업입니다. digit.images[0]은 digit.images의 첫 번째 요소를 의미합니다. digit.images는 이미지를 요소로 갖고 있기에 첫 번째 요소는 곧 첫 번째 이미지입니다. 참고로 digit.images[1]은 두 번째 이미지를 의미합니다.

이제 다음 코드를 입력하고 실행합니다.

```
dir(digit)
```

['DESCR', 'data', 'feature_names', 'frame', 'images', 'target', 'target_names'] dir()을 사용하면 digit이라는 변수가 품고 있는 있는 요소^{Elements}들이 출력됩니다. 이제 images와 data라는 변수의 추가 정보도 알아보겠습니다. 다음과 같이 type() 명령어로 데이터 타입을 확인해 보니 images와 data 모두 numpy.ndarray 타입입니다.

```
type(digit.images)
```

numpy.ndarray

```
type(digit.data)
```

numpy.ndarray

여기서 shape 코드로 데이터 형태를 확인해 보면 digit.data는 64개의 픽셀 정보가 1차원으로 들어 있고, digit.images는 픽셀 정보가 8 x 8이라는 2차원으로 들어 있습니다. 참고로 두 결과 모두에 있는 값 1997은 데이터 개수를 의미하고 (64), (8, 8) 등은 데이터 행렬 형태를 나타냅니다.

```
digit.data.shape
```

(1797, 64)

```
digit.images.shape
```

(1797, 8, 8)

이미지를 그리기 위해서는 2차원 형태인 digit.images를 선택하고 첫 번째(파이썬은 첫 번째를 나타내는 인덱스를 0부터 시작합니다) 이미지를 가져와 matplotlib의 행렬 시각화 함수 matplotlib.pyplot.matshow()를 써서 시각화를 진행하면 됩니다.

digit.data에서도 데이터 행렬 형태를 변환하면 그리기가 가능합니다. 다음과 같이 digit.data.reshape()를 적용하면 digit.images와 똑같은 데이터 행렬 형태 및 값을 얻을 수 있습니다. 이를 확인하기 위해 numpy.allclose()를 실행하면 True가 반환됩니다.

▶ numpy.allclose() 함수는 두 배열이 요소별element-wise로 같은지를 비교하는 데 사용합니다. 이 함수는 두 배열의 모든 요소가 동일하면 True를 반환하고 그렇지 않으면 False를 반환합니다.

```
a = digit.data.reshape(1797, 8, 8)
b = digit.images

import numpy as np
np.allclose(a, b)
```

True

실제로 reshape을 적용한 데이터을 사용해서 이미지를 출력하면 앞서와 동일한 결과를 얻습니다. 이를 확인하기 위해 다음 코드를 실행합니다.

```
plt.matshow(digit.data.reshape(1797, 8, 8)[0])
plt.show()
```

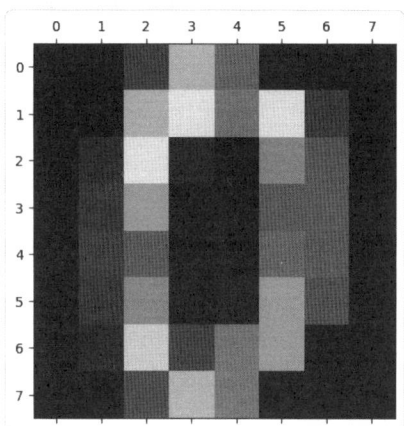

또 다른 숫자도 확인해 보겠습니다. 다음은 8번째 인덱스 요소, 즉 9번째 이미지를 출력한 예입니다.

```
plt.matshow(digit.images[8])
plt.show()
```

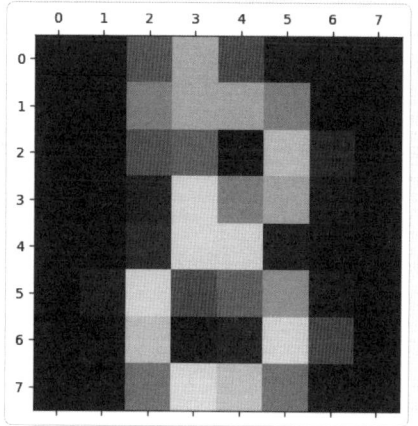

다음 코드는 마지막 이미지, 즉 1796번째 인덱스 요소(1797번째 이미지)를 출력하는 코드입니다.

```
plt.matshow(digit.images[1796])
plt.show()
```

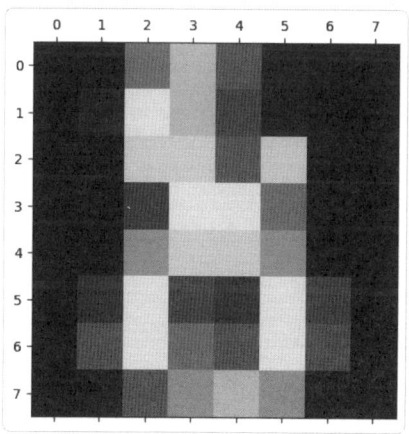

출력 이미지를 보면 6인가 8인지 구분하기 어렵습니다. 정답을 찾으려면 target이라는 변수에 다음 코드를 적용하면 됩니다. 이 이미지는 숫자 8임을 알 수 있습니다.

```
digit.target[1796]
```

8

이 코드에서 리스트의 마지막 요소의 인덱스 번호가 1796입니다. 이 값을 넣는 대신 마지막 요소를 뜻하는 −1을 지정해도 앞서 실행한 코드와 결과가 같습니다.

```
digit.target[-1]
```

8

실습 파일 : Book5_1.ipynb

실습 07 전결합형 신경망 정의하기

문제

64픽셀을 입력받을 수 있는 1층(레이어) 전결합형 신경망을 정의하세요.

해설

```
import torch.nn as nn                                    #①

# 신경망 정의
class SimpleNN(nn.Module):                               #②
    def __init__(self, input_size, output_size):         #③
        super(SimpleNN, self).__init__()
        self.fc = nn.Linear(input_size, output_size)     #④

    def forward(self, x):                                #⑤
        x = self.fc(x)                                   #⑥
        return x                                         #⑦
```

이 코드는 간단한 1층 신경망(입력에서 출력으로의 순방향 전파)을 정의한 것으로, 입력과 출력의 크기를 조절할 수 있도록 설계했습니다. 코드를 한 줄씩 살펴보겠습니다.

① `import torch.nn as nn`

파이토치의 신경망을 가져옵니다.

② `class SimpleNN(nn.Module):`

SimpleNN이라는 이름의 신경망 클래스를 정의하고 nn.Module을 상속합니다. 상속은 미리 정의된 클래스에 있는 메서드나 속성Properties을 이 클래스에서도 사용할 수 있게 하며 객체지향 언어에서 자주 사용하는 개념입니다.

> **📝 보충 수업** / 객체, 클래스, 인스턴스, 인스턴스화, 메서드, 속성
>
> 객체란 주로 데이터, 변수, 함수의 모음을 가리킵니다. 파이썬은 객체지향 프로그래밍 언어이기에 메모리에 있는 모든 요소를 객체로 취급합니다.
>
> 클래스는 이 객체를 찍어 내는 거푸집이라고 할 수 있습니다. 예를 들어, 집을 지을 때 설계도는 클래스고 집이 인스턴스 객체가 됩니다. 즉, 클래스를 사용하면 약간의 변형만으로 다양한 객체를 양산할 수 있습니다. 클래스로 객체를 생성하면 이를 주로 변수에 저장하는데 이 과정을 인스턴스화라고 말합니다.
>
> 메서드는 클래스의 정의에 포함된 함수며, 속성은 클래스(또는 이를 변수로 저장한 상태인 인스턴스) 고유의 데이터를 의미합니다. 여기서 소개한 개념들은 실습 18에서 상세히 설명해 두었으니 참고 바랍니다.

③ `def __init__(self, input_size, output_size):`

SimpleNN 클래스의 생성자로서 신경망을 초기화합니다. 이 생성자를 인스턴스화할 때 제공하는 파라미터인 input_size에는 64픽셀을 1차원으로 전달하기 위해 64를 입력하고 output_size에는 0-9까지 10가지 숫자 종류를 의미하는 10을 입력할 예정입니다.

④ `self.fc = nn.Linear(input_size, output_size)`

fc라는 이름의 전결합층 신경망을 정의합니다. 참고로 fc는 전결합층을 뜻하는 'Fully Connected'의 약자입니다. nn.Linear는 nn 모듈에 미리 정의된 전결합층을 의미합니다.

⑤ `def forward(self, x):`

SimpleNN 클래스의 forward 메서드로, 입력 데이터를 받아 출력 데이터를 계산합니다. 순방향 전파를 실행합니다.

⑥ `x=self.fc(x)`

fc 계층에 입력 데이터 x를 입력하여 출력 데이터를 계산합니다. 그리고 그 결과를 좌항의 x변수에 대입합니다.

⑦ `return x`

출력 데이터 x를 반환합니다.

실습 파일 : Book5_1.ipynb

실습 08 학습 전 추론: 더미 데이터

문제

실습 7에서 정의한 1층 전결합형 신경망은 8x8=64픽셀 데이터가 1차원으로 평탄화^{Flattened}되어 입력되는 구조입니다. 난수로 생성한 1차원에, 평탄화한 64픽셀 데이터를 입력하고 이를 텐서로 만들어 보세요. 그리고 이를 신경망에 입력하고 추론 결과를 확인해 보세요. 이때 추론 결과는 0에서 9 사이의 숫자여야 합니다.

해설

실습 7에서 정의한 1층 신경망 클래스를 인스턴스화한 후에 임의의 데이터를 정의하고 이를 인스턴스에 주입합니다. 먼저 입력할 데이터를 정의하고 데이터 타입을 확인해 보겠습니다. 다음 코드를 실행하면 1797개의 0에서 9까지의 값이 8x8=64픽셀 형태^{Shape}로 저장된 것을 확인할 수 있습니다.

```
digit.data.shape
```

(1797, 64)

이어서 다음 코드를 실행합니다.

```
import numpy as np
import torch
x = torch.tensor(np.random.rand(64), dtype=torch.float32)

print(x.shape)
print(x.dtype)
```

```
torch.Size([64])
torch.float32
```

세 번째 줄의 x = torch.tensor(np.random.rand(64), dtype=torch.float32)에서 np.random.rand(64)는 64차원의 랜덤 numpy.ndarray 배열을 생성합니다. numpy.ndarray 타입은 넘파이 라이브러리에서 숫자 시퀀스를 다루기 위한 타입입니다. 이렇게 생성된 값은 float64(부동 소수점 64)라는 데이터 타입으로 저장됩니다. 다만 이 상태로는 앞서 정의한 SimpleNN 신경망에 입력할 수 없어서 dtype 인수^{Argument}를 이용해 명시적으로 torch.float32 타입으로 변환해 줍니다. 여기서 torch.tensor()는 벡터나 행렬과 같은 숫자 시퀀스를 파이토치 텐서 형식으로 바꿉니다.

> **보충 수업 / 텐서**
>
> 파이토치 혹은 텐서플로에서 사용하는 텐서는 0차원(스칼라), 1차원(벡터), 2차원(행렬) 그외 고차원 배열로 값이 들어 있는 데이터 구조입니다. 이 중에서 0차원 텐서, 즉 스칼라는 우리가 일상에서 사용하는 숫자 값 하나로 구성돼 있습니다.

다음 코드에서 SimpleNN 클래스를 인스턴스화합니다. 이처럼 클래스로 객체를 생성하면 이를 주로 좌항의 변수(여기서는 변수인 model)에 저장하는데 이 과정을 인스턴스화라고 부릅니다.

```
model = SimpleNN(64, 10)
model
```

```
SimpleNN(
  (fc): Linear(in_features=64, out_features=10, bias=True)
)
```

이 코드에서는 SimpleNN 클래스에 64와 10이라는 인수를 전달하는데, 64는 입력 텐서의 차원이고 10은 출력의 차원입니다. 각각 64픽셀을 1차원으로 평탄화했을 때의 입력과 0~9까지 10개의 출력을 나타냅니다.

이어서 다음와 같은 추론을 수행하면 그 결과로 10차원의 부동 소수점 타입이 저장된 텐서가 반환됩니다.

```
y = model.forward(x)
y
```

```
tensor([-0.8237, -0.4871,  0.3815,  0.0292,  0.1896,  0.1588, -0.8068,  0.3778,
        -0.2055, -0.5077], grad_fn=<ViewBackward0>)
```

추론 결과 중 가장 값이 큰 인덱스를 반환하기 위해 다음 코드에서는 torch.argmax()를 사용합니다. 이를 통해 0~9 사이의 숫자가 출력됩니다. 단, 입력 시 8x8=64차원 값을 무작위로 생성했으므로 여러분이 실행한 출력값과 이 책의 결과는 다를 수 있습니다.

```
print(torch.argmax(model.forward(x)).item())
```

```
2
```

보충 수업 / argmax(), item()

argmax()는 넘파이와 파이토치 라이브러리에서 모두 제공하는 함수입니다. 이 함수는 주어진 배열이나 텐서에서 최댓값을 가진 요소의 인덱스를 반환합니다. item() 함수는 파이토치 텐서 객체에 사용하는 함수입니다. 이 함수는 단일 요소(스칼라)를 가진 텐서의 값을 숫자로 추출하는 데 사용합니다.

실습 파일 : Book5_1.ipynb

실습 09 학습 전 추론: 테스트 데이터

문제

실습 8에서 인스턴스화한 SimpleNN(64, 10)에 실습 6에서 생성한 숫자 이미지 데이터 중 0번과 1번 데이터를 입력하고 결과를 확인해 보세요.

해설

먼저 최초의 데이터인 data[0]의 내용을 확인합니다. 1차원으로 평탄화한 64픽셀 형태의 숫자 데이터를 보고 원본 숫자(0~9 사이의 이미지)를 판별하는 것은 사람 눈으로는 불가능합니다.

```
digit.data[0]
```

```
array([ 0.,  0.,  5., 13.,  9.,  1.,  0.,  0.,  0.,  0., 13., 15., 10.,
       15.,  5.,  0.,  0.,  3., 15.,  2.,  0., 11.,  8.,  0.,  0.,  4.,
       12.,  0.,  0.,  8.,  8.,  0.,  0.,  5.,  8.,  0.,  0.,  9.,  8.,
        0.,  0.,  4., 11.,  0.,  1., 12.,  7.,  0.,  0.,  2., 14.,  5.,
       10., 12.,  0.,  0.,  0.,  0.,  6., 13., 10.,  0.,  0.,  0.])
```

따라서 정답 레이블을 다음과 같이 확인해야 합니다. 이 예에서는 정답 레이블이 0으로 나옵니다.

```
digit.target[0]
```

0

이를 눈으로 확인하기 위해 8x8의 2차원 이미지를 그려 보겠습니다. 결과를 보면 이제는 여러분도 눈으로 숫자 0을 확인할 수 있습니다.

```
import matplotlib.pyplot as plt
plt.imshow(digit.images[0])
```

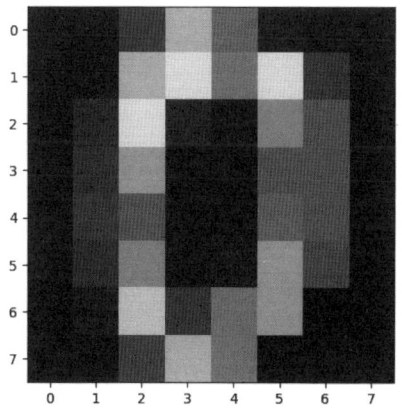

이 데이터를 SimpleNN(64, 10)에 입력하려면 64차원이어야 합니다. 데이터 형태를 shape 명령어로 확인해 보면 64차원이므로 문제가 없습니다.

```
digit.data[0].shape
```

(64,)

dtype 명령어로 데이터 타입을 확인해 보니 float64 타입임을 알 수 있습니다. 이를 torch.float32 타입으로 변환해야 합니다.

```
digit.data[0].dtype
```

dtype('float64')

📝 보충 수업   torch.float32 타입 VS torch.float64 타입

> 파이토치의 float32는 32비트 부동 소수점 타입이고 float64는 64비트 부동 소수점 타입입니다. 파이토치와 같은 딥러닝 프레임워크에서는 float32를 선호하고 float64는 수치적 민감성이 요구되는 연구 분야나 애플리케이션에서만 사용됩니다. float32가 메모리, 속도, 하드웨어 호환성 측면에서 더 효율적입니다.

이제 데이터 타입 변환을 수행합니다. 이러한 타입 변환 과정을 캐스트[Cast]라고 부릅니다.

```
x0 = torch.tensor(digit.data[0], dtype=torch.float32)
print(x0.dtype)
```

torch.float32

코드에서는 0번째 64차원 입력 데이터를 torch.float32 타입으로 캐스트하고 변수 x0에 저장하였습니다. 이를 SimpleNN을 인스턴스화한 model 변수에 전달하여 추론을 수행하겠습니다. 다만, 다음 코드에서는 모델을 학습시키지 않았기 때문에 잘못된 추론 값이 나옵니다. 즉, 0이 나와야 하지만 5가 나왔습니다.

```
torch.argmax(model(x0)).item()
```

5

model(x0)에서 먼저 순전파(입력에서 출력으로 데이터를 순방향으로 처리)를 수행하여 10차원의 출력을 얻습니다. 그런 다음 argmax()로 가장 높은 값의 인덱스를 구하는데 이는 텐서 타입으로 구합니다. 이것을 item()을 통해 스칼라 값, 즉 숫자 값으로 추출합니다.

두 번째 데이터인 data[1]도 같은 방식으로 확인해 보겠습니다. 이를 위해 다음과 같이 정답 레이블과 예측값을 나란히 출력합니다. 역시나 오답이 나왔습니다. 그러나 아직 실망하기에는 이릅니다. 이 모델을 학습시키면 결과가 개선되기 때문입니다.

```
x1 = torch.tensor(digit.data[1], dtype=torch.float32)
print(f"answer: {digit.target[1]}")
print(f"predicted: {torch.argmax(model(x1)).item()}")
```

```
answer: 1
predicted: 7
```

실습 파일 : Book5_1.ipynb

실습 10 전처리: 데이터 정규화

문제

실습 6에서 얻은 숫자 이미지 픽셀 데이터를 평균 0, 표준편차 1이 되도록 정규화^{Normalization}하세요.

해설

```
from sklearn.preprocessing import StandardScaler
X = digit.data
y = digit.target

scaler = StandardScaler()
X_scaled = scaler.fit_transform(X)
X_scaled
```

```
array([[ 0.        , -0.33501649, -0.04308102, ..., -1.14664746,
        -0.5056698 , -0.19600752],
       [ 0.        , -0.33501649, -1.09493684, ...,  0.54856067,
        -0.5056698 , -0.19600752],
       [ 0.        , -0.33501649, -1.09493684, ...,  1.56568555,
         1.6951369 , -0.19600752],
       ...,
       [ 0.        , -0.33501649, -0.88456568, ..., -0.12952258,
        -0.5056698 , -0.19600752],
       [ 0.        , -0.33501649, -0.67419451, ...,  0.8876023 ,
        -0.5056698 , -0.19600752],
       [ 0.        , -0.33501649,  1.00877481, ...,  0.8876023 ,
        -0.26113572, -0.19600752]])
```

이 코드에서 StandardScaler로 정규화하면 원본 데이터는 평균 0, 표준편차 1로 변환됩니다. 이를 위해 각 변수별로 평균값을 빼고 표준편차로 나눕니다. 이에 대한 수식은 다음과 같습니다.

```
x_norm = (x - μ) / σ
```

수식을 자세히 살펴보면 다음과 같습니다.

- x_norm: 정규화 후 데이터
- x: 원본 데이터
- μ: 각 열의 평균값
- σ: 각 열의 표준편차

예시 데이터로 정규화를 해보겠습니다.

```
# 예시 데이터
data = np.array([[1, 2, 3], [4, 5, 6]])

scaler = StandardScaler()
data_norm = scaler.fit_transform(data)

print(data_norm)
```

```
[[-1. -1. -1.]
 [ 1.  1.  1.]]
```

정규화 변환 후 데이터의 평균이 0, 표준편차가 1이 되는지 확인합니다.

```
print(data_norm.mean())
print(data_norm.var())
```

```
0.0
1.0
```

정규화의 장점과 주의 사항은 다음과 같습니다.

정규화의 장점

- 데이터 스케일을 통일하면 모델 학습이 보다 안정적으로 이루어집니다.
- 서로 다른 척도의 데이터를 쉽게 비교할 수 있습니다.

정규화 시 주의 사항

- 이상값^{Outlier}의 영향을 받기 쉽기 때문에 이상값 처리를 미리 해야 합니다.
- 정규화 후의 데이터는 원래 데이터와 스케일이 다르기 때문에 해석에 주의해야 합니다.

실습 11 학습 데이터 및 테스트 데이터 분할

실습 파일 : Book5_1.ipynb

문제

실습 10에서 정규화한 데이터를 80:20 비율로 학습 데이터세트와 테스트 데이터세트로 분할하세요.

해설

80:20 비율로 학습 데이터세트와 테스트 데이터세트를 분할하려면 사이킷런 라이브러리의 train_test_split()을 사용하면 됩니다. 여기서는 test_size=0.2로 설정한 다음 데이터를 랜덤하게 섞고 지정한 비율로 분할을 수행합니다. 이때 random_state를 지정하면 매번 동일한 분할 결과를 얻을 수 있습니다. print 코드에 사용한 len() 함수는 데이터세트의 요소 개수를 반환합니다.

```
from sklearn.model_selection import train_test_split
X_train, X_test, y_train, y_test = train_test_split(
    X_scaled, y, test_size=0.2,random_state=42)

print(len(X_train))
print(len(X_test))
print(len(X_test)/(len(X_train)+len(X_test)))
```

```
1437
360
0.2003338898163606
```

테스트 데이터세트의 비율은 실제 분할된 데이터 크기로 확인할 수 있습니다. 결과의 마지막 줄을 보면 전체 데이터의 20% 정도가 테스트 데이터세트로 분리됐음을 알 수 있습니다.

실습 파일 : Book5_1.ipynb

실습 12 신경망 학습시키기

문제

실습 11에서 분할한 학습 데이터세트를 이용하여 SimpleNN의 모델을 학습시켜 보세요. 이때 손실 함수로는 교차 엔트로피 손실을 사용하고, 최적화 함수로는 확률적 경사하강법, 즉 SGD 를 사용하기 바랍니다.

해설

데이터세트를 파이토치 텐서로 변환한 후 파이토치의 신경망 학습 방법에 따라 학습합니다. 참고로 다음 코드 첫 줄의 torch.optim 모듈은 파이토치에서 제공하는 최적화 알고리즘들을 포함하고 있습니다. 이 모듈을 사용하면 신경망의 파라미터를 업데이트하기 위해 SGD와 같은 최적화 기법을 적용할 수 있습니다.

```
import torch.optim as optim

# 파이토치 텐서로 변환
X_train = torch.tensor(X_train, dtype=torch.float32)   #①
X_test = torch.tensor(X_test, dtype=torch.float32)     #②

y_train = torch.tensor(y_train, dtype=torch.long)      #③
y_test = torch.tensor(y_test, dtype=torch.long)        #④

# 손실 함수 및 최적화 기법 정의
criterion = nn.CrossEntropyLoss()                      #⑤
optimizer = optim.SGD(model.parameters(), lr=0.01)     #⑥
```

```
# 모델 학습
num_epochs = 100
for epoch in range(num_epochs):                    #⑦
    optimizer.zero_grad()                          #⑧
    outputs = model(X_train)                       #⑨
    loss = criterion(outputs, y_train)             #⑩
    loss.backward()                                #⑪
    optimizer.step()                               #⑫
```

코드를 상세히 살펴보겠습니다.

① `X_train = torch.tensor(X_train, dtype=torch.float32)`

② `X_test = torch.tensor(X_test, dtype=torch.float32)`

X_train과 X_test를 파이토치 float32 타입 텐서로 변경합니다.

③ `y_train = torch.tensor(y_train, dtype=torch.long)`

④ `y_test = torch.tensor(y_test, dtype=torch.long)`

y_train과 y_test를 파이토치 long 타입 텐서로 변경합니다. torch.long은 파이토치에서 사용하는 데이터 타입입니다. 이 데이터 타입은 텐서의 요소들을 64비트 정수, 즉 long integer로 표현합니다. 이는 파이썬의 int 타입과 유사한 형태입니다.

이어서 ⑤ 손실 함수와 ⑥ 최적화 기법(SGD)을 정의합니다. 이후 ⑧ 기울기 초기화, ⑨ 모델을 사용한 추론, ⑩ 예측값과 정답 데이터를 손실 함수에 입력 후 오차 계산, ⑪ 오차 역전파, ⑫ 가중치 업데이트 과정을 ⑦ 에포크^{Epoch}(여기서는 100회) 횟수만큼 반복합니다.

실습 파일 : Book5_1.ipynb

실습 13 성과 평가하기

문제

실습 11에서 생성한 테스트 데이터세트를 실습 12에서 학습시킨 모델에 투입하여 추론을 수행하고 정확도^{Accuracy}를 계산하세요.

해설

정확도는 예측된 값과 정답 데이터(레이블)가 일치하는 비율을 의미합니다. 정확도는 예측값과 정답 데이터를 사이킷런 라이브러리의 accuracy_score에 전달하면 쉽게 구할 수 있습니다.

```
from sklearn.metrics import accuracy_score

# 모델 평가
with torch.no_grad():                    #①
    outputs = model(X_test)
    _, predicted = torch.max(outputs, 1) #②
    
    accuracy = accuracy_score(y_test, predicted.numpy())
    print("Test accuracy:", accuracy)
```

Test accuracy: 0.7777777777777778

딥러닝 모델은 초기 가중치가 랜덤하게 주어지기에 실습 결과와 책의 결과가 다를 수 있습니다. 코드를 한 줄씩 살펴보겠습니다.

① `with torch.no_grad():`

파이토치에서 이 코드는 기울기 계산을 방지하여 메모리 사용량과 계산 시간을 줄여 줍니다.

▶ 이 코드의 상세 기능은 실습 24에서 상세히 설명하겠습니다.

② `_, predicted = torch.max(outputs, 1)`

torch.max()는 최댓값의 인덱스를 구하는 함수입니다. 코랩에서 파이썬 함수명 뒤에 물음표('?')를 붙이고 실행하면 도움말을 볼 수 있습니다. 이 함수는 (max, max_indices) 형태로 결과를 출력하는데 이는 10차원 배열 중 (최댓값, 최댓값의 인덱스)를 출력한다는 의미입니다. torch.max() 외에 torch.argmax()를 이용해도 최댓값에 해당하는 인덱스를 얻을 수 있습니다. 두 함수 모두 두 번째 인수로 차원(dim) 값을 지정할 수 있습니다.

다음 코드에서는 torch.argmax() 의 인수로 dim=1을 지정하여 1차원, 즉 각 행별로 최댓값의 인덱스를 가져옵니다. 참고로 dim=0을 지정하면 입력한 전체 데이터세트에서 가장 큰 최댓값의 인덱스가 반환되므로 주의하기 바랍니다.

앞서 설명했듯이 numpy.allclose() 함수는 두 배열이 요소별로 같은지를 확인하는 데 사용하며 두 배열의 모든 요소가 동일하면 True를 반환합니다.

```
torch.allclose(predicted, torch.argmax(outputs, dim=1))
```

True

이어서 다음 코드를 실행합니다.

```
outputs = model(X_test)
print(f"입력 데이터 형태:{X_test.shape}")
print(f"출력 데이터 형태:{outputs.shape}")
print(f"출력:{outputs}")
```

입력 데이터 형태:torch.Size([360, 64])
출력 데이터 형태:torch.Size([360, 10])
출력:tensor([[-0.3715, 0.5032, -0.2182, ..., -0.5803, 0.2889, 0.2667],
        [-0.1018, -0.5505, 0.6350, ..., 0.0036, -1.0563, 0.9043],

```
        [-0.4528,  0.1061,  0.1469,  ..., -0.2994,  0.0301,  0.6551],
        ...,
        [ 0.3131, -0.1026, -0.2545,  ...,  0.5422,  0.0375,  0.3093],
        [ 0.0573, -0.8106,  1.3097,  ..., -0.2010, -0.4647,  0.5516],
        [-0.1291, -0.9546,  0.7928,  ..., -0.8253, -1.0754,  1.1071]],
       grad_fn=<AddmmBackward0>)
```

첫 번째 줄의 추론(예측) 과정은 모델에 360개의 테스트 데이터를 전달합니다. 이는 360x64 형태의 테스트 데이터로 360개의 숫자 이미지 정보를 의미합니다. 이 픽셀 데이터를 1차원으로 평탄화하여 입력하며, 출력 데이터는 360x10 파이토치 텐서 형식으로 얻습니다. 이처럼 360개의 출력 데이터는 각기 10차원 배열을 가지는데 각 배열 중 가장 큰 값의 인덱스가 예측된 값에 해당합니다.

보충 수업 / 머신러닝과 딥러닝 모델의 성능 지표

정확도를 포함한 성능 지표를 이번 기회에 정리하고 넘어가겠습니다. 머신러닝과 딥러닝 모델의 대표적인 성능 지표는 정확도, 재현율, 정밀도, F1값이 있습니다. 이들 성능 지표를 정의하기 위해서는 우선 TP(True Positive), FP(False Positive), FN(False Negative), TN(True Negative) 개념을 알아보겠습니다.

예를 들어 코로나 감염이 의심스러운 사람이 PCR 테스트(중합효소 연쇄반응 검사)를 받았는데 양성 판정을 받은 경우를 가정해 보겠습니다. PCR 테스트는 100% 정확하지 않습니다. 따라서 PCR 테스트에서 양성 판정을 받았더라도 실제로 감염되지 않은 음성 환자거나, 음성 판정을 받아도 실제로 감염된 양성 환자일 수 있습니다. 이 예에서 TF, FP, FN, TN 경우를 다음처럼 나타낼 수 있습니다.

TP: 테스트 결과가 양성이며, 실제로 코로나에 걸린 경우

FP: 테스트 결과가 양성이지만, 실제로 코로나에 걸리지 않은 경우

FN: 테스트 결과가 음성이지만, 실제로 코로나에 걸린 경우

TN: 테스트 결과가 음성이며, 실제로 코로나에 걸리지 않은 경우

혼동 행렬^{Confusion matrix}

PCR 테스트 결과	코로나 감염	코로나 미감염
양성	TP	FP
음성	FN	TN

이 혼동 행렬 표를 이용해서 정확도, 재현율, 정밀도, F1값을 계산할 수 있습니다.

- **정확도**^{Accuracy}: 전체 테스트 건 중 올바른 테스트 결과의 비율

$$\frac{(TP+TN)}{(TP+TN+FN+FP)}$$

- **재현율**^{Recall}: 실제로 감염된 건 중 테스트 감염자를 올바르게(양성으로) 판정한 비율

$$\frac{(TP)}{(TP+FN)}$$

- **정밀도**^{Precision}: 테스트 결과가 양성으로 나온 건 중 테스트가 감염자를 올바르게(양성으로) 판정한 비율

$$\frac{(TP)}{(TP+FP)}$$

- **F값**^{F-score}: 재현율과 정밀도의 조화 평균. 재현율과 정밀도는 트레이드 오프 관계이므로 이 둘이 비슷하게 높은 수치일 때 F값도 높게 나오는 구조

$$\frac{(2 \times 재현율 \times 정밀도)}{(재현율 + 정밀도)}$$

실습 파일 : Book5_1.ipynb

실습 14 추론 및 시각화하기

문제

실습 13에서 평가한 모델을 이용하여 테스트 데이터세트에서 무작위로 1건의 데이터를 가져와 추론하고 정답과 비교하세요. 그리고 이 데이터를 matplotlib.pyplot.matshow()를 사용하여 시각화하세요.

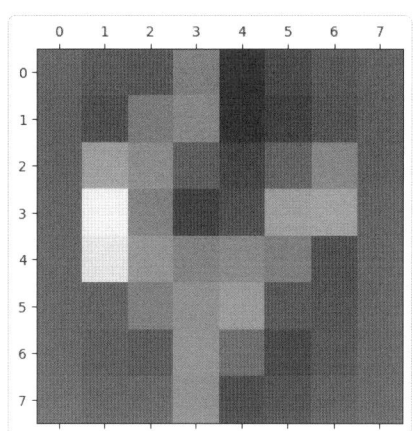

해설

다음 코드를 입력하고 실행합니다.

```
# 모델로 테스트 데이터 1 건 추론
import random

idx = random.randint(0, len(X_test)-1)      #①
outputs = model(X_test[idx])                #②
ans = y_test[idx].item()                    #③
pred = torch.argmax(outputs).item()         #④

print(f"정답: {ans}")
print(f"예측값: {pred}")
print(f"결과:{ans==pred}")                   #⑤
```

정답: 4
예측값: 4
결과: True

① idx = random.randint(0, len(X_test)-1)

random.randint() 함수는 두 매개변수를 포함해 그 사이 임의의 정수를 출력합니다. random.randint() 함수를 더 자세히 알아보기 위해 챗GPT에 다음과 같이 질문해 보았습니다.

 random.randint()의 기능을 간단하게 설명해 줘.

 random.randint(a, b) 함수는 파이썬의 random 모듈에 포함된 함수로, 두 매개변수 a와 b를 포함하여, a와 b 사이에 위치한 임의의 정수를 반환합니다. 여기서 a는 범위의 최솟값이고, b는 범위의 최댓값입니다. 이 함수를 사용하려면 먼저 random 모듈을 import 해야 합니다.

예로서 다음 코드는 1과 10 사이(1과 10 포함)의 임의의 정수를 출력합니다.

따라서 테스트 데이터의 인덱스 범위 내의 임의의 숫자를 지정하고 싶다면 ranom.randint() 함수의 괄호 대신 (0, len(X_test)-1)을 입력하면 됩니다.

② outputs = model(X_test[idx])

추론(예측)을 위해 X_test[idx]를 model에 입력합니다.

③ ans = y_test[idx].item()

해답을 얻기 위해 y_test[idx] 코드와 item()을 사용하여 텐서에서 값을 가져옵니다.

④ `pred = torch.argmax(outputs).item()`

추론 결과는 `torch.argmax`로 가져오고 마찬가지로 `item()`으로 텐서에서 값을 가져옵니다.

⑤ `print(f"결과:{ans==pred}")`

결과 비교를 위해 비교 연산자 `==`를 사용했습니다. 파이썬에서 `==`는 수학의 등호(=)와 동일한 기능을 수행합니다. 반면 `=`는 오른쪽 항을 왼쪽 항에 대입하라는 의미입니다.

이제 데이터를 `matplotlib.pyplot.matshow()`를 사용하여 시각화하겠습니다. 다음 코드를 실행합니다.

```
plt.matshow(X_test[idx].reshape(8,8))
```

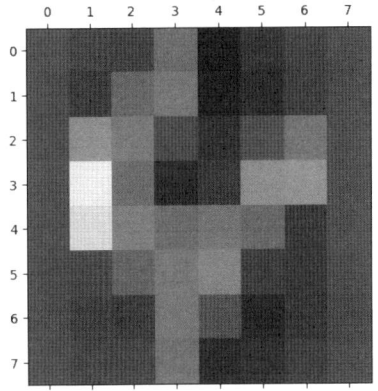

신경망 문자 인식 전체 코드

지금까지 실습한 전체 코드는 다음과 같습니다.

```
import torch
import torch.nn as nn
import torch.optim as optim
import numpy as np
from sklearn.datasets import load_digits
from sklearn.model_selection import train_test_split
from sklearn.preprocessing import StandardScaler
from sklearn.metrics import accuracy_score
```

```python
# 숫자 이미지 데이터 불러오기
digit = load_digits()

# 입력 데이터 및 레이블 저장
X = digit.data
y = digit.target

# 데이터 정규화
scaler = StandardScaler()
X_scaled = scaler.fit_transform(X)

# 학습 데이터와 테스트 데이터 분할
X_train, X_test, y_train, y_test = train_test_split(X_scaled, y, test_size=0.2,
    random_state=42)

# 파이토치 텐서로 변환
X_train = torch.tensor(X_train, dtype=torch.float32)
X_test = torch.tensor(X_test, dtype=torch.float32)
y_train = torch.tensor(y_train, dtype=torch.long)
y_test = torch.tensor(y_test, dtype=torch.long)

# 신경망 정의
class SimpleNN(nn.Module):
    def __init__(self, input_size, output_size):
        super(SimpleNN, self).__init__()
        self.fc = nn.Linear(input_size, output_size)

    def forward(self, x):
        x = self.fc(x)
        return x

# 신경망 모델에 데이터 입력
input_size = X_train.shape[1]
output_size = len(np.unique(y_train))
model = SimpleNN(input_size, output_size)

# 손실 함수 및 최적화 기법 정의
criterion = nn.CrossEntropyLoss()
optimizer = optim.SGD(model.parameters(), lr=0.01)
```

```python
# 모델 학습
num_epochs = 100
for epoch in range(num_epochs):
    optimizer.zero_grad()
    outputs = model(X_train)
    loss = criterion(outputs, y_train)
    loss.backward()
    optimizer.step()

# 모델 평가
with torch.no_grad():
    outputs = model(X_test)
    _, predicted = torch.max(outputs, 1)
    accuracy = accuracy_score(y_test, predicted.numpy())
    print("Test accuracy:", accuracy)

# 모델로 테스트 데이터 1건 추론
import random

idx = random.randint(0, len(X_test)-1)
outputs = model(X_test[idx])
ans = y_test[idx].item()
pred = torch.argmax(outputs).item()
print(f"정답 : {ans}")
print(f"예측값 : {pred}")
print(f"결과:{ans==pred}")
```

지금까지 실습한 이 숫자 이미지 인식 실습에는 생성 AI와 언어 모델을 이해하는 데 필요한 핵심 사항이 모두 포함되어 있습니다. 즉, 모델 정의, 데이터 확인 및 전처리, 데이터 입력, 학습 → 평가 → 추론 과정이 모두 포함되어 있습니다. 이 순서를 어느 정도 파악한 상태에서 머신러닝과 딥러닝을 배우면 전체 그림을 그리는 데 큰 도움이 됩니다. 더군다나 최근에는 생성 AI를 API로 호출하는 방법이 등장해서 갈수록 머신러닝이나 딥러닝 코드를 간편하게 구현할 수 있습니다. 그럼 이제 다음 절에서 머신러닝 개념을 배워보겠습니다.

01.8 머신러닝

머신러닝 Machine Learning은 인공지능, 즉 AI에 포함되는 개념입니다. 1997년에 출간된 『Machine Learning(Tom Mitchell, McGraw Hill)』이라는 책에서 '학습'이란 "데이터(경험 Expeience, 이하 E)를 학습(작업 Task, 이하 T)시킴으로써 프로그램에 의한 처리 결과의 평가(평가 지표 Performance, 이하 P)가 개선되는 것"이라고 정의합니다.

예를 들어, 스팸 메일을 판단하는 머신러닝 프로그램이 있다고 가정해 보겠습니다. 당신에게 도착하는 대량의 메일이 데이터(E)고, 실제 스팸 메일군과 프로그램이 예측한 스팸 메일군이 얼마나 다른지(오차)가 평가 지표(P)이며, 이 오차가 작아지도록 머신러닝 내부 파라미터를 업데이트하는 것이 학습(T)에 해당합니다. 이 과정을 통해 학습한 프로그램은 메일이 스팸인지 아닌지를 더 정확하게 판단할 수 있게 됩니다.

다음 그림과 같이 머신러닝은 학습을 통해 데이터에 의미를 부여하는 추상화와 미지의 데이터도 예측 가능하게 만드는 일반화 2가지를 동시에 수행합니다. 머신러닝 모델이 학습 과정 중에 내부 파라미터를 업데이트하면서 처음에는 할 수 없었던 일을 점점 더 잘하게 되고 더 나아가 한 번도 본 적 없는 데이터도 잘 처리하게 되는 메커니즘입니다.

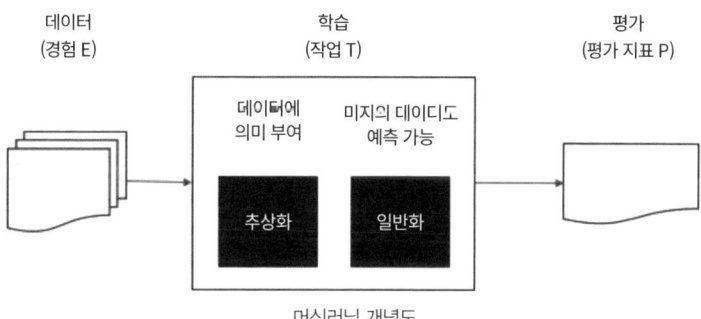

머신러닝 개념도

머신러닝의 종류

기계학습에는 지도 학습과 비지도 학습이 있습니다. 이 둘의 차이는 학습에 사용하는 데이터에 **'정답 레이블이 있느냐 없느냐'**입니다. 지도 학습은 레이블이 붙은 데이터를 이용해 입력과 출력의 관계를 학습합니다. 지금까지의 실습에서는 지도 학습을 다뤘습니다. 비지도 학습은 레이블이 없는 데이터를 사용해 데이터의 특징과 구조를 발견합니다. 지도 학습과 비지도 학습의 차이를 표로 정리하면 다음과 같습니다.

종류	지도 학습	자기 지도 학습	비지도 학습	강화 학습
특징	입력 데이터에 대한 정답 레이블 제공	입력 데이터로부터 스스로 지도 학습용 데이터를 생성하여 학습	입력 데이터에 대한 정답 레이블을 제공하지 않음	에이전트가 다이내믹 환경에서 반복적인 시행착오를 거쳐 작업 수행
학습 대상	입력과 출력의 관계 파악	입력 데이터 내 관계 파악	데이터의 특징과 구조 파악	보상을 극대화하는 행동 방침 학습
특화된 작업	예측 및 분류 작업	생성 작업	클러스터링, 차원 축소	상황에 따라 대응할 수 있는 작업에 적합

앞서 예시로 살펴본 스팸 메일을 판별하는 프로그램은 지도 학습에 해당합니다. 입력과 출력을 명확하게 정의할 수 있는 작업은 대부분 지도 학습입니다. 개와 고양이 이미지 판별부터 엑스레이를 통한 영상 진단, 문장의 긍정·부정 여부를 판단하는 감성 분석 등도 지도 학습의 예입니다.

반면 비지도 학습의 예로는 추천 시스템과 이상 감지 등이 있습니다. 추천 시스템은 고객의 선호도, 구매 이력 등을 대상으로 클러스터링 작업을 실시해 유사 그룹을 만들어 추천할 상품이나 서비스를 결정합니다. 이상 감지는 차원 축소를 통해 데이터의 특징을 드러내고 비정상적인 데이터를 탐지하는 것입니다.

'중용의 도'라는 말이 있듯이, 머신러닝에서도 지도 학습과 비지도 학습의 중간에 위치한 자기 지도 학습이라는 개념이 있습니다. 자기 지도 학습은 이 책의 주제인 생성 AI와 LLM에 있어서 매우 중요한 역할을 합니다. 자기 지도 학습은 정답 레이블이 없는 데이터를 사용하여 유용한 표현을 학습합니다. 자기 지도 학습의 예로는 메타(구 페이스북)의 음성 인식 알고리즘인 wav2vec, 단어 벡터로 King - Man + Woman을 계산할 수 있다고 화제가 된 구글의 word2vec, 이미지 생성 AI인 GAN 등을 들 수 있습니다. 자기 지도 학습은 레이블 데이터가 매우 적거나 혹은 데이터의 특성을 찾아야 할 때 매우 효과적입니다.

지도 학습, 비지도 학습과 무관한 별개의 개념으로 강화 학습이 있습니다. 강화 학습은 에이전트가 특정 환경에서 여러 차례 행동을 반복하고, 환경으로부터 피드백을 받아 보상을 얻음으로써 행동 방침을 갱신해 나가는 작업 기법입니다. 이 기법을 통해 에이전트는 작업^{Task}의 보상을 극대화하는 일련의 의사결정을 하게 됩니다. 예를 들어, 챗GPT 의 전신인 InstructGPT는 사람이 선호할 만한 답변을 출력하기 위해 GPT가 생성한 여러 출력 결과에 사람이 순위를 매겼고, 그 순위를 보상 모델에 학습시켰습니다. 그리고 이 보상 모델을 이용해서 언어 모델을 강화 학습으로 훈련시켰습니다. 이 학습 알고리즘은 OpenAI의 전매특허인 PPO$^{Proximal\ Policy\ Optimization}$를 사용합니다. PPO는 정책^{Policy}의 큰 변화를 최소화하면서 안정적인 최적화를 달성하는 특성을 가지고 있기 때문에 강화 학습에 널리 쓰이고 있습니다.

01.9 Word2Vec으로 King-Man+Woman 계산

2013년 구글의 컴퓨터 과학자 토마시 미콜로프[Tomas Mikolov] 등이 게재한 〈Efficient Estimation of Word Representations in Vector Space〉라는 논문에서 Word2Vec이라는 혁신적인 기술이 발표되었습니다.

> **Efficient Estimation of Word Representations in Vector Space**
>
> Tomas Mikolov, Kai Chen, Greg Corrado, Jeffrey Dean
>
> We propose two novel model architectures for computing continuous vector representations of words from very large data sets. The quality of these representations is measured in a word similarity task, and the results are compared to the previously best performing techniques based on different types of neural networks. We observe large improvements in accuracy at much lower computational cost, i.e. it takes less than a day to learn high quality word vectors from a 1.6 billion words data set. Furthermore, we show that these vectors provide state-of-the-art performance on our test set for measuring syntactic and semantic word similarities.

Word2Vec 기술 발표(출처: arxiv.org/abs/1301.3781)

Word2Vec은 단어를 단순한 키워드가 아닌 300차원 벡터 공간으로 표현하는 기술입니다. 이 기술은 단어를 숫자들의 시퀀스로 취급하여 자기 지도 학습을 수행할 수 있고, 단어들의 의미 표현에 기반한 계산을 할 수 있습니다. 이는 분포 가설[Distributional hypothesis]에 기반한 작업을 수행하는 것으로, 분포 가설은 "같이 등장하는 다른 단어들을 보고 해당 단어의 의미를 알 수 있다."라는 명제와 "문맥이 단어의 의미를 결정한다."라는 명제를 기반으로 합니다.

분포 가설에 근거한 신경망은 다음과 같은 2가지 방법으로 단어의 의미를 획득할 수 있습니다. 첫 번째 방법은 신경망을 통해 중심 단어에서 주변 단어를 예측하는 skip-gram이며 두 번째 방법은 주변 단어에서 중심 단어를 예측하는 CBOW[Continuous Bag of Words]입니다.

skip-gram은 주어진 단어를 기준으로 문맥의 주변 단어들을 예측하는 것을 목표로 합니다. 예를 들어, "The quick brown fox jumps over the lazy dog(재빠른 갈색 여우가 게으른 개를 뛰어넘습니다.)."라는 문장에서 "brown"을 중심 단어라 가정했을 때 "quick", "fox" 등이 주변 단어가 됩니다.

반면 CBOW는 주변 단어들을 기반으로 중심 단어를 예측합니다. 앞서 예문에서 "quick", "brown", "jumps", "over" 등이 주변 단어일 때 "fox"를 예측하는 것이 목표입니다.

따라서 skip-gram은 중심 단어로부터 주변 단어를 예측하며 드문 단어에 강한 반면 CBOW는 주변 단어로부터 중심 단어를 예측하며 대규모 데이터에서 효율적입니다.

실습 파일 : Book5_2.ipynb

실습 15 Word2Vec, 유사한 단어 찾아 정렬하기

문제

bit.ly/4a0UPI0 링크에서 GoogleNews-vectors-negative300.bin.gz를 다운로드하고 코랩에서 불러올 수 있게 구글 드라이브에 업로드합니다. 이어서 자연어 처리(NLP)를 위한 파이썬 라이브러리 gensim를 이용하여 bin.gz 파일에서 모델을 로드하고 'King' - 'Man' + 'Woman'을 계산하여 얻은 벡터와 가장 가까운(코사인 유사도가 큰) 단어를 거리순으로 정렬해 보세요.

해설

구글에 로그인한 후 bit.ly/4a0UPI0 링크에 접속하여 GoogleNews-vectors-negative300.bin.gz를 다운로드합니다.

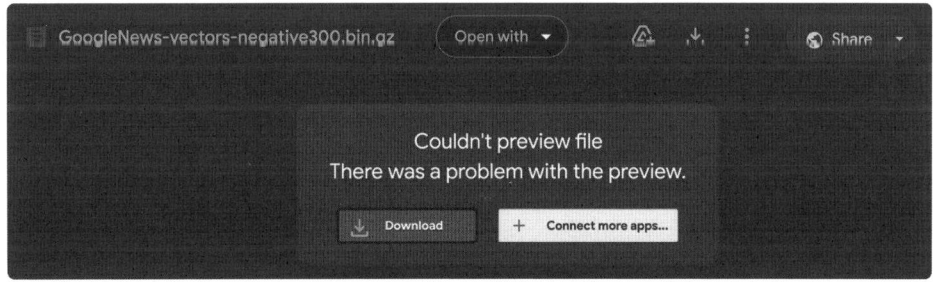

다운로드가 완료되면 구글 드라이브에 이 파일을 업로드합니다. 앞서 만들어 둔 [My Drive] 폴더 하위에 [googlenews] 폴더를 생성하고 방금 다운로드받은 파일을 이 폴더에 업로드합니다.

▶ 구글 드라이브에 폴더를 생성하고 파일을 옮기는 방법은 실습 6을 참고하세요.

지금부터는 새 노트북 파일(ipynb)을 사용하겠습니다. 구글 드라이브의 [My Drive → Colab Notebooks → Book5]에 저장해 둔 Book5_1.ipynb 파일을 엽니다. 그리고 페이지 상단의 [파일 → 새 노트]를 클릭합니다.

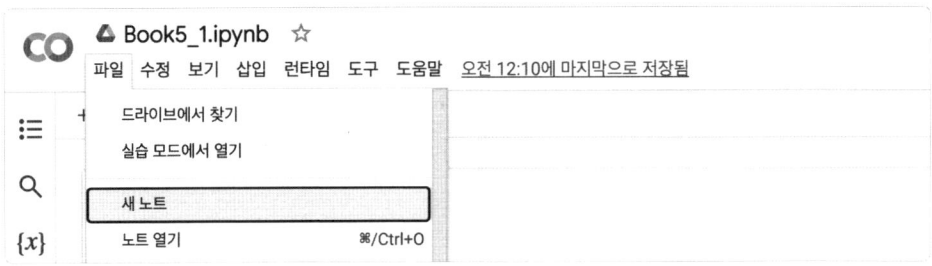

새로운 노트북이 생성되면 파일명을 클릭해 Book5_2.ipynb라고 파일명을 변경합니다.

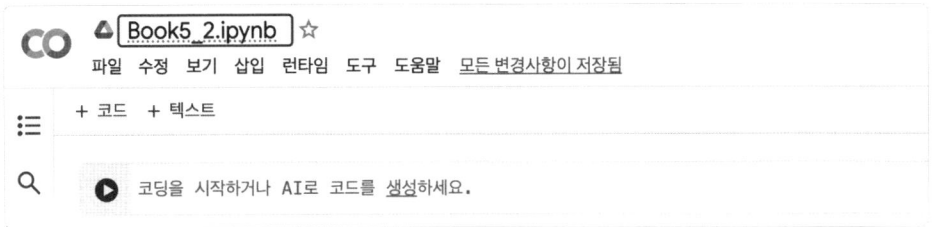

구글 드라이브에서 이 파일의 위치를 확인해 보면 새로 생성한 Book5_2.ipynb 파일은 [My Drive → Colab Notebooks] 폴더에 있습니다.

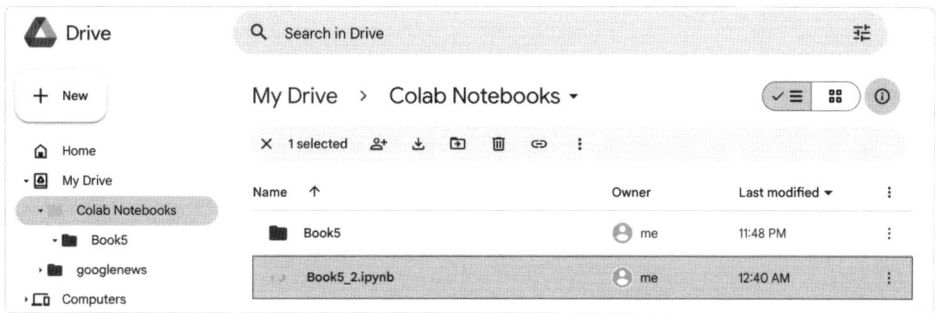

Book5_2.ipynb 파일을 [Book5] 폴더로 끌어다 놓습니다. 이제 Book5_2.ipynb 파일도 구글 드라이브의 [My Drive → Colab Notebooks → Book5] 폴더에 위치하게 됩니다.

다시 Book5_2.ipynb 파일 실행 화면으로 돌아와서 코랩 화면 왼쪽 폴더 아이콘(📁)을 클릭합니다. 잠시 후 드라이브 마운트 아이콘(▲)이 뜨면 이 아이콘을 클릭합니다.

액세스 허용 팝업이 뜨면 오른쪽 하단의 [Google Drive에 연결] 버튼을 클릭합니다.

이어서 구글 계정을 확인하는 화면이 순차적으로 나타납니다. 로그인을 원하는 계정을 선택합니다.

[Continue] 버튼을 누르면서 구글 로그인 정보를 확인합니다.

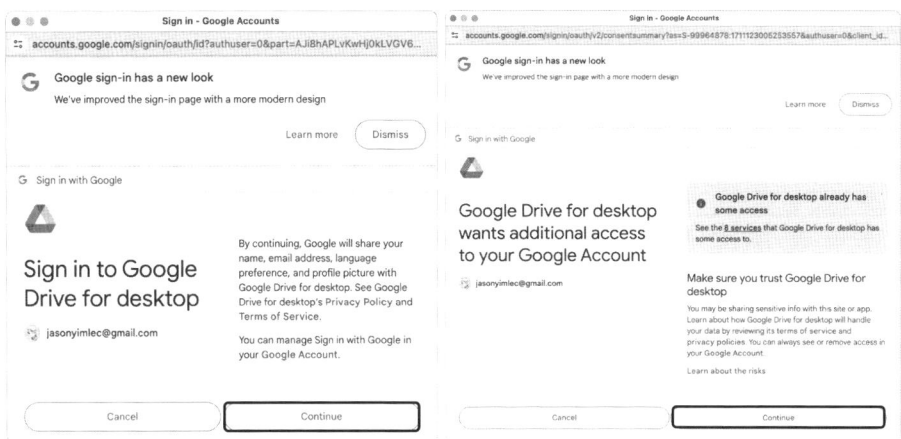

이렇게 구글 드라이브와 코랩이 연동되었습니다. 화면 왼쪽에 [drive] 폴더가 뜨면 정상적으로 연동된 것입니다.

혹은 오른쪽 화면의 코드 셀에 다음과 같은 코드가 자동으로 추가되기도 합니다. 마우스로 이 코드 셀을 선택하고 [Shift] + [Enter] 키를 눌러서 실행하면 연동된 폴더를 볼 수 있습니다.

▶ 코드 셀을 실행하기 위해서는 셀 왼쪽의 실행 아이콘(●)을 클릭해도 됩니다.

만약 왼쪽 파일 리스트에 [drive] 폴더가 뜨지 않으면 파일 리스트 상단의 새로고침 아이콘(⟳)을 클릭하면 즉시 [drive] 폴더를 확인할 수 있습니다.

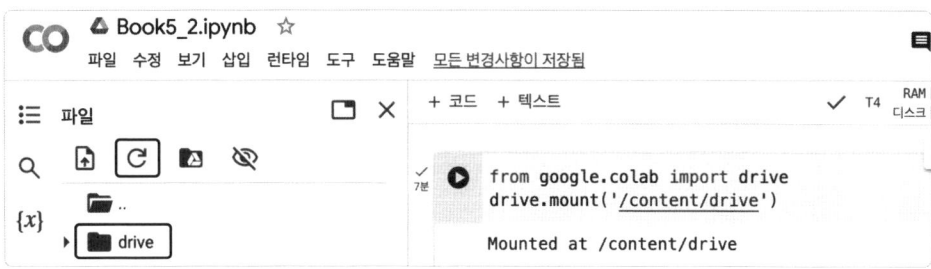

[drive] 폴더를 클릭하면 구글 드라이브에 생성한 googlenews 디렉터리와 파일이 보입니다.

이제 구글 드라이브에 업로드한 파일(GoogleNews-vectors-negative300.bin.gz)의 경로를 복사하겠습니다. 구글 드라이브 왼쪽 사이드바의 폴더 리스트에서 해당 파일을 선택하고 마우스 오른쪽 버튼을 클릭한 다음 [경로 복사]를 클릭합니다.

이제 구글 드라이브에 업로드한 파일을 코랩에서 참조할 수 있는지 리눅스의 ls 명령어를 이용해 확인하겠습니다.

```
!ls -l /content/drive/MyDrive/googlenews/GoogleNews-vectors-negative300.bin.gz
```

-rw------- 1 root root 1647046227 Mar 12 12:54 /content/drive/MyDrive/googlenews/GoogleNews-vectors-negative300.bin.gz

이 코드에서 -l은 파일의 상세 정보를 반환하는 옵션이며, 코랩(을 포함한 리눅스 이외의 터미널)에서 리눅스 명령어를 실행하려면 앞에 !를 붙입니다. !ls -l 코드 다음에는 방금 전에 복사해 둔 경로를 붙여 넣고 코드를 실행합니다. 결과를 보면 성공적으로 해당 파일을 참조할 수 있음을 보여 줍니다.

이제 모델을 불러오겠습니다. 먼저 자연어 처리를 위한 파이썬 라이브러리 gensim을 불러옵니다.

```
# 런타임 1분 20초
import gensim

# Google Drive에 접속하여 다운로드한 Google News의 bin.gz 파일 지정
# 사전 학습된 모델의 벡터 불러오기
model = gensim.models.KeyedVectors.load_word2vec_format(
    '/content/drive/MyDrive/googlenews/GoogleNews-vectors-negative300.bin.gz',
    binary=True)
```

다운로드받은 bin.gz 형식의 모델을 불러오기 위한 명령어는 gensim.models.KeyedVectors.load_word2vec_format()입니다. 이 명령어의 인수는 binary입니다. bin.gz 파일은 binary 형식이므로 True를 지정합니다.

```
# 단어 벡터의 계산 king_vec = model['king']
king_vec = model['king']                                       #①
man_vec = model['man']                                         #②
woman_vec = model['woman']                                     #③
queen_vec = king_vec - man_vec + woman_vec                     #④

# 유사 단어 확인
similar_words = model.most_similar(positive=[queen_vec], topn=10)   #⑤

for word, similarity in similar_words:
    print(f'{word}: {similarity}')
```

king: 0.8449392318725586
queen: 0.7300517559051514
monarch: 0.645466148853302
princess: 0.6156251430511475
crown_prince: 0.5818676352500916
prince: 0.5777117609977722
kings: 0.5613663792610168
sultan: 0.5376775860786438
Queen_Consort: 0.5344247817993164
queens: 0.5289887189865112

실행 코드를 한 줄씩 살펴보겠습니다.

① `king_vec = model['king']`

② `man_vec = model['man']`

③ `woman_vec = model['woman']`

모델이 로드되면 분석 대상 단어의 벡터 표현^{representation}을 변수에 저장합니다. 이를 위해 `model['word']`라는 코드를 입력합니다.

④ `queen_vec = king_vec - man_vec + woman_vec`

king 벡터에서 man 벡터를 빼고 woman 벡터를 더하는 작업을 수행합니다.

⑤ `similar_words = model.most_similar(positive=[queen_vec], topn=10)`

`model.most_similar()`에서는 positive, negative 인수로 positive에 작용하는 단어 벡터와 negative에 작용하는 단어 벡터를 지정합니다. 또한 topn 인수는 반환되는 요소의 개수를 지정합니다. 현재 코드에서는 positive 단어 벡터로 queen_vec을 주고 이와 유사한, 즉 코사인 유사도가 높은 상위 10개의 단어를 출력하도록 설정했습니다.

이제 `model.most_similar()`에 전달하는 인수를 변경해 보겠습니다. 예를 들어, queen_vec에는 king_vec - man_vec + woman_vec을 계산한 결과를 전달하는데, 여기서 positive 단어 벡터로 king_vec과 woman_vec을 주고 negative 단어 벡터로 man_vec을 주어도 비슷한 결과를 얻을 수 있습니다.

```
# 유사 단어 확인
similar_words = model.most_similar(
    positive=[king_vec, woman_vec],negative=[man_vec],topn=10)

for word, similarity in similar_words:
    print(f'{word}: {similarity}')
```

king: 0.8449392318725586
queen: 0.7300516366958618
monarch: 0.645466148853302

princess: 0.6156251430511475
crown_prince: 0.5818676352500916
prince: 0.5777117609977722
kings: 0.5613663792610168
sultan: 0.5376775860786438
Queen_Consort: 0.5344247817993164
queens: 0.5289887189865112

word2vec을 이용해 또 다른 시도를 해보겠습니다. 'pen', 'pineapple', 'banana' 단어 조합의 코사인 유사도를 측정해 보겠습니다.

```
from itertools import combinations                                          #①

# 주어진 과일 목록
fruits = ["pen", "pineapple", "banana"]

# 2가지 과일 조합 생성
combinations_of_fruits = combinations(fruits, 2)                            #②

# 조합 내 단어 유사도 출력
for combination in combinations_of_fruits:
    cos_similarity = model.similarity(combination[0], combination[1])       #③
    print(combination[0], combination[1],cos_similarity)
```

pen pineapple 0.06774566
pen banana 0.05356275
pineapple banana 0.6587538

① `from itertools import combinations`

② `combinations_of_fruits = combinations(fruits, 2)`

주어진 과일 목록에서 2개로 구성된 과일 조합을 구하는 것은 itertools.combinations라는 모듈을 이용하면 됩니다. 첫 번째 인수로 목록을, 두 번째 인수로 몇 개로 구성된 조합을 구할지 지정합니다.

③ cos_similarity = model.similarity(combination[0], combination[1])

model.similarity() 코드로 조합의 첫 번째와 두 번째 요소(단어) 간 거리, 즉 코사인 유사도를 출력합니다. 결과적으로 pen과 pineapple(0.0677)이 pen과 banana(0.0535)보다 조금 더 높은 연관성을 보입니다. 그러나 일반적으로는 pineapple과 banana라는 같은 과일 카테고리의 단어들끼리 상대적으로 더 높은 코사인 유사도(0.6587)를 보입니다.

Word2Vec 자체가 신경망을 사용하기 때문에 딥러닝과 혼동하는 경우가 많지만, Word2Vec은 엄밀히 말하면 딥러닝 기법이 아닙니다. Word2Vec이 신경망 모델이지만 사용하는 신경망 층(레이어)이 많지 않기 때문에 딥러닝 계열로 간주하지 않고, 머신러닝 계열의 신경망으로 간주합니다.

이런 단순 신경망의 결과는 최근 챗GPT를 사용한 **임베딩**^{Embedding} 결과와 비교하면 표현력이 많이 떨어집니다. 다만, Word2Vec 모델이 처음 등장했을 때는 중심 단어에서 주변 단어를 예측하는 자기 지도 학습을 통해 효율적으로 단어 벡터를 추론할 수 있다는 점이 많은 사람들을 놀라게 했습니다.

01.10 딥러닝

딥러닝 개요

딥러닝$^{Deep\ Learning}$은 신경망 머신러닝 기법 중에서 다수의 층(레이어)를 가진 네트워크를 이용한 학습 방법을 의미합니다. 기본적으로는 입력층과 출력층을 제외하고 3개 혹은 그 이상의 은닉층을 지니는 신경망을 지칭합니다. 최근에는 딥러닝이라는 이름에서도 알 수 있듯이 수십, 수백 개 이상의 은닉층을 포함하는 신경망을 사용하는 것이 대세입니다. 이렇게 층을 구성하는 방식은 인간 두뇌에 있는 뉴런의 구조를 모방한 것입니다. 참고로 인간의 뉴런은 다음과 같은 구조를 가지고 있습니다.

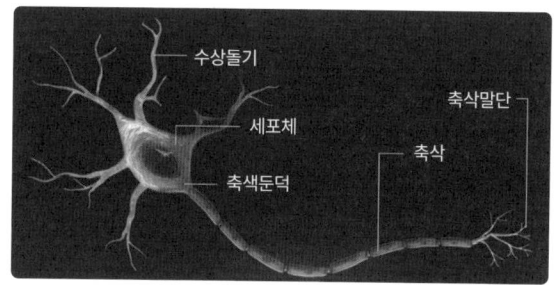

뉴런의 구조

그림을 보면 앞쪽 뉴런으로부터 정보를 받는 수상돌기가 여러 개 있고, 정보(전기 혹은 화학 신호)를 다른 뉴런에 전달할지 말지를 판단하는 세포체가 있습니다. 그리고 축삭을 통해 다른 뉴런에 정보를 전달합니다. 이를 발화 혹은 활성화라고 부릅니다.

뉴런은 인간의 중추신경(뇌와 척수)에 1,000~2,000억 개 정도 존재합니다. 전문가 사이에서도 의견이 분분하지만 대뇌에 200~400억 개, 소뇌에 800~1,000억 개 정도 있다고 하며, 각 뉴런은 주변 뉴런과 상호 연결되어 거대한 신경망을 형성하고 있습니다.

흥미롭게도 실제로 인간의 뉴런은 수상돌기가 여러 개이고 축삭이 하나인데 이는 다항식(곱셈과 덧셈으로 성립하는 간단한 식) 형태가 됩니다. 예를 들어 $y=ax_1+bx_2+c$ 같은 형태라고 말할 수 있습니다. x_1과 x_2가 수상돌기고 y가 축삭이라고 생각하면 이해하기 쉽습니다. 인터넷에서 인간의 신경망 이미지를 검색하면 뉴런이 대량으로 상호 연결된 것을 볼 수 있는데, 이처럼 우리는 뇌 속에 생물학적 계산 장치를 갖고 있는 셈입니다.

뉴런의 이런 구조를 수학의 다항식을 이용해 단순하게 모델링한 것이 다음과 같은 뉴런의 수학적 모델입니다.

$$u = \sum_{i=0}^{n} w_i x_i$$

이때 x는 입력을, w는 가중치를 나타냅니다. 이 수식을 다음과 같이 표기하기도 합니다.

$$f(x) = \begin{cases} 1, & u > 0 \\ 0, & u \leq 0 \end{cases}$$

이러한 모델을 **단순 퍼셉트론**Sigle Layer Perceptron이라고 부릅니다. 이는 다음과 같은 이미지로 모델링할 수 있습니다.

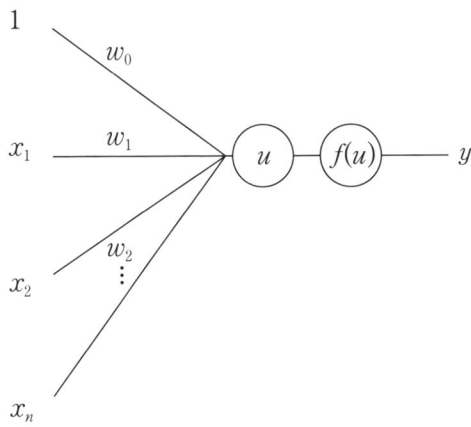

뉴런의 수학적 모델

여기서 f(u)를 **활성화 함수**Activation Function라고 부릅니다. 활성화 함수에는 다양한 종류가 있습니다. 그중에서 다음과 같은 활성화 함수는 0을 경계로 계단Step과 같은 모양이라 해서 스텝 함수라 불립니다.

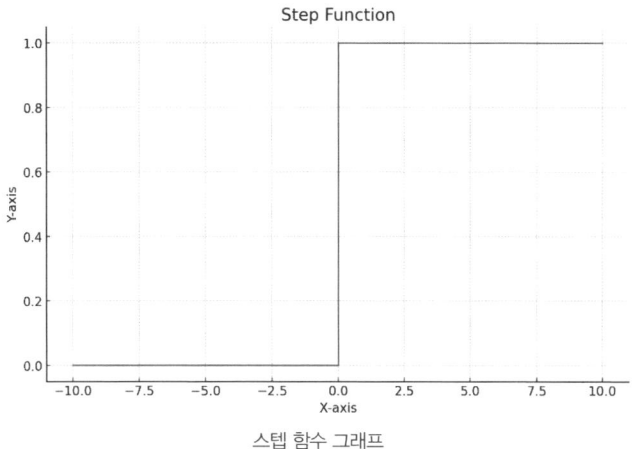

스텝 함수 그래프

다만 단순 퍼셉트론만으로는 풀 수 있는 문제가 제한적입니다. 단순 퍼셉트론은 기하학 측면에서 보자면 두 집합이 2차원 평면에 있을 때 그 집합을 하나의 직선으로 분리할 수 있는 문제, 즉 선형 분리가 가능한 문제만 풀 수 있습니다. 이처럼 선형 분리가 안 되는 문제는 신경망 네트워크를 여러 층으로 중첩하여 연결함으로써 해결할 수 있습니다. 이렇게 단순 퍼셉트론을 여러 층으로 쌓아서 연결시킨 네트워크를 **다층 퍼셉트론**Multi Layer Perceptron이라고 부릅니다.

또한, 여러 층으로 네트워크를 쌓아 올리면 성능이 훨씬 좋아진다는 사실이 알려지면서 신경망 연결 방법이나 구성 요소 등이 꾸준히 개선되었습니다. 다음 그림에서 보는 바와 같이 네트워크의 은닉층(입력층과 출력층 사이의 중간에 위치한 신경망 층)이 3층 이상인 것을 **심층 신경망**Deep Neural Network이라고 하며, 이를 이용한 기술이 딥러닝입니다.

딥러닝에는 다양한 종류가 있는데 크게 이미지 인식에 특화된 CNN, 시계열 분석에 특화된 RNN, 기본 구성 요소인 **순방향 신경망**FFNN, Feed Forward Neural Network 등이 있습니다.

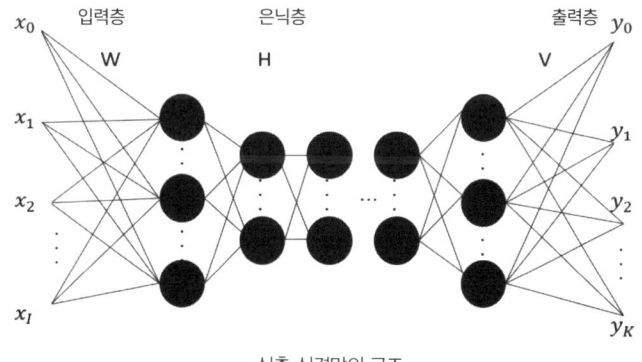

심층 신경망의 구조

트랜스포머

최근 LLM에서 각광받는 모델 중 하나가 문장을 다른 문장으로 변환하는 작업을 효과적으로 학습할 수 있는 **트랜스포머**Transformer입니다. 이 모델은 자연어 처리 작업을 위한 번역 모델의 일종으로 〈Attention is All you need〉라는 논문에서 제안되었습니다. 이후 딥러닝 모델 대부분이 이 트랜스포머 모델을 사용하고 있습니다. 이런 추세를 감안하면 논문 제목 "Attention is All you need"가 시의적절해 보입니다. 트랜스포머의 구조는 다음과 같습니다.

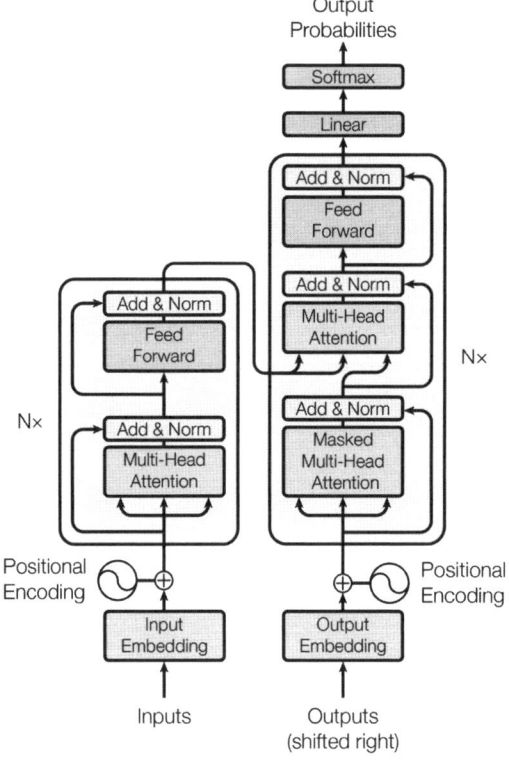

트랜스포머 모델의 구조(출처: 〈Attention Is All You Need〉 arxiv.org/pdf/1706.03762.pdf)

이 그림에서 왼쪽이 **인코더**고 오른쪽이 **디코더**입니다. 예를 들어 영어 문장 "This is a pen."을 입력했을 때 이 문장의 의미 표현을 숫자로 변환하는 것이 왼쪽의 인코더입니다. 그림 오른쪽의 디코더는 "This is a pen."을 한국어로 번역해서 "이것은 펜입니다."라는 문장을 생성합니다. 이들 인코더와 디코더 내부에는 **멀티 헤드 어텐션**Multi-Head Attention 기능이 문장 속 단어(토큰)들의 관계를 계산하고, 그 관계를 이용하여 새로운 문장을 생성하는 역할을 수행합니다.

인코더, 디코더 기반 딥러닝 모델

다음 그림은 LLM의 발전 과정을 트랜스포머의 **인코더 전용 모델**$^{\text{Encoder-only}}$, **디코더 전용 모델**$^{\text{Decoder-only}}$ 그리고 **인코더-디코더 모델**$^{\text{Encoder-Decoder}}$로 나누고 있습니다. BERT, RoBERTa, ELECTRA 등 왼쪽 트리 계보는 트랜스포머의 인코더를 적층적으로 쌓아 사전 학습을 수행한 인코더 전용 모델이며, 이를 **다운스트림**$^{\text{Down-stream}}$ 작업에 적용시킨 모델은 개체명 인식$^{\text{Named Entity Recognition}}$, 감성 분석$^{\text{Sentiment Analysis}}$ 등에 강점을 보입니다.

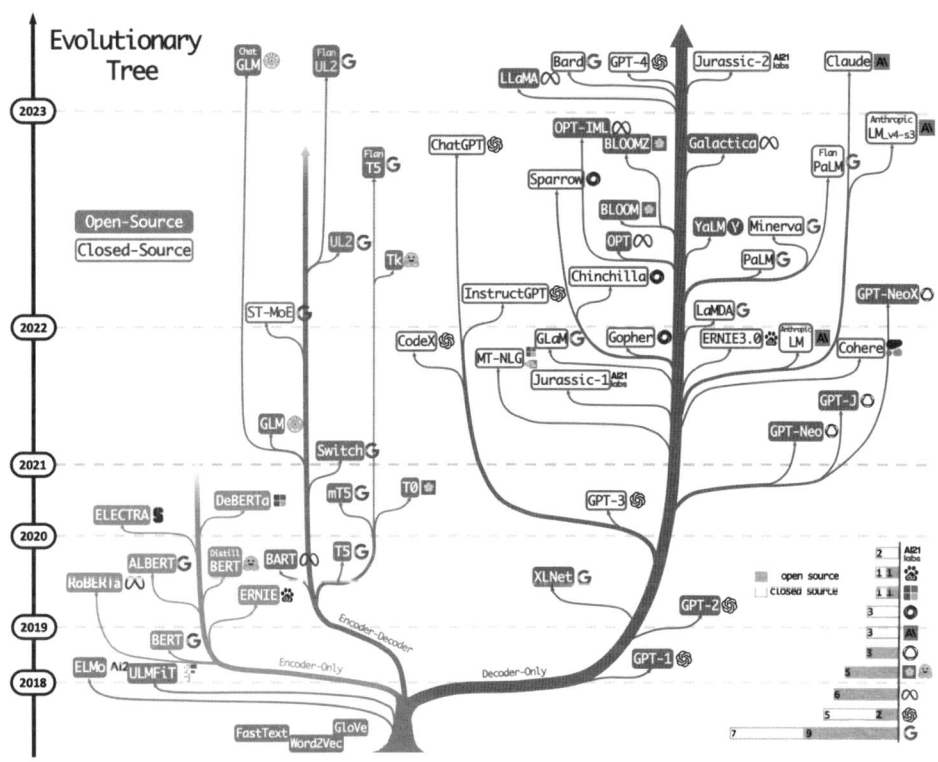

LLM의 발전 계보(출처: "Harnessing the Power of LLMs in Practice: A Survey on ChatGPT and Beyond" arxiv.org/pdf/2304.13712.pdf)

반면, 그림의 맨 오른편을 차지하는 트리 가지로서 트랜스포머의 디코더만 사용한 것이 그 유명한 챗GPT(GPT 시리즈 포함)와 제미나이^{Bard}, 클로드3$^{\text{Claude 3}}$ 등을 포함하는 이른바 초고성능 LLM입니다. 또한 오픈소스로 공개된 라마^{LLAMA} 시리즈나 GPT-J, OPT, BLOOM 등도 디코더 전용 모델입니다. 한편 인코더 전용 모델과 디코더 전용 모델의 사이에 있는 트리 가지는 인코더와 디코더 둘 다 사용하는 인코더-디코더 모델(Flan, T5, ChatGLM 등) 가지로 이 모델은 번역 및 요약 작업 등에서 강점을 가집니다.

LLM의 대화 능력을 평가하는 **리더보드**^{Leaderboard}로 lmsys/chatbot-arena-leaderboard라는 것이 있습니다. 특이하게도 이 리더보드에서는 디코더만 사용하는 전용 모델이 상위권을 독식하고 있습니다. 그렇다면 디코더 전용 모델이 왜 인코더-디코더 모델보다 더 나은 성능을 보이는지 살펴보겠습니다.

일반적으로 인코더-디코더 모델은 번역이나 요약과 같이 원문을 다른 표현으로 변환하는 작업에 적합합니다. 이는 인코더가 입력 문장을 벡터로 변환하고, 디코더가 그 벡터에서 출력 문장을 생성하여 입력과 출력 사이에 대응 관계가 있기 때문입니다. 하지만 LLM은 입력 문장에서 다음 단어나 문장을 예측하는 작업에서 정확도가 결정됩니다. 이 경우 규모가 방대하기 때문에 입력과 출력 사이에 대응 관계를 확정하기 어렵고 입력 문장의 문맥을 모델 스스로 이해하여 출력 문장을 생성해야 합니다.

이런 맥락에서 디코더로만 구성된 디코더 전용 모델이 이러한 작업에 더 집중할 수 있는 구조를 갖추고 있습니다. 디코더 전용 모델은 셀프 어텐션을 이용해서 입력 문장의 문맥을 이해하고, 이를 바탕으로 다음 단어나 문장을 예측합니다. 이런 이유로 디코더 전용 모델은 LLM에 적합한, '생성' 작업이 주를 이루는 대화 작업에 적합한 아키텍처라고 말할 수 있습니다. 챗GPT의 대화가 제법 자연스럽게 느껴지는 것은 디코더 전용 모델의 힘입니다.

실습 파일 : Book5_2.ipynb

실습 16 Sentence-Transformer를 활용한 문장의 유사도 측정하기

앞서 살펴봤듯이 LLM 발전 계보에서 가장 먼저 영향을 미친 것은 인코더 전용 아키텍처입니다. 이번 핸즈온 실습에서는 대표적인 인코더 전용 모델인 BERT에 풀링^{Pooling} 계층을 추가하여 문서 유사도 판단 작업을 수행하는 Sentence-Transformer를 살펴보겠습니다.

영어에서 'bank'라는 단어는 '은행'을 뜻하지만 때로는 하천의 '제방'을 뜻하기도 합니다. 실습 15의 Word2Vec에서는 같은 단어를 하나의 의미로만 표현할 수 있기 때문에 그 모델을 다양한 의미를 함유한 일상 생활의 단어에 적용할 수 없었습니다. 예를 들어 다음 문장 중 ①과 ②의 'Bank'는 다른 의미로 이해해야 합니다.

```
문장 ①  I went river fishing and stood still near the bank for a while.
        (나는 낚시를 하러 가서 제방 근처에서 한동안 가만히 서 있었다.)

문장 ②  I went to the bank for withdrawing money.
        (나는 돈을 인출하기 위해 은행에 갔다.)

문장 ③  I played fishing near the ocean
        (나는 바다 근처에서 낚시를 즐겼다.)
```

문제

문장 ①과 문장 ②의 유사도 그리고 문장 ①과 문장 ③의 유사도를 Sentence-Transformer를 이용하여 측정하는 파이썬 프로그램을 작성해 보세요.

해설

코랩에는 Sentence-Transformer가 포함되어 있지 않기 때문에 !pip install 명령어로 설치를 먼저 진행합니다.

```
!pip install sentence_transformers
```

이어서 코랩 코드 셀에 다음과 같이 코드를 입력하고 실행합니다. 사전 학습 모델은 학습이나 평가 코드를 작성하지 않고 바로 추론 용도로 사용할 수 있기 때문에 분량이 적고 작성하기도 쉽습니다.

```
import torch                                              #①
from sentence_transformers import SentenceTransformer     #②

# 모델
model_st = SentenceTransformer(
    "sentence-transformers/bert-base-nli-mean-tokens")    #③

sentences = ["I went river fishing and stood on the bank for a while.",
             "I went to bank for withdrawing money.",
             "I played fishing near the ocean."]          #④

# 임베딩
embeddings = model_st.encode(sentences)                   #⑤

# 코사인 유사도
s1 = torch.tensor(embeddings[0])
s2 = torch.tensor(embeddings[1])
s3 = torch.tensor(embeddings[2])

cos_similarity = torch.cosine_similarity(s1, s2, dim=0)   #⑥
print(f"s1-s2:{cos_similarity.item()}")

cos_similarity = torch.cosine_similarity(s1, s3, dim=0)   #⑦
print(f"s1-s3:{cos_similarity.item()}")
```

s1-s2:0.3672091066837311
s1-s3:0.7351642847061157

코드는 sentence_transformers 라이브러리를 사용하여 문장을 벡터로 변환하고, 그 벡터 간의 유사도를 계산합니다.

① `import torch`

② `from sentence_transformers import SentenceTransformer`

먼저 torch 라이브러리와 sentence_transformers 라이브러리를 가져옵니다.

③ `model_st = SentenceTransformer("sentence-transformers/bert-base-nli-mean-tokens")`

다음으로 sentence-transformers/bert-base-nli-mean-tokens라는 사전 학습 모델을 불러옵니다. 이 모델은 문장의 의미를 이해하는 데 특화된 모델입니다.

④ `sentences = ["I went river fishing … (중략) ocean."]`

그 후 sentences 변수에 3개의 문장을 입력합니다. 이 문장들은 각각 낚시, 은행, 바다 낚시에 관한 내용을 담고 있습니다.

⑤ `embeddings = model_st.encode(sentences)`

이어서 model_st.encode() 함수를 사용하여 앞서 정의한 세 문장을 각각 벡터로 변환하고 이를 변수 embeddings에 저장합니다. 이 벡터들은 문장의 의미를 담고 있습니다.

⑥ `cos_similarity = torch.cosine_similarity(s1, s2, dim=0)`

⑦ `cos_similarity = torch.cosine_similarity(s1, s3, dim=0)`

마지막으로 torch.cosine_similarity() 함수를 사용하여 벡터 간의 유사도를 계산합니다. torch.cosine_similarity() 함수는 두 벡터가 얼마나 유사한지를 나타내는 값을 반환합니다. 이때 dim=0 옵션은 torch.cosine_similarity() 함수에서 벡터 간의 코사인 유사도를 계산할 때 0번째 차원을 따라 연산을 수행하라는 것을 의미합니다. 여기서 0번째 차원은 일반적으로 데이터의 가장 바깥쪽 차원, 즉 벡터가 여러 개인 경우 각 벡터를 독립적인 항목으로 취급하고 각 벡터에 대해 코사인 유사도를 계산합니다.

계산 결과를 보면 문장 ①과 문장 ②의 유사도가 낮고 문장 ①과 문장 ③의 유사도가 높게 나옵니다. 이는 첫 번째와 세 번째 문장이 모두 낚시에 관한 내용이므로 의미적으로 유사하기 때문입니다. 문자 자체만 보면 bank라는 단어가 문장 ①과 문장 ②에만 출현하기 때문에 이 두 문장 사이가 더 높은 유사도가 나올 것 같지만, BERT는 트랜스포머 블록을 사용하기 때문에 같은 단어라도 다른 문맥에 출현하면 다른 의미 표현을 획득할 수 있습니다.

아울러 BERT는 빈칸 채우기 작업[MLM, Masked Language Modeling]과 다음 문장 예측 작업[NSP, Next Sentence Prediction]을 사전 학습했기 때문에 문맥상의 단어 의미 파악에 능숙합니다. 따라서 마치 사람처럼 문장 간의 유사도를 판단할 수 있습니다. 반면에 word2vec에서는 단어마다 의미 표현이 1:1로 고정되어 있기 때문에 다른 문맥에 쓰인 동음이의어를 처리할 수 없습니다.

01.11 디퓨전 모델과 MMM

디퓨전 모델

최근 생성 AI의 또 다른 흐름은 이미지 생성 AI입니다. 그중 중요한 기술인 디퓨전 모델에 대해 알아보겠습니다. 디퓨전 모델의 학습 과정은 다음 그림과 같습니다.

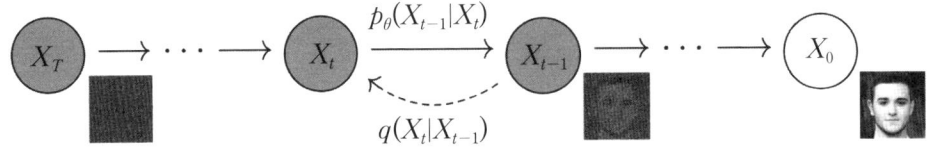

Directed Graphical 모델(출처: 〈Denoising Diffusion Probabilistic Models(arxiv.org/pdf/2006.11239.pdf)〉)

이 과정은 크게 노이즈를 추가하는 Forward process와 반대로 노이즈를 조금씩 제거해 원래 이미지를 찾는 Reverse process로 나눌 수 있습니다.

1. **Forward process**: 원본 이미지에 무작위 노이즈를 추가하여 최종으로 노이즈만 남깁니다. 이때 노이즈의 양과 횟수는 특정 분포(예: 정규분포)에 따라 결정됩니다(q).
2. **Reverse process**: 노이즈만 있는 상태에서 노이즈를 조금씩 제거하여 원래 이미지에 가까워지는 과정(p_θ)입니다. 이때 노이즈를 제거할 확률은 전체 데이터세트를 이용하여 추정합니다.

디퓨전 모델은 VAE나 GAN과 같은 기존 생성 모델에 비해 다음과 같은 특징이 있습니다.

- VAE와 비교하여 디퓨전 모델은 구조상 인코더가 없기 때문에 인코더의 학습 파라미터가 필요하지 않아 학습이 용이합니다. 또, 잠재 변수의 차원을 자유롭게 설정할 수 있어 데이터 특성^{Characteristics}을 유연하게 표현할 수 있습니다.
- GAN과 달리 적대적 학습을 하지 않기 때문에 학습이 안정적이이며 이를 통해 다양한 이미지를 생성할 수 있습니다.
- 역함수나 복잡한 계산이 상대적으로 불필요하여 간단하고 효율적인 계산이 가능합니다. 이를 통해 고해상도 이미지를 생성하는 것이 용이합니다.

> 📝 보충 수업 / VAE와 GAN
>
> **VAE**는 인코더와 디코더 두 부분으로 구성된 오토 인코더의 변형입니다. 인코더는 입력 데이터를 잠재 공간Latent space의 분포로 변환하고, 디코더는 이 잠재 공간에서 샘플링된 값으로부터 원본 데이터와 유사한 데이터를 재생성합니다.
>
> **GAN**은 생성자Generator와 판별자Discriminator 두 네트워크로 구성됩니다. 생성자는 무작위 노이즈로부터 새로운 데이터를 생성하고, 판별자는 진짜 데이터와 생성된 데이터를 구별합니다. 이를 통해 진짜와 유사한 데이터를 생성하는 것을 목표로 합니다.

이처럼 고해상도의 다양한 이미지를 유연하게 표현할 수 있다는 특징을 살린 서비스가 스테이블 디퓨전이나 미드저니입니다. 이러한 서비스는 AI 화가에 대한 새로운 수요를 불러일으켰고 생성 AI 붐을 불러일으키는 계기가 되었습니다.

MMM

생성 AI와 동의어로 취급되기도 하는 멀티모달 모델Multi Modal Model, 즉 MMM에 대해서도 알아보겠습니다. MMM을 이루는 단어 뜻은 다음과 같습니다.

- **모달**: 데이터의 형식을 의미합니다. 예로 텍스트, 이미지, 음성 등이 있습니다.
- **멀티모달**: 여러 모달을 다루는 것을 의미합니다. 멀티모달 모델은 서로 다른 형태의 데이터를 해석하고 상호 관계를 학습합니다.
- **생성 AI**: 데이터를 분석하여 새로운 콘텐츠를 생성하는 AI로, 텍스트 생성을 위한 LLM이나 이미지 생성을 위한 AI가 이에 해당합니다. MMM을 생성 AI라 부르기도 합니다.

MMM은 LLM이 처리하는 텍스트와 이미지 생성 AI가 내놓는 이미지를 넘나들며 작업할 수 있습니다. 즉, 텍스트와 이미지를 포함한 여러 데이터 형식을 이해하고 생성하는 능력을 가지고 있습니다. 이를 통해 텍스트를 인지하고 이미지를 생성하거나, 이미지를 분석하여 텍스트를 생성할 수 있습니다. 예를 들어, '고양이'라는 텍스트를 입력하면 고양이 이미지를 생성하고, 고양이 사진을 입력하면 이미지를 텍스트로 설명할 수 있습니다. 이처럼 MMM은 서로 다른 종류의 데이터를 조합하여 학습하는 능력을 가지고 있어 텍스트와 이미지를 모두 이해하고 둘 사이의 의미와 연관성을 추출할 수 있습니다.

MMM은 텍스트 생성 AI와 이미지 생성 AI로 구성됩니다. 텍스트 생성 AI인 LLM은 인터넷의 광범위한 텍스트 데이터를 학습하여 자연어 처리 작업을 수행합니다. 반면, 이미지 생성 AI는 이미지 데이터를 학습하여 새로운 이미지를 생성하거나 기존 이미지의 내용을 수정할 수 있습니다. 멀티모달 모델은 이러한 AI 기술을 통합하여 텍스트와 이미지의 상호 변환과 보완을 구현합니다. 즉, 인간의 감각 기관인 눈(시각), 귀(청각), 코(후각), 입(미각), 손(촉각)이 모두 모달이 될 수 있습니다.

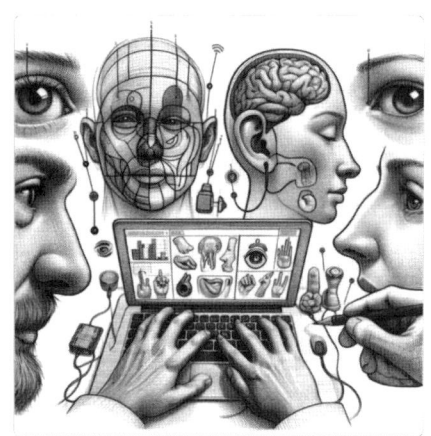

달리3로 생성한 MMM을 설명하는 이미지

이러한 특징 덕분에 MMM은 교육, 엔터테인먼트, 의료, 과학, 예술, 디자인 등 다양한 분야에서 응용이 가능합니다. 예를 들어, 교육 분야에서는 텍스트로 설명하면 관련 그림을 이미지로 생성하고, 의료 분야에서는 증상이나 현상을 텍스트로 설명하면 진단이나 분석이 이미지로 재생산되기도 합니다. 또, 예술이나 디자인 분야에서는 텍스트로 표현한 아이디어를 이미지로 만들어 작품이나 프로토타입을 생성할 수 있고, 반대로 작품 이미지를 입력해 텍스트로 된 피드백이나 개선안을 받을 수 있습니다. MMM의 특징은 다음과 같습니다.

MMM의 특징

- **유연성**: 서로 다른 모달 간 정보를 변환하는 능력, 예를 들어 텍스트에서 이미지로 혹은 이미지에서 텍스트로 변환할 수 있습니다.
- **컨텍스트 이해**: 이미지의 배경이나 대상에 대한 텍스트 설명으로 더 깊은 맥락을 파악합니다.
- **창의적 생성**: 사용자의 지시에 따라 사실적이고 창의적인 이미지와 텍스트를 생성합니다.

MMM은 AI 기술의 발전과 함께 더욱 고도화되고, 응용 분야도 확산될 것으로 예상됩니다. 이러한 모델은 여러 소스로부터 정보를 통합하고 새로운 콘텐츠를 생성하는 인간과 같은 능력을 가지고 있어서 미래의 AI에서 핵심적 중요한 역할을 할 것입니다.

이의 일환으로 일론 머스크의 뉴럴링크[Neurallink]사는 뇌와 컴퓨터를 연결하는 인터페이스[BCI]를 개발하고 있으며, 2024년 1월 29일 독자적으로 개발한 뇌 임플란트를 인간에게 처음으로 시술했다고 밝힌 바 있습니다. 이러한 뇌-컴퓨터 인터페이스에서도 MMM은 매우 중요한 역할을 할 것으로 예상됩니다.

실습 파일 : Book5_2.ipynb

실습 17 텍스트로 이미지 생성하기

Chapter 1의 마지막 실습으로 Text To Image 작업을 하는 디퓨전 모델을 다루어 보겠습니다. 디퓨전 모델은 마이크로소프트 등의 웹 서비스에서도 쉽게 이용할 수 있습니다. 다만 무료 버전에서는 프롬프트에 사용한 데이터가 서비스 제공 기업에 수집될 위험이 있으며, 유료 서비스인 경우 비용이 만만치 않은 단점이 있습니다. 따라서 이 책에서는 시중에서 상업적으로 제공하는 서비스가 아닌, Diffusers 라이브러리에서 Stable Diffusion 기능을 가져와 직접 실행해 보겠습니다.

한 가지 주의할 점은 구글의 약관이 변경되면서 코랩 무료 버전에 사용 제한 설정이 생겼다는 것입니다. 코랩 환경의 컴퓨팅 리소스를 보호하기 위해 무료 버전에서 이미지 생성을 너무 많이 하면 계정이 정지될 수도 있습니다. 따라서 소스 코드를 실행하고 이미지 생성을 좀 더 알아보고 싶은 독자는 코랩 프로^{Colab Pro}를 구독하거나 로컬 환경에서 시도해 보기 바랍니다.

문제 ①

스테이블 디퓨전으로 이미지를 생성해 보세요.

해설

먼저 코랩에서 GPU 사용 설정이 필요합니다. 코랩 상단 메뉴에서 [런타임 → 런타임 유형 변경]을 선택합니다.

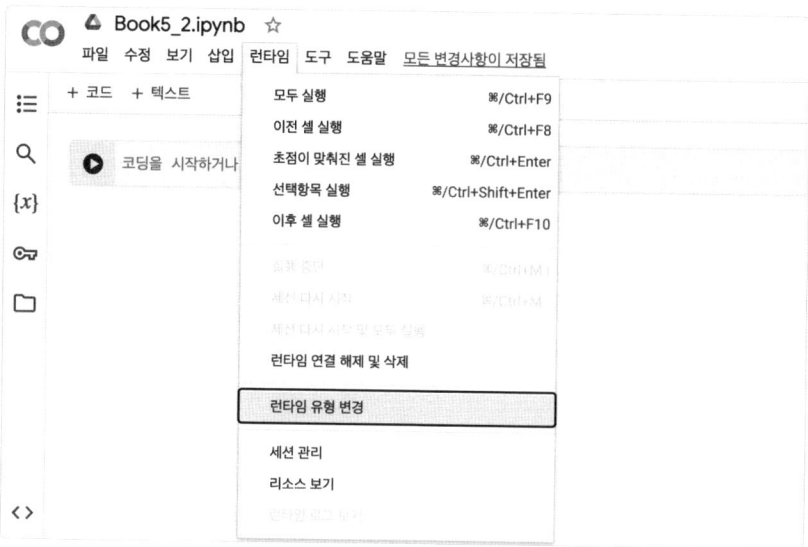

'런타임 유형 변경' 창이 뜨면 [T4 GPU]를 선택하고 화면 하단 오른쪽의 [저장]을 클릭합니다.

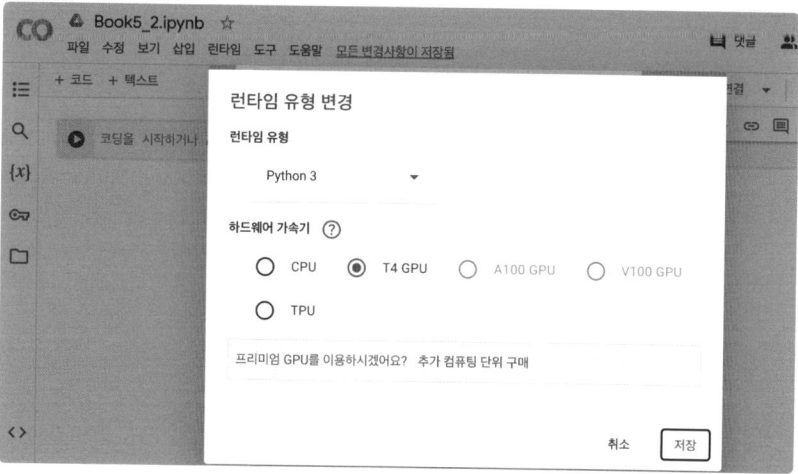

이제 코랩에서 GPU를 사용할 수 있게 되었습니다. 다음 코드를 코랩 코드 셀에 입력하고 실행합니다.

```
### 여기서부터 런타임 유형 변경에서 GPT가 설정 필요(예 T4-GPU)
!pip install diffusers==0.12.1 transformers==4.19.2 ftfy accelerate
```

혹시 앞서 수행한 과제들로 의존성^{Dependency} 관련 에러가 나타나더라도 실습을 진행하는 데는 문제가 없으므로 이어서 진행하면 됩니다. 지금부터는 일본 웹 사이트 〈Diffusers 라이브러리에서 Stable Diffusion을 실행하는 방법 – 감마소프트(bit.ly/4anQVZs)〉에 게재돼 있는 '고갱풍의 후지산'을 먼저 실행해 보겠습니다.

```
# 런타임 1분 소요
import torch                                              #①
from diffusers import StableDiffusionPipeline             #②

model_id = "CompVis/stable-diffusion-v1-4"                #③
device = "cuda"                                           #④

# 프롬프트
prompt = "Mt. Fuji in the style of Gauguin"               #⑤

# 파이프라인 생성
pipe = StableDiffusionPipeline.from_pretrained(
    model_id, revision="fp16", torch_dtype=torch.float16) #⑥
pipe = pipe.to(device)                                    #⑦

# 파이프라인 실행 및 seed를 이전과 동일하게 42로 설정
generator = torch.Generator(device).manual_seed(42)       #⑧
with torch.autocast("cuda"):                              #⑨
    image = pipe(prompt, guidance_scale=7.5, generator=generator)
        .images[0]                                        #⑩

# 생성된 이미지 저장
image.save("mt_fuji_gauguin.png")                         #⑪
```

코드를 한 줄씩 살펴보겠습니다.

① `import torch`

파이토치 프레임워크를 불러옵니다.

② `from diffusers import StableDiffusionPipeline`

diffusers 라이브러리에서 StableDiffusionPipeline 클래스를 불러옵니다.

③ `model_id="CompVis/stable-diffusion-v1-4"`

사용할 모델 ID를 지정합니다. CompVis/stable-diffusion-v1-4는 CompVis 팀이 개발한 Stable Diffusion 모델 버전 1.4로, 512x512픽셀의 이미지 생성에 특화되어 있어 텍스트 프롬프트를 사용하여 선명하고 상세한 이미지를 생성할 수 있습니다. Stable Diffusion 모델은 텍스트와 이미지 쌍^{Pair}으로 훈련된 LLM으로, ⑩에서 설정할 텍스트 프롬프트의 내용과 가이던스 스케일$^{Guidance\_scale}$에 따라 생성되는 이미지가 달라집니다.

④ `device = "cuda"`

코드 실행을 수행할 장치를 GPU로 설정합니다.

⑤ `prompt = "Mt. Fuji in the style of Gauguin"`

이미지 생성을 위한 텍스트 프롬프트를 입력합니다.

⑥ `pipe=StableDiffusionPipeline.from_pretrained(model_id,revision="fp16", torch_dtype=torch.float16)`

StableDiffusionPipeline 인스턴스(변수 pipe)를 생성합니다. 이때 model_id는 사용할 모델 ID, revision은 모델 버전, torch_dtype은 모델의 데이터 타입을 뜻합니다.

⑦ `pipe = pipe.to(device)`

파이프라인을 GPU로 전송합니다.

⑧ `generator=torch.generator(device).manual_seed(42)`

생성기를 생성하고 시드 값을 설정합니다.

⑨ `with torch.autocast("cuda"):`

GPU에서 ⑩번 파이프라인 작업을 수행합니다.

⑩ `image = pipe(prompt, guidance_scale=7.5, generator=generator).images[0]`

파이프라인을 실행하여 이미지를 생성합니다. prompt는 텍스트 프롬프트, guidance_scale은 이미지 생성 가이던스 스케일, generator는 생성기를 뜻합니다.

⑪ `image.save("mt_fuji_gauguin.png")`

생성된 이미지를 현재 디렉터리에 저장합니다.

이제 다음 코드를 실행하면 멋진 그림이 나옵니다.

```
# 구글 드라이브 연동
from google.colab import drive
drive.mount('/content/drive')

# Image와 display 불러오기
from IPython.display import Image, display

# 이미지 파일의 경로를 지정(예시 경로)
image_path = '/content/mt_fuji_gauguin.png'

# 이미지 출력
display(Image(filename=image_path))
```

문제 ②

디즈니 영화에 등장할 법한 여성 이미지를 생성해 보세요.

해설

디퓨전 모델에서는 생성 이미지가 인물이라면 눈, 코, 손가락 등이 뭉개진 채 생성되는 경우가 종종 발생합니다. 이를 방지하기 위해 웹 사이트 〈AI 이미지 생성에 활용할 수 있는 추천 네거티브 프롬프트 정리! Stable Diffusion(bit.ly/3VO7nOP)〉의 추천을 받아 네거티브 프롬프트를 지정하였습니다. 그 결과 디즈니 영화 〈인어공주〉의 주인공인 에리얼 공주를 닮은 여성의 이미지를 생성할 수 있습니다.

```
import torch
from diffusers import StableDiffusionPipeline

# 프롬프트
prompt = """
8k, RAW photo, best quality, masterpiece, realistic, photo-realistic, clear,
professional lighting, beautiful face, best quality, ultra high res BREAK
(full body 1.5),
BREAK
realistic disney princess Arial sytle, long hair, smile
BREAK
mermaid,
BREAK
beach """
negative_prompt="""
bad anatomy,long_body,mutated hands,missing arms,extra_arms,extra_legs,bad
hands,missing_limb,disconnected_limbs,extra_fingers,missing fingers,liquid
fingers,ugly face,deformed eyes,cropped
"""

model_id = "CompVis/stable-diffusion-v1-4"
device = "cuda"
```

```python
# 파이프라인 생성
pipe = StableDiffusionPipeline.from_pretrained(model_id, revision="fp16",
                                                torch_dtype=torch.float16)
pipe = pipe.to(device)

# 파이프라인 실행(seed는 전과 동일하게 42로 설정)
generator = torch.Generator(device).manual_seed(42)

with torch.autocast("cuda"):
  image = pipe(prompt, negative_prompt=negative_prompt, guidance_scale=7.5,
              generator=generator).images[0]

# 생성된 이미지 저장
image.save("mermaid.png")

# Image와 display 불러오기
from IPython.display import Image, display

# 이미지 파일의 경로를 지정(예시 경로)
image_path = '/content/mermaid.png'

# 이미지 출력
display(Image(filename=image_path))
```

CHAPTER

02

LLM 기본 편

02.1 _ 언어 모델이란?

02.2 _ n-gram 언어 모델

02.3 _ RNN 언어 모델

02.4 _ Seq2Seq 모델과 셀프 어텐션 메커니즘

02.5 _ 트랜스포머

02.1 언어 모델이란?

LLM을 이해하기 위해서는 우선 '언어 모델'이 무엇인지부터 알아야 합니다. 언어 모델이란 어떤 특정 텍스트 다음에 이어서 출현하는 단어를 예측하는 모델로, 단어 예측을 반복하여 문장을 생성할 수 있습니다. 좀 더 엄밀하게 정의하자면, 언어 모델이란 단어열에 대해 확률 분포를 구하는 것입니다. 단어열에 대한 확률 분포를 알면 단어열 $y_1, y_2, ..., y_T$의 생성 확률 $P(y_1, y_2, ..., y_T)$를 추정할 수 있으며 다음 그림과 같이 첫 단어부터 시작해서 다음 단어를 연이어 생성하는 조건부 확률의 곱으로 이를 표현할 수 있습니다.

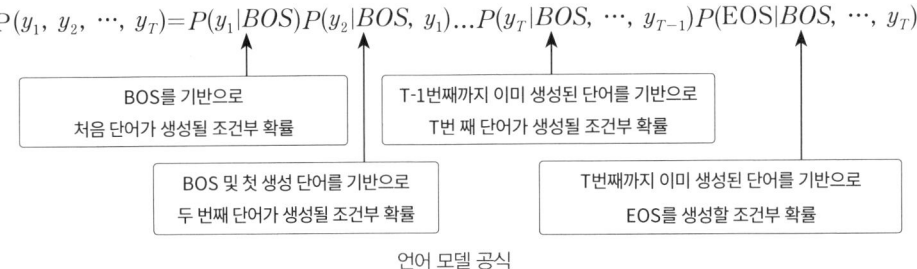

언어 모델 공식

구체적인 문장으로 표현하면 더 이해하기 쉽습니다. 예를 들어 "옛날 옛적 어느 곳에 할아버지와"라는 문장을 "옛날", "옛적", "어느", "곳", "에", "할아버지", "와"로 구분하고 이렇게 구분된 단위를 편의상 '단어'라고 칭하겠습니다. 이 단어들은 언어 모델 공식에서 $y_1, y_2, ..., y_T$에 해당합니다. 첫 번째 단어 "옛날"이 생성되기 전에 문장의 시작 위치에 가상의 기호 $BOS^{Beginning\ Of\ Sentence}$를 둡니다. 그럼 첫 단어 후보군은 $P(y_1|BOS)$로 생성합니다.

$P(y_1|BOS)$에는 해당 언어 모델이 다루는 전체 단어가 등장할 확률이 높은 순서대로 나열됩니다. 이 중에서 확률이 가장 높은 단어 "옛날"을 y_1로 출력합니다. 그리고 다음 단어인 "옛적"을 생성하기 위해 단어 y_2의 후보군을 $P(y_2|BOS, y_1)$로 생성하고 확률이 가장 높은 단어 "옛적" y_2로 출력합니다. 이런 식으로 문장 끝까지 생성합니다. 많은 사람이 "옛날 옛적 어느 곳에 할아버지와"라는 문장을 보면 이어서 "할머니(가)"라는 단어가 나올 것이라고 예측합니다. 즉, 인간의 두뇌에는 언어를 말하고 이해하는 모델이 들어 있습니다. 이를 컴퓨터 프로그램으로 모사한 것이 언어 모델입니다.

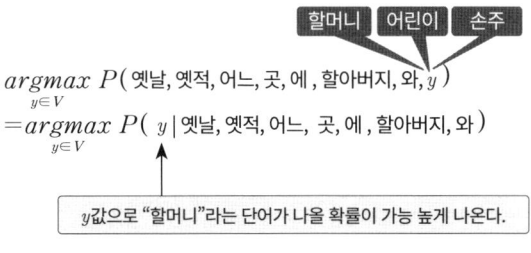

제시된 문장 다음에 단어를 구하는 상세 과정

argmax라는 함수를 카드 게임에 비유하여 설명해 보겠습니다. 여러 사람이 숫자가 가장 큰 카드를 가지면 승리하는 카드 게임을 하고 있다고 가정합니다. 각 플레이어가 손에 들고 있는 카드의 숫자는 2부터 에이스(최댓값인 13까지)까지입니다. 이때 argmax를 사용하면 이 게임에서 가장 강한 카드, 즉 숫자가 가장 큰 카드를 가진 사람을 찾을 수 있습니다. 이 함수는 각 플레이어의 카드를 보고 숫자가 가장 큰 카드를 먼저 찾습니다. 가령 4명이 게임을 하고 있고, 각 카드의 숫자가 다음과 같다면 다음과 같이 4명이 카드를 들고 있다고 가정해 보겠습니다.

- **플레이어 1**: 10
- **플레이어 2**: 에이스(13)
- **플레이어 3**: 7
- **플레이어 4**: 9

이 경우 argmax를 사용하면 에이스(13)가 가장 큰 숫자이기 때문에 이 게임에서는 플레이어 2가 이긴다는 결과가 나옵니다. 이 2라는 인덱스를 반환하는 것, 즉 최댓값의 인덱스(플레이어 번호)를 반환하는 것이 argmax의 기능입니다. 이처럼 argmax 함수는 "어떤 플레이어가 가장 큰 숫자를 가지고 있는가?"라는 질문에 답하는 기능을 수행합니다.

02.2 n-gram 언어 모델

LLM이라고 하면 최근 몇 년 동안 떠오른 새로운 기술처럼 느껴지지만, 언어 모델 그 자체는 꽤 오래전부터 존재해 왔습니다. 가장 초기의 언어 모델로는 n-gram 언어 모델이 있습니다. 앞서 소개한 '언어 모델을 조건부 확률의 곱으로 표현'하는 방식은 실생활에서는 문장 생성 작업에 적용할 수 없습니다.

이 방식은 긴 문장을 생성하지도 못한 상태에서조차 확률이 곧 0에 가까워지고 맙니다. 예를 들어 보겠습니다. 주사위를 3번만 굴려도 첫 번째 시도에서 1, 두 번째 시도에서 2, 세 번째 시도에서 3이 나오는 조건부 확률 P(3|1, 2|)은 1/216(1/6 확률을 3번 곱하면 나오는 결과)이 되어 값이 0에 가까워집니다. 이러한 조건부 확률 곱셈을 예를 들어 5만 개의 단어 중에서 다음 단어가 나올 확률을 예측하는 데 적용하면, 여러 단어로 구성된 문장을 생성하는 작업 자체가 사실상 불가능하게 됩니다. 고작해야 매우 짧은 문장만 출력하고 맙니다. 그래서 다음 그림처럼 조건부 확률의 분모 부분을 n-1까지만 고려하는 언어 모델이 고안되었습니다.

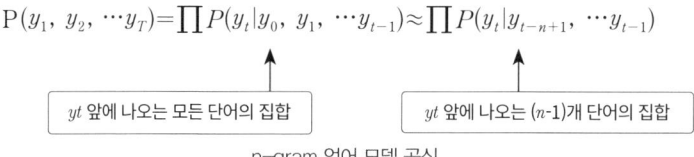

n-gram 언어 모델 공식

이 수식의 $\prod$는 그리스 문자 파이(π)의 대문자로, 이 기호 다음에 나오는 항목을 모두 곱하라는 수학 기호입니다. 예를 들어 $1\times2\times3\times4\times5$를 계산할 때 $\prod$를 사용하면 다음과 같이 표현할 수 있습니다.

$$\prod i$$
where i=1, 2, 3, 4, 5

상식적으로는 $1\times2\times3\times4\times5$라는 수식 형태가 더 간편해 보이지만 곱해야 할 항목이 수십 개, 수백 개가 되면 $\prod$를 사용하는 것이 더 간편합니다.

이어서 실제 문장을 통해 n-gram 언어 모델을 구축해 보겠습니다. 다음 그림과 같이 학습 데이터에서 단어열의 출현 빈도를 측정하고 조건부 확률을 구하면 n-gram 언어 모델을 구할 수 있습니다.

$$P(y_T|y_0, y_1, \cdots y_{T-1}) = \frac{\#(y_{t-n+1}, \cdots y_t)}{\#(y_{t-n+1}, \cdots y_{t-1})}$$

n-gram 언어 모델에서 실제 단어 빈도를 집계하여 구하는 공식(#은 출현 빈도를 의미)

예를 들어, "아메리카의 주식은 비싸다."라는 문장과 "미국 주식은 비싸다."라는 문장을 비교해 보겠습니다. 먼저 각 문장을 나누어 보면 다음과 같습니다.

[아메리카] [의] [주식] [은] [비싸다]
[미국] [주식] [은] [비싸다]

n=1인 경우의 n-gram을 1-gram(유니그램)이라고 하는데, 1-gram은 단순히 두 문장에 출현한 단어의 빈도로 생각할 수 있습니다. 전체 단어의 빈도를 {단어:빈도}의 형태로 나타내면 {아메리카:1, 의:1, 주식:2, 은:2, 비싸다:2, 미국:1}의 형태가 됩니다. 1-gram 기준은 모든 단어가 독립적으로 출현한다는 다소 비현실적인 가정에서 도출되기 때문에 성능에서 문제가 되는 경우가 많습니다.

반면에 n=2인 경우를 2-gram(바이그램)이라고 합니다. 다음 식에 따라 n=2의 경우 2-gram에서의 계산을 다음 한 문장을 대상으로 해보겠습니다.

[아메리카] [의] [주식] [은] [비싸다]

이때 t=2일 때(t=1일 때는 그 앞의 단어는 BOS가 되므로 고려하지 않음) 분모는 '아메리카'이 빈도로 1이 되고, 분자는 {아메리카, 의} 조합이 이 순서 그대로 출현하는 빈도로 1이 됩니다. 이어서 t=3일 때 분모는 {의, 주식}이 출현하는 빈도로 1이 됩니다. 보통 1회 출현만으로는 신뢰할 만한 결과라고 할 수 없으므로 출현 횟수에 임곗값을 설정합니다. 즉, 일정 값 이상 출현한 경우에만 유효한 확률로 간주합니다.

다만 단순한 문장 데이터에만 임곗값을 설정하지 않고 보면, '아메리카'가 입력되면 그 다음으로 '아메리카의'가 생성되고, '의'가 입력되면 '의 주식'이 생성되는 모델이 구축됩니다. 이 작업을 문장 끝까지 반복하면 최종 문장을 생성할 수 있는 2-gram 모델을 구축하게 됩니다. 다만 2-gram 모델은 두 단어만 사용하기 때문에 문장 구조를 파악하기 어려워 일반화하기 어렵습니다.

이어 n=3인 경우를 3-gram(트리그램)이라고 하는데, 3-gram에서는 (주식, 은, 비싸다)처럼 주어와 술어의 포착을 기대할 수 있습니다.

[아메리카] [의] [주식] [은] [비싸다]

이번엔 '아메리카…'로 시작하는 문장에 대해 t=(3,4,5)까지 생각해 보겠습니다. 다음 예시에서 # 기호는 출현 빈도를 나타냅니다. (단어 1, 단어 2, 단어 3, …) 형식은 단어가 이 순서대로 출현했음을 표시합니다. 여기서 t=1, 2를 고려하지 않는 것은 3-gram에서는 세 단어의 출현 순서를 고려하므로 t=1, 2에서는 입력 단어 수가 부족하기 때문입니다.

t=3일 때,　　　#(아메리카, 의): 1,　　　#(아메리카, 의, 주식): 1
t=4일 때,　　　#(의, 주식): 1,　　　#(의, 주식, 은): 1
t=5일 때,　　　#(주식, 은): 1,　　　#(주식, 은, 비싸다): 1

또 다른 문장인 '미국 주식…'에도 마찬가지로 t=3, 4의 경우로 집계합니다.

[미국] [주식] [은] [비싸다]

t=3일 때,　　　#(미국, 주식): 1,　　　#(미국, 주식, 은): 1
t=4일 때,　　　#(주식, 은): 1,　　　#(주식, 은, 비싸다): 1

대상이 된 두 문장의 3-gram(2-gram을 포함하는 개념)을 모두 집계하면, 2회 이상 출현한 3-gram은 다음과 같습니다.

#(주식, 은): 2,
#(주식, 은, 비싸다): 2

이는 n-gram 언어 모델에서 단어 빈도를 집계해 구하는 공식에서 오른편 수식의 분모와 분자에 해당합니다. 따라서 이 두 문장을 이용하여 3-gram을 집계하고, 출현 횟수를 최소 2회로 설정하면 입력문 '주식은'을 넣으면 '주식은 비싸다'를 출력할 수 있습니다.

참고로 n-gram의 n을 크게 할 수도 있지만, 너무 크면 조건부 확률의 발생 확률이 낮아져 문장을 생성할 수 없거나 범용성이 떨어지는 문제가 발생합니다. 일반적으로 6-gram을 넘으면 성능 향상을 기대할 수 없다는 연구도 있습니다. 웹 사이트 〈Google Japan Blog: 대규모 일본어 n-gram 데이터 공개 데이터(japan.googleblog.com/2007/11/n-gram.html)〉에서 밝히듯이 n을 크게 하면 단어의 조합이 폭발적으로 늘어나기 때문에 단어 조합 출현 횟수가 줄어듭니다.

📁 실습 파일 : Book5_3.ipynb

실습 18 n-gram 언어 모델 기본형 만들기

문제

n-gram 언어 모델을 단계별로 구축해 보세요. 먼저 n-gram을 획득하는 함수를 구현하고 언어 모델로 확장하여 학습하는 코드와 추론하는 코드를 작성해 보세요.

해설

가장 기본적인 언어 모델을 만들면서 언어 모델의 본질에 접근해 보겠습니다. 먼저 n-gram을 구현합니다. n-gram은 연속된 n개의 단어나 문자의 배열을 의미하며 다음과 같은 절차로 추출할 수 있습니다.

1. 텍스트 분할
2. 연속된 n개의 단어나 문자를 그룹화

코랩 노트북에 다음 코드를 입력합니다.

```
def ngram(text, n):                          #①
    return zip(*[text[i:] for i in range(n)])   #②
```

① `def ngram(text, n):`

ngram이라고 이름 붙인 함수는 텍스트를 입력하면 n개의 연속된 단어 그룹(n-gram)을 생성합니다. 여기서 text는 n-gram을 생성하고자 하는 텍스트(문자열)이고 n은 n-gram의 n(정수형 값)을 의미합니다. 이 함수의 반환값은 n-gram 리스트[List]이며, 리스트의 구성 요소는 n개의 단어로 구성된 튜플[Tuple]입니다.

보충 수업 / 리스트 & 튜플

리스트^{List}는 파이썬의 자료 구조 중 하나로, 사용 제약이 거의 없어서 광범위하게 사용됩니다. 리스트는 대괄호 [ ]로 둘러 싸고, 요소들은 쉼표(,)로 구분하여 작성합니다. 리스트에 작성한 원소가 문자열이라면 인용 부호(" ", 혹은 ' ') 안에 넣고, 숫자는 인용 부호가 필요하지 않습니다. 따라서 다음과 같이 리스트를 생성할 수 있습니다.

```
list_name = ["apple", 2]
```

튜플^{Tuple} 역시 파이썬 자료 구조 중 하나로, 괄호 ( )로 묶어서 나타내고, 요소 간 구분은 쉼표 (,)로 합니다. 튜플도 리스트와 마찬가지로 많은 요소로 구성할 수 있습니다. 만약 원소 2개로만 구성되어 있다면 이를 '튜플 쌍'이라고 부릅니다.

```
tuple_name = ("apple", 2)
```

참고로 리스트는 구성 요소를 변경할 수 있는 반면 튜플은 일단 구성 요소가 정해지면 변경할 수 없습니다. 즉, 튜플은 한 번 설정하면 그 값이 고정됩니다.

② `return zip(*[text[i:] for i in range(n)])`

이 코드에서 range(n)는 0부터 n-1까지의 정수를 생성하고 text[i:]는 i번째 인덱스 이후의 문자열을 가져옵니다. zip(*[text[i:] for i in range(n)])는 text 변수에 담긴 데이터를 일괄 처리하여 n-gram 리스트를 생성합니다. 이 함수는 시퀀스(파이썬에서 각각의 구성 요소인 값들이 배열된 자료 구조) 형태이기만 하면 문자열뿐만 아니라 리스트나 튜플에도 적용할 수 있습니다. n의 값이 1 이하면 빈 리스트를 반환합니다. [text[i:] for i in range(n)]은 리스트 컴프리헨션^{List Comprehension}이라는 파이썬 코드 형태입니다.

보충 수업 　 * 연산자와 zip()

[text[i:] for i in range(n)] 리스트 컴프리헨션에서 text가 "hello"고 n이 3이라면, 결과는 ["hello", "ello", "llo"]가 됩니다. 그 후 처리에는 파이썬의 * 연산자와 zip() 함수의 역할이 중요합니다.

* 연산자는 함수에 리스트나 튜플의 원소들을 위치별 인자Positional Arguments로 전달할 때 사용합니다. 이 경우 리스트의 각 아이템을 zip 함수에 개별 인자로서 전달합니다. 즉, ["hello", "ello", "llo"]가 zip("hello", "ello", "llo")로 변환됩니다.

zip() 함수는 여러 개의 반복Iterable 가능한 객체들을 인자로 받고, 동일한 인덱스에 위치한 요소들을 짝지어 튜플로 반환합니다. 즉, 각 인덱스에 대해 튜플을 생성하며 가장 짧은 입력이 완료되면 중단됩니다. 이 예에서 zip("hello", "ello", "llo")는 ('h', 'e', 'l'), ('e', 'l', 'l'), ('l', 'l', 'o') 등의 튜플을 차례로 생성합니다.

예를 들어, "오늘 날씨는 비"라는 문장의 문자Character 기반 3-gram을 얻으려면 다음과 같이 코드를 입력하고 실행합니다.

```
print([i for i in ngram("오늘 날씨는 비", 3)])
```

[('오', '늘', ' '), ('늘', ' ', '날'), (' ', '날', '씨'), ('날', '씨', '는'), ('씨', '는', ' '), ('는', ' ', '비')]

반면에 문자가 아닌 단어 기반으로 "It is raining today"의 3-gram을 구하면 다음과 같습니다.

```
sentence_list = "It is raining today".split()
print(sentence_list)
print([i for i in ngram(sentence_list, 3)])
```

['It', 'is', 'raining', 'today']
[('It', 'is', 'raining'), ('is', 'raining', 'today')]

영어에서는 이렇게 띄어쓰기로 단어를 구분할 수 있지만, 한국어나 일본어는 띄어쓰기만으로는 단어를 구분하기 어렵게 때문에 형태소 분석이 필요합니다. 이를 위해 KoNLPy('코엔엘파이'라고 발음)라는 한국어 처리 파이썬 패키지를 설치한 후 형태소 분석기인 Okt를 불러옵니다. 그리고 "오늘 날씨는 비"라는 문장을 단어로 구분하여 3-gram을 구해 보겠습니다.

```
!pip install konlpy                                         #①
from konlpy.tag import Okt                                  #②

okt = Okt()                                                 #③

# 입력 텍스트 토큰화
sentence_list = [w for w in Okt().morphs("오늘 날씨는 비")]    #④
print(sentence_list)                                        #⑤

print(["".join(li) for li in ngram(sentence_list, 3)])      #⑥
```

['오늘', '날씨', '는', '비']
['오늘날씨는', '날씨는비']

코드를 한 줄씩 살펴보겠습니다.

① `!pip install konlpy`

konlpy를 설치합니다.

② `from konlpy.tag import Okt`

Okt를 불러옵니다.

③ `okt = Okt()`

형태소 분석기 Okt 객체를 생성합니다.

④ `sentence_list = [w for w in Okt().morphs("오늘 날씨는 비")]`

Okt의 morphs 메서드를 사용하여 입력 텍스트를 형태소 단위로 토큰화합니다.

⑤ `print(sentence_list)`

생성한 토큰을 출력합니다.

⑥ `print(["".join(li) for li in ngram(sentence_list, 3)])`

ngram 함수를 적용하여 생성한 ngram 결과물을 출력합니다.

이를 언어 모델로 확장하기 위해 지금까지 n-gram 집계를 컴퓨터 메모리에 저장합니다.

```
from collections import defaultdict

def train(text, n):
  model = defaultdict(lambda: defaultdict(int))    #①
  for w in ngram(text, n):
    model[w[:-1]][w[-1]] += 1                      #②
  return model

train(sentence_list, 3)                            #③
```

```
defaultdict(<function __main__.train.<locals>.<lambda>()>,
            {('오늘', '날씨'): defaultdict(int, {'는': 1}),
             ('날씨', '는'): defaultdict(int, {'비': 1})})
```

①의 파이썬의 딕셔너리[Dictionary] 타입은 {'a': 1, 'b': 2}와 같이 중괄호로 되어 있고 키와 값 조합이 구성 요소로 나열된 형태를 갖습니다. 다만 여기서는 딕셔너리 타입이 아닌 아닌 defaultdict 타입을 사용합니다. 그 이유는 ② `model[w[:-1]][w[-1]]`처럼 아직 존재하지 않는 키에 대해 값을 설정해야 하기 때문입니다. 참고로 w[:-1]은 n-grams(text, n) 함수의 결과물에 담긴 w의 첫 n-1개 요소를 의미하며, w[-1]은 w의 마지막 요소를 의미합니다.

▶ 이 코드에는 인덱싱과 슬라이싱이라는 개념을 적용했는데 이 두 개념은 실습 20의 '보충 수업'을 참조하기 바랍니다.

코드의 맨 뒷 줄에서 ③ train() 함수의 인자로 n=3을 설정했기 때문에 다시 ②를 살펴보면 `model[w[:-1]][w[-1]]`에 2-gram을 키로 주고, 딕셔너리형 3-gram의 마지막 요소와 그 발생 빈도를 값으로 저장합니다. 발생 빈도를 값으로 저장하는 기능은 +=1 연산자로 구현했습니다. 참고로 += 연산자는 왼쪽 변수에 오른쪽 값을 추가하는 데 사용합니다.

일반 딕셔너리 타입은 존재하지 않는 키에 값을 설정하려 하면 키 에러[KeyError] 예외가 발생합니다. 반면 defaultdict 타입은 존재하지 않는 키에 값을 설정하려 하면 해당 키에 해당하는 디폴트 값이 자동으로 생성됩니다.

이 코드에서는 `model[w[:-1]]` 값이 존재하지 않으면 ① `defaultdict(lambda: defaultdict(int))` 코드를 통해 `defaultdict(int)`를 디폴트 값으로 생성합니다. 이처럼 defaultdict 타입은 키가 존재하지 않아도 값을 설정할 수 있기 때문에 매우 유용합니다.

다음으로 어떤 특정 문자열이 입력됐을 때 다음 단어를 예측하는 함수를 정의하고 실행해 보겠습니다. 참고로 다음 코드의 마지막 두 줄에 쓰인 sentence_list에는 앞서 "오늘 날씨는 비"라는 문장을 코드 블록으로 분할한 결과가 저장되어 있습니다.

```
def predict(model, n, prefix):
    next_words = []                                          #①
    for w in ngram(prefix, n-1):                             #②
        for next_word, count in model[w].items():            #③
            next_words.append((next_word, count))            #④
    return sorted(next_words, key=lambda x: x[1], reverse=True)  #⑤

model = train(sentence_list, 3)
predict(model, 3, sentence_list[:-1])
```

[('는', 1), ('비', 1)]

출력 결과를 보면 '는', '비'라는 2가지 단어가 후보로 출력됩니다. 모두 빈도 1이므로 어떤 단어가 다음에 올 가능성이 가장 높은지 아직은 판단할 수 없지만, 더 많은 데이터를 제공하면 정확도가 높아질 것으로 예상됩니다.

코드에 담긴 predict() 함수는 n-gram 모델을 담은 변수명 model과 n값 그리고 입력 텍스트를 의미하는 prefix를 입력받아 해당 텍스트 뒤에 올 가능성이 높은 단어와 그 출현 확률을 반환하는 함수입니다. 반환값은 튜플로 구성된 리스트이며, 각 튜플은 (단어, 출현 확률) 형식으로 구성돼 있습니다. 이 predict() 함수의 의미를 한 줄씩 설명해 보겠습니다.

① `next_words = []`

   결과를 저장할 빈 리스트를 생성합니다.

② `for w in ngram(prefix, n-1):`

   입력 텍스트를 담은 prefix에서 n-1개 길이로 구성된 단어 목록을 가져옵니다.

③ `for next_word, count in model[w].items():`

각 단어 w 뒤에 오는 단어와 그 출현 확률로 이루어진 쌍을 대상으로 루프 처리를 수행합니다.

④ `next_words.append((next_word, count))`

출현 확률이 높은 순서대로 리스트 next_words에 추가합니다.

⑤ `return sorted(next_words, key=lambda x: x[1], reverse=True)`

출현 확률이 높은 순서대로 리스트를 정렬하여 반환합니다.

이제 n-gram 언어 모델을 `NgramLM`이라는 클래스명을 주고 클래스로 작성해 보겠습니다. 이렇게 하면 이 클래스를 재사용할 수 있습니다. 또한 n-gram을 빈도 내림차순으로 정렬하는 `predict()` 함수도 가장 출현 빈도가 높은 단어를 출력하도록 수정하겠습니다.

```
from collections import defaultdict
from konlpy.tag import Okt

class NgramLM:                                          #①
  def __init__(self):                                   #②
    self.model = defaultdict(lambda: defaultdict(int))

  def tokenize(self, text, word=True):                  #③
    if word:
      self._tokenizer = Okt().morphs
      return [w for w in self._tokenizer(text)]
    else:
      return text

  def ngram(self, text, n):                             #④
    return zip(*[text[i:] for i in range(n)])

# 이하의 tokenize는 위에 정의된 tokenize 함수(메서드)를 지칭함
  def train(self, text, n, word=True):                  #⑤
    if word:
      self.trained = "word"
      text = self.tokenize(text, word)
```

```
    else:
      self.trained = "char"

    for w in self.ngram(text, n):
      self.model[w[:-1]][w[-1]] += 1

  def predict(self, prefix, n, word=True):                    #⑥
    if self.trained == "word" and word:
      prefix = self.tokenize(prefix, word)
    elif self.trained == "char" and word:
      return "err:tokenizer of train/predict is different"

    next_words = []
    for w in self.ngram(prefix, n-1):
      for next_word, count in self.model[w].items():
        next_words.append((next_word, count))
    return sorted(next_words, key=lambda x: x[1], reverse=True)[0][0]

# 인스턴스 생성
ngram_lm = NgramLM()

# 학습(집계하여 메모리에 저장)
ngram_lm.train("나는 고양이. 나는 강아지. 나는 인간. 나는 고양이.", 3, True)

# 추론
ngram_lm.predict("나는", 3, True)
```

'고양이'

코드에서는 konlpy와 nltk를 사용하여 한국어를 처리하는 n-gram 모델을 구축하고, 문장 생성을 위한 클래스 NgramLM를 정의합니다. 그리고 이 클래스를 인스턴스화하여 학습 및 추론을 수행합니다. 다만 여기서의 학습은 단순히 딕셔너리 타입으로 n-gram 출현 빈도를 기억하는 것 뿐입니다. 코드를 한 줄씩 살펴보겠습니다.

① `class NgramLM:`

클래스명을 지정합니다. 이 클래스의 변수인 `model`은 N-gram 모델로서 키(key)와 값(value)은 각기 n-gram과 출현 확률을 나타내는 정수 쌍인 defaultdict 타입으로 받습니다. 또 다른 변수 `trained`는 학습 데이터로 word 또는 char 형태를 취합니다.

② `def __init__(self):`

생성자로서 `model`과 `trained`를 초기화합니다.

③ `def tokenize(self, text, word=True):`

word가 True일 경우 텍스트를 분할하고, False일 경우 입력 형태 그대로의 문자를 반환합니다.

④ `def ngram(self, text, n):`

텍스트에서 n-gram을 생성합니다. word=True인 경우 `tokenize`를 사용하여 단어로 분할한 후 n-gram을 생성하고, word=False인 경우 단어 분할 없이 문자 단위로 n-gram을 생성합니다.

⑤ `train(self, text, n, word=True)`

n-gram 모델을 학습합니다. word=True인 경우 `tokenize`를 사용하여 단어로 분할한 후 학습하고, word=False인 경우 단어 분할 없이 문자를 학습합니다.

⑥ `def predict(self, prefix, n, word=True):`

입력문을 담은 변수 `prefix`를 사용해서 다음 단어를 예측합니다. 이때 word=True인 경우 `tokenize`를 사용하여 단어로 분할한 후 단어를 예측하고, word=False인 경우 단어 분할 없이 문자를 예측합니다.

요약하면 NgramLM 클래스는 n-gram 언어 모델을 정의하는 클래스로, 학습과 추론 방법을 갖추고 있고 단어와 문자 기반 입력을 각각 다르게 처리합니다. 학습 시에는 defaultdict 타입을 사용하는 모델이 입력 텍스트 다음에 오는 단어 혹은 문자를 예측합니다. 이 작업은 2-gram 다음에 오는 3-gram의 마지막 단어, 문자의 빈도를 계산하는 과정을 포함합니다.

파이썬 클래스 정의와 활용

앞의 코드가 쉽게 이해가 되었다면 이 부분을 건너뛰고 실습 19로 넘어가도 좋습니다. 하지만 이 개념이 생소한 분들을 위해 파이썬 클래스와 관련 개념에 대해 추가 설명하는 시간을 마련했습니다. 혹시나 다음 설명이 잘 이해되지 않더라도 바로 뒤에 이어지는 시계 클래스 예제를 살펴보면 좀 더 쉽게 이해가 될 것입니다.

1. **객체**

    파이썬에서는 메모리에 있는 모든 요소를 객체로 취급합니다. 객체는 특정 타입에 속하며, 그 타입과 관련된 특성이나 처리 방식이 따로 있습니다. 예를 들어 정수, 문자열, 리스트, 튜플, 딕셔너리 등은 모두 객체입니다.

2. **클래스**

    클래스는 객체의 설계도로, 속성(데이터)과 메서드(클래스 내 사용된 함수)를 정의합니다. 추상적인 개념으로, 구체적인 데이터나 기능이 없는 템플릿과 같은 존재입니다.

3. **인스턴스 및 클래스와의 관계**

    인스턴스는 클래스를 기반으로 생성된 구체적인 객체를 의미합니다. 따라서 클래스에서 정의된 속성과 메서드를 구체적인 값과 기능으로 갖고 있습니다. 자동차에 비유하자면, 클래스는 자동차의 설계도고 인스턴스는 실제 자동차라고 볼 수 있습니다.

4. **속성 및 메서드**

    속성은 클래스나 인스턴스 고유의 데이터를 저장합니다. 이는 객체의 상태를 나타냅니다. 메서드는 클래스나 인스턴스가 수행할 수 있는 기능을 나타내며, 클래스에서 함수로 정의됩니다.

5. **생성자**

    생성자는 새로운 인스턴스를 생성할 때 자동으로 호출되는 특별한 메서드입니다. 파이썬에서는 `__init__`이라는 메서드가 생성자 역할을 하며 인스턴스의 초기 상태를 설정합니다.

앞서 살펴본 5개의 개념을 예제로 살펴보기 위해 시계 클래스를 생성하겠습니다.

```
class Clock:                    #①
    def __init__(self):         #②
        self.hour = 0           #③
        self.minute = 0         #④
```

```
    def set_time(self, hour, minute):                          #⑤
      if (0 <= hour < 12) and (0 <= minute < 60):              #⑥
        self.hour = hour                                        #⑦
        self.minute = minute                                    #⑧
        print(f"시간을{self.hour}:{self.minute:02}(으)로 설정했습니다.")
                                                                #⑨
      else: print("시간 설정이 잘못되었습니다.")                 #⑩, ⑪

    def show_time(self):                                        #⑫
      print(f"지금 시간은 {self.hour}:{self.minute:02}입니다.")
                                                                #⑬
my_clock = Clock()                                              #⑭
my_clock.set_time(10, 30)                                       #⑮
my_clock.show_time()                                            #⑯
```

시간을 10:30(으)로 설정했습니다.
지금 시간은 10:30입니다.

이 예제에서는 시계 클래스를 정의하고 생성자, set_time 메서드와 show_time 메서드를 구현합니다. 이를 통해 시간을 설정하고 표시할 수 있는 간단한 시계 객체를 생성합니다.

① class Clock:

   Clock이라는 클래스를 정의합니다. 이 클래스는 시간을 나타내는 객체를 생성하는 데 사용됩니다.

② def __init__(self):

   시계 클래스의 생성자로서 이 메서드는 Clock 객체가 생성될 때마다 자동으로 호출됩니다. 생성자에서 hour와 minute이라는 2개의 속성을 초기화합니다. 주의해야 하는 점은 키보드의 밑줄('_') 기호를 하나를 쓰는 것이 아니고 연달아 2개를 써서 '__' 기호를 사용해야 한다는 것입니다.

③ self.hour = 0

   hour 속성을 0으로 초기화합니다.

④ self.minute = 0

   minute 속성을 0으로 초기화합니다.

⑤ `def set_time(self, hour, minute):`

시계 객체의 시간을 설정하는 메서드로, 분과 시간이라는 2개의 인수를 입력받아 hour 속성과 minute 속성을 설정합니다.

⑥ `if (0 <= hour < 12) and (0 <= minute < 60):`

시간과 분이 각각 0~11, 0~59 범위 안에 있는지 확인합니다.

⑦ `self.hour = hour`

시간 인수를 시간 속성으로 설정합니다.

⑧ `self.minute = minute`

분 인수를 분 속성으로 설정합니다.

⑨ `print(f"시간을{self.hour}:{self.minute:02}(으)로 설정했습니다.")`

설정된 시간을 출력합니다.

⑩ `else`

시간 또는 분이 범위를 벗어날 때 작동합니다.

⑪ `print("시간 설정이 잘못되었습니다.")`

에러 메시지를 출력합니다.

⑫ `def show_time(self):`

시계 객체의 시간을 표시하는 메서드입니다.

⑬ `print(f"지금 시간은 {self.hour}:{self.minute:02}입니다.")`

현재 시간을 출력합니다.

⑭ `my_clock = Clock()`

시계 클래스 Clock의 새로운 객체를 생성하고 my_clock이라는 변수에 할당합니다.

⑮ `my_clock.set_time(10, 30)`

my_clock 객체의 시간을 10시 30분으로 설정합니다.

⑯ my_clock.show_time()

　　my_clock 객체의 현재 시간을 표시합니다.

이렇게 파이썬 객체지향 프로그래밍에서 클래스의 정의와 인스턴스화를 익히기 위한 예제로 Clock 클래스를 살펴봤습니다. 이 클래스는 set_time() 메서드를 사용하여 시간을 나타내는 객체를 생성하는 데 사용합니다. 파이썬은 객체지향 구조로 인해 효율적인 소스 코드 재활용이 가능하고, 기능을 추가할 때도 매우 편리합니다. 특히 클래스 개념을 익히면 쉽게 코드를 작성할 수 있어서 소프트웨어 개발이 수월해진다는 장점이 있습니다.

> 실습 파일 : Book5_3.ipynb

실습 19 응용 n-gram 언어 모델 만들기

문제

실습 18에서 설정한 **NgramLM** 클래스를 이용하여 허깅페이스(huggingface.com)에서 제공하는 nlpai-lab/databricks-dolly-15k-ko 데이터세트의 Response 열에서 100개 레코드(행)를 데이터로 학습하고 추론을 수행하세요.

해설

먼저 데이터를 수집하여 변수에 저장하고 23,840개의 한국어 어휘가 들어 있는 학습 데이터를 생성하겠습니다. 다음 코드에 사용한 **datasets**는 허깅페이스에서 개발한 파이썬 라이브러리로, 다양한 공개 데이터세트에 쉽게 접근할 수 있습니다. 이 라이브러리는 자연어 처리 작업 시 특히 유용합니다.

```
!pip install datasets

from datasets import load_dataset
```

허깅페이스의 라이브러리에 접근하려면 먼저 허깅페이스(huggingface.com)에 가입해야 합니다. 허깅페이스에 가입한 다음 코랩 노트북에 다음 코드를 입력하고 실행합니다.

```
# 다음 코드를 실행하기 전 huggingface.co/settings/tokens에서
# 토큰을 작성하고 다음 결과 화면에 복사한 토큰 값을 입력
from huggingface_hub import login
login()
```

그러면 다음과 같은 결과 화면이 나옵니다.

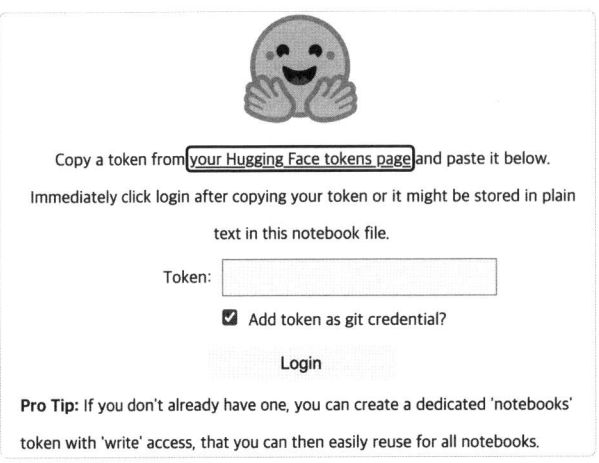

코랩 결과 화면에서 첫 번째 줄 your_Hugging_Face_tokens_page를 클릭하면 허깅페이스의 로그인 페이지가 열립니다. [Login] 버튼을 누르고 가입 정보를 입력해 허깅페이스에 로그인합니다.

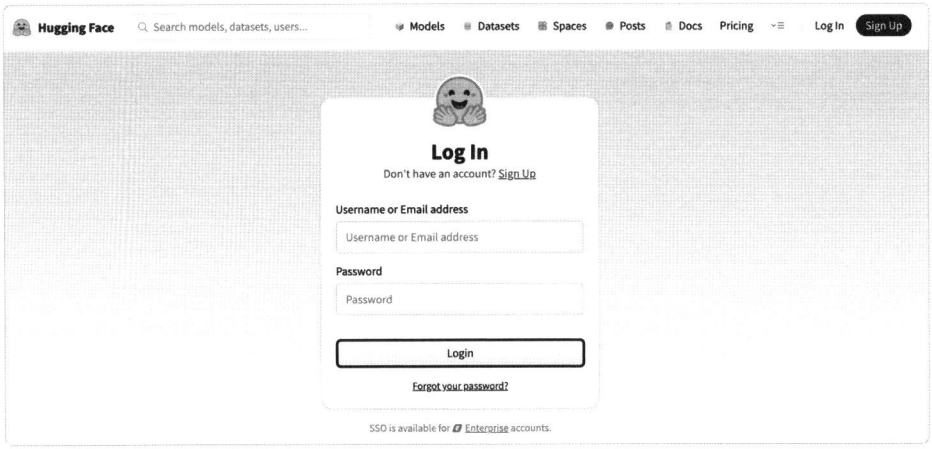

허깅페이스 Access Tokens 화면이 뜹니다. 저는 미리 'Book5 learn'이라는 읽기 전용 Access 토큰을 만들어 두었습니다. Access 토큰이 없는 상태에서 새로운 토큰을 만드려면 [New token] 버튼을 클릭하면 됩니다. 참고로 Access 토큰 생성은 무료입니다.

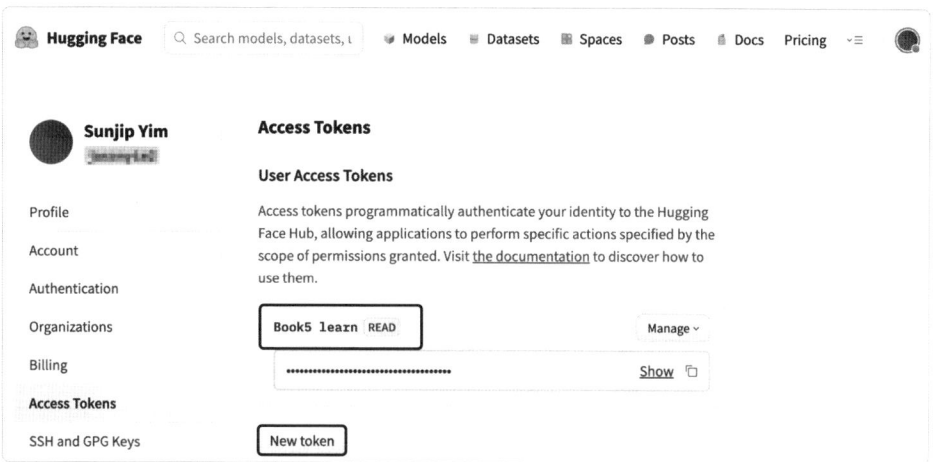

새 토큰 생성 창이 뜨면 Name에 적당한 명칭을 입력하고 Type은 [Read]를 선택합니다. 그리고 화면 하단의 [Generate a token] 버튼을 클릭합니다.

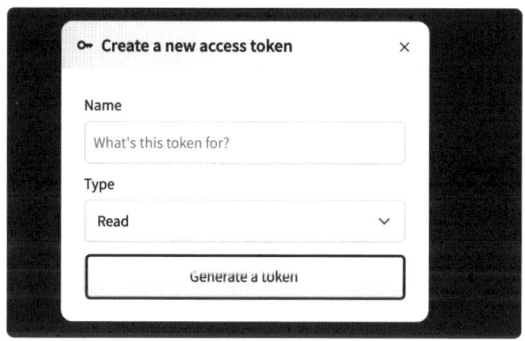

이제 이전 화면으로 돌아가 생성한 Access 토큰을 볼 수 있습니다. 여기서 화면 오른쪽의 복사 아이콘(🗐)을 클릭하여 토큰을 복사합니다.

다시 코랩 노트북으로 돌아와 복사해 둔 Access 토큰을 Token 입력 상자에 붙여 넣고 [Login] 버튼을 클릭합니다.

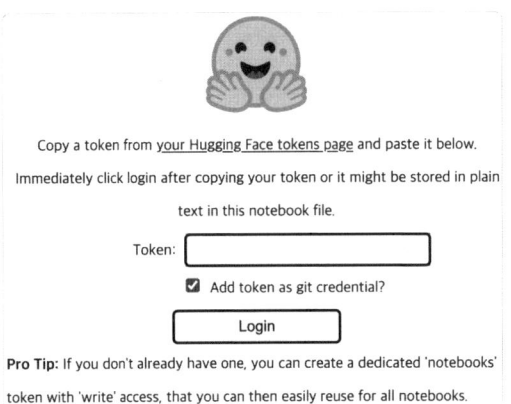

그럼 코랩 노트북에서 다음과 같이 성공적으로 허깅페이스의 Access 토큰이 유효하다고 인식했다는 문구가 뜨는 것을 볼 수 있습니다.

```
Token is valid (permission: read).
Your token has been saved in your configured git credential helpers (store).
Your token has been saved to /root/.cache/huggingface/token
Login successful
```

이제 허깅페이스가 제공하는 데이터세트를 코랩 노트북에서 불러올 수 있습니다. 이 실습에서는 허깅페이스에서 제공하는 nlpai-lab/databricks-dolly-15k-ko 데이터세트를 불러오겠습니다. bit.ly/3TRaFPU 링크에서 이 데이터세트에 대한 소개를 확인할 수 있습니다.

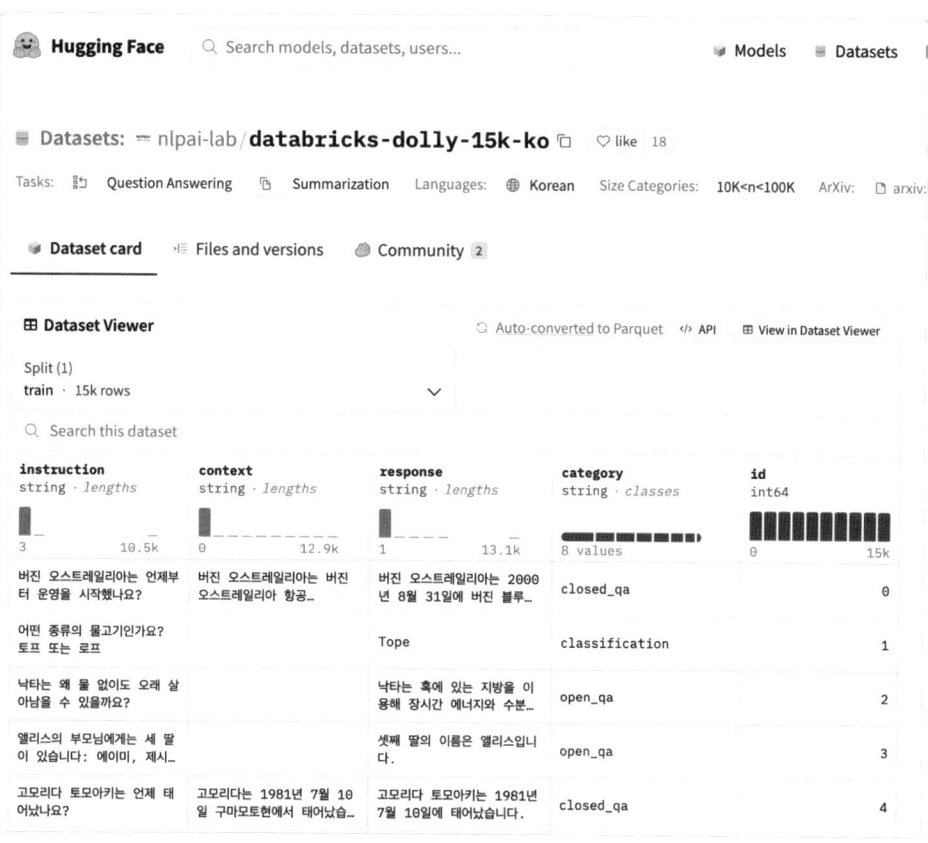

이 데이터세트를 코랩 노트북에서 불러오기 위해서 코드 셀에 다음 코드를 입력하고 실행합니다.

```
dataset = load_dataset("nlpai-lab/databricks-dolly-15k-ko")

print(dataset['train'][:1])
```

```
{'insturction': ['버진 오스트레일리아는 언제부터 운영을 시작했나요?'],
 'context': ['버진 오스트레일리아는 버진 오스트레일리아 항공(Virgi …
```

데이터세트의 첫 행이 출력됩니다. 첫 행 데이터 전체가 모두 출력되면 데이터세트를 성공적으로 불러왔음을 알 수 있습니다. 코랩 결과 화면에서 보이는 instruction과 context 내용이 허깅페이스 웹 사이트에서 설명하는 이 데이터세트의 첫 행과 동일합니다. 이제 불러온 데이터세트의 학습 데이터세트(train)에 담긴 처음 100개의 레코드(행)를 불러내서 str이라는 변수에 저장하고 이 str에 담긴 어휘의 개수를 세어 보겠습니다.

```
strs = ""                                              #①

for i, r in enumerate(dataset['train']):               #②
  if i == 100:
    break
  strs+=r['response']                                  #③

len(strs)                                              #④
```

```
23840
```

코드를 하나씩 살펴보겠습니다.

① `strs = ""`

　　`strs` 변수에 빈 문자열을 저장합니다. 이 문자열은 response 문자열을 저장하는 컨테이너 역할을 합니다.

② `for i, r in enumerate(dataset['train']):`

　　`enumerate()` 함수로 `dataset['train']`에서 인덱스(i)와 값(r)을 for 루프로 추출합니다.

　　▶ `enumerate()` 함수는 반복 가능한 객체(리스트, 문자열 등)를 입력으로 받아 각 요소의 인덱스와 값을 반환합니다.

③ `strs+=r['response']`

　　`+=` 연산자는 `strs` 문자열에 `r['response']` 문자열을 추가합니다. 이는 `strs=strs+r['response']` 코드와 동일한 기능을 하고 `strs` 문자열 끝에 새로운 문자열을 연결합니다. 참고로 `+=` 연산자가 수치 자료형에 적용되면 값을 더하는 데 사용합니다.

④ `len(strs)`

　　`len()` 함수는 `str` 변수에 담긴 요소의 수, 즉 어휘 수를 반환합니다.

결과를 보면 100개의 레코드에는 23,840개의 어휘가 담겨 있습니다. 이후 새로운 인스턴스를 생성하고 학습하는 과정을 거칩니다. 다음 코드에서는 `ngram_lm.train()`에 전달되는 인수로 100건의 레코드를 문자열로 보관하고 있는 `strs`를 입력합니다. 또한 3-gram 계산을 위해 3을 입력합니다.

```
# 인스턴스화
ngram_lm = NgramLM()

# 학습(집계하여 메모리에 저장)
ngram_lm.train(strs, 3)
```

이제 학습 데이터에 있는 단어열을 추론해 보겠습니다. 여기서 입력하는 텍스트는 형태소 분석 시 2개 이상의 어휘가 나오지 않으면 3-gram 계산이 안 되기 때문에 오류가 발생하므로 주의하기 바랍니다.

```
# 추론
print(ngram_lm.predict("고양이의 반려동물", 3))
print(ngram_lm.predict("점착성이", 3))
```

먹이
있는

결과를 보면 "고양이의 반려동물" 다음에는 '먹이'를 예측했고, "점착성이" 다음에는 '있는'을 예측했습니다. 제법 다음 단어를 잘 예측하고 있습니다.

지금까지는 다음 단어 하나를 예측하는 형태를 다뤘지만 이번에는 8개의 단어를 예측하는 문장 생성을 시도하겠습니다.

```
max_output_tokens= 8
input_txt = "고양이의"
output_tokens = input_txt + ngram_lm.predict(input_txt, 3)   #①

for _ in range(max_output_tokens):                            #②
    print(output_tokens)
    output_tokens += ngram_lm.predict(output_tokens, 3)       #③

print(output_tokens)
```

고양이의먹이
고양이의먹이먹이
고양이의먹이먹이먹이

고양이의먹이먹이먹이먹이
고양이의먹이먹이먹이먹이먹이
고양이의먹이먹이먹이먹이먹이먹이
고양이의먹이먹이먹이먹이먹이먹이먹이
고양이의먹이먹이먹이먹이먹이먹이먹이먹이
고양이의먹이먹이먹이먹이먹이먹이먹이먹이먹이

코드를 하나씩 살펴보겠습니다.

① `output_tokens = input_txt + ngram_lm.predict(input_txt, 3)`

입력 텍스트와 예측한 첫 단어를 결합합니다.

② `for _ in range(max_output_tokens):`

③ `output_tokens += ngram_lm.predict(output_tokens, 3)`

결과를 입력 텍스트로 넣고 추가로 예측한 첫 단어를 다시 결합합니다. 이 프로세스를 출력 토큰(단어) 수가 최대 80이 될 때까지 지속합니다.

그 결과 최종적으로 "고양이의먹이먹이…"라는 문장이 생성되었습니다. input_txt에 "고양이의"를 입력하면 최초의 output_tokens는 "고양이의먹이"가 됩니다. for 루프에서 8회의 "먹이"라는 출력이 추가되어 최종 결과에서는 총 9회의 "먹이"가 표현됩니다. 이처럼 언어 모델의 조상 격인 n-gram 모델은 자연스러운 문장을 만드는 데에는 명백한 한계를 보입니다. 같은 단어를 출력하는 것이 아쉽고, 띄어쓰기를 반영하지 못하는 것도 이 모델의 한계입니다.

02.3 RNN 언어 모델

앞서 살펴본 n-gram 언어 모델에서는 3-gram처럼 "주식이 비싸다"라는 문장은 예측할 수 있지만 입력 문장이 길어져 여러 주식이 언급되면 어느 주식이 비싼지까지는 알 수 없습니다. 이처럼 n-gram 언어 모델은 문장이 길어지면 멀리 떨어진 단어와 단어 간 의존 관계를 파악하지 못한다는 취약점이 있습니다. 뿐만 아니라 "아메리카"와 "미국"이 사실 같은 의미의 단어임에도 별개의 개념으로 인식하는 등 유사어에 취약한 문제점도 보입니다. 이에 대한 해결책으로 제안된 것이 순환신경망Recurrent Neural Network, 즉 RNN 언어 모델입니다.

RNN은 데이터 시퀀스(시계열 데이터나 문장 등의 연속된 데이터)를 처리하는 데 특화된 신경망의 일종으로, 시퀀스의 각 단계에서 다음 단계로 정보를 전달할 수 있습니다. 덕분에 과거의 정보를 기억하고 반영하여 새로운 입력을 처리할 수 있습니다. 따라서 RNN은 시계열 숫자 데이터와 자연어를 처리할 수도 있는데 이 책에서는 RNN 모델을 자연어 처리에 한정하여 살펴보겠습니다.

RNN을 이해하기 위해 간단한 기본 신경망이 어떻게 작동하는지 다시 한 번 살펴보겠습니다. 기본 신경망은 각각 하나의 입력층과 출력층 그리고 그 사이에 3개 이하의 은닉층으로 구성됩니다. 각 층은 여러 노드로 구성되며, 이 노드들은 이전 층의 노드에서 입력을 받아 가중치 합을 계산하고 활성화 함수를 적용하여 다음 층을 위한 출력을 생성합니다.

RNN에서는 이 기본 신경망 구조에 루프Loop가 추가됩니다. 이 루프를 통해 정보가 네트워크에서 순방향뿐만 아니라 역방향으로 흘러갈 수 있게 됩니다. RNN에서 R인 Recurrent는 '순환' 혹은 '재귀'라는 뜻이며 루프의 역할을 가리킵니다. 즉, 다음 그림에서 볼 수 있듯이 어느 시점에서 은닉층의 출력(으로서의 Context)이 다음 단계의 은닉층에 대한 입력의 일부로 재사용됩니다.

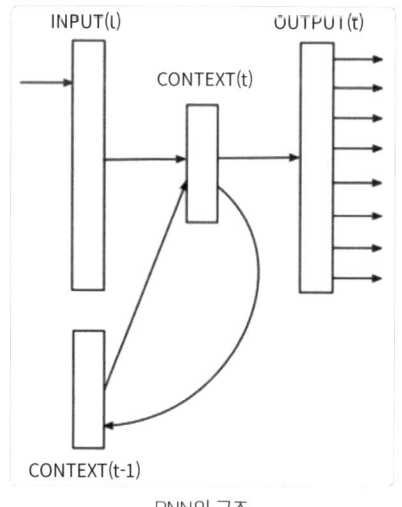

RNN의 구조

이처럼 재사용성 덕분에 RNN은 과거의 정보를 기억하고, 이용해 현재 입력을 처리할 수 있습니다. 즉, 문장을 생성할 때 RNN은 지금까지 생성한 단어를 기반으로 다음 단어를 예측합니다. 예를 들어, "I am"이라는 문장이 주어지면 RNN은 "am" 뒤에 어떤 단어가 올지 예측할 수 있습니다. 이 예측은 과거의 문장에 기반하기 때문에 문맥을 이해할 수 있습니다.

또 다른 예로 RNN을 좀 더 깊이 살펴보겠습니다. 다음은 조건부 확률을 이용하여 RNN 언어 모델을 표현한 그림입니다.

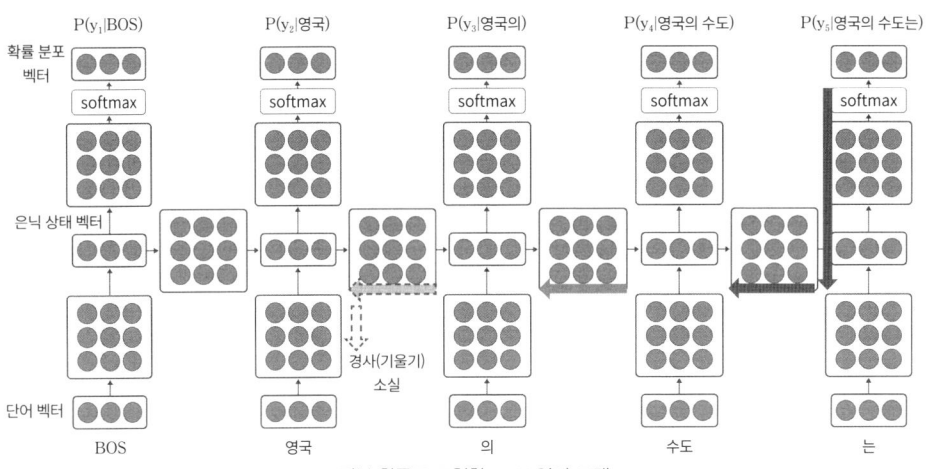

조건부 확률로 표현한 RNN 언어 모델

RNN 언어 모델에서는 각 단어를 수치열 벡터로 취급하기 때문에 비슷한 단어는 벡터 공간에서 가까운 거리에 매핑되는 특징이 있습니다. 예를 들어, 지하철과 전철은 벡터 공간에서 가까운 거리로 계산되고, 라면과 국회의사당은 먼 거리에 있다고 계산됩니다. 따라서 RNN 언어 모델에서는 n-gram에서 해결하지 못했던 유사어[Synonyms]와 연관어[Related Words] 문제를 처리할 수 있습니다.

RNN 덕분에 단어와 단어가 멀리 떨어졌을 때의 의존 관계를 파악하는 것이 어느 정도 가능해졌지만, 만족할 만한 성능을 내기에는 아직은 역부족입니다. 이는 고정된 길이의 은닉 상태[Hidden State] 벡터에 단어열의 정보를 저장해야 하는데, RNN 언어 모델 구조에서는 문장이 길어질수록 은닉 상태 벡터가 저장해야 하는 용량이 많아져, 즉 벡터의 입력 한계치 때문에 전체 문장을 기억할 수 없게 됩니다. 이 문제점을 LSTM이나 GRU 같은 RNN 업데이트 메커니즘이 약간 개선하긴 했지만 근원적인 문제 해결은 요원한 상황입니다.

또, RNN에서는 단어열에 단어가 추가될 때마다 은닉층에서 기울기를 계산해야 하기 때문에 기울기 소실이나 기울기 폭발 같은 문제가 발생해서 학습이 어려워집니다. 일반적으로 은닉층을 다수 포함한 딥러닝 모델에서의 학습 과정, 즉 모델의 가중치 업데이트 과정에서는 오차역전파$^{Back\ propagation}$ 기법을 사용합니다.

이 오차역전파 과정에서는 정답과 예측값 사이의 오차를 오차 함수에 입력하며, 이 오차 함수를 편미분한 결과를 기준으로 출력층에서 입력층으로(역방향으로) 기울기를 업데이트합니다. 이 과정에서 기울기 업데이트 정도를 의미하는 학습률을 너무 크게 설정하면 기울기가 폭발하여 엉뚱한 예측치를 내거나 수렴하지 않게 됩니다. 반대로 학습률을 너무 작게 설정하면 입력층에서 출력층으로 몇 개의 은닉층을 지나기도 전에 오차가 0으로 수렴하는 현상이 일어나 학습이 제대로 이루어지지 않습니다.

실습 파일 : Book5_4.ipynb

실습 20 RNN 언어 모델

문제

RNN 언어 모델을 구축하고 데이터를 학습시킨 다음 추론하는 코드를 작성하세요. 사용하는 라이브러리는 텐서플로며 다음과 같은 이야기를 입력하고 학습시키세요.

> 옛날 옛적 어느 곳에,
> 할아버지와 할머니가 살았습니다.
> 할아버지는 산으로 풀을 베러 갔고,
> 할머니는 강에 빨래를 하러 갔습니다.

해설

먼저 데이터 전처리부터 시작하겠습니다. 이번 실습은 n-gram처럼 문자를 그대로 처리하는 것이 아니라 인덱스로 변환하여 사용합니다. 문자를 인덱스로 변환하는 과정을 인코딩^{Encoding}, 인덱스에서 문자를 가져오는 과정을 디코딩^{Decoding}이라고 합니다.

```
#텍스트 데이터(옛날 이야기) 불러오기
text_data = """옛날 옛적 어느 곳에,
할아버지와 할머니가 살았습니다.
할아버지는 산으로 풀을 베러 갔고,
할머니는 강으로 빨래를 하러 갔습니다.
"""                                                              #①

char_to_int = {char: i for i, char in
               enumerate(sorted(set(text_data)))}                #②
int_to_char = {i: char for char, i in char_to_int.items()}      #③
```

```
encoded = [char_to_int[c] for c in text_data]          #④
decoded = [int_to_char[c] for c in encoded]            #⑤

print(encoded)
print(decoded)

print(''.join(decoded))                                #⑥
```

[29, 9, 1, 29, 33, 1, 27, 10, 1, 8, 28, 2, 0, 37, 25, 19, 34, 30, 1, 37, 18, 12, 4, 1, 23, 26, 24, 12, 13, 3, 0, 37, 25, 19, 34, 11, 1, 22, 31, 16, 1, 35, 32, 1, 20, 15, 1, 5, 7, 2, 0, 37, 18, 12, 11, 1, 6, 31, 16, 1, 21, 14, 17, 1, 36, 15, 1, 5, 24, 12, 13, 3, 0]
['옛', '날', ' ', '옛', '적', ' ', '어', '느', ' ', '곳', '에', ',', '\n', '할', '아', '버', '지', '와', ' ', '할', '머', '니', '가', ' ', '살', '았', '습', '니', '다', '.', '\n', '할', '아', '버', '지', '는', ' ', '산', '으', '로', ' ', '풀', '을', ' ', '베', '러', ' ', '갔', '고', ',', '\n', '할', '머', '니', '는', ' ', '강', '으', '로', ' ', '빨', '래', '를', ' ', '하', '러', ' ', '갔', '습', '니', '다', '.', '\n']
옛날 옛적 어느 곳에,
할아버지와 할머니가 살았습니다.
할아버지는 산으로 풀을 베러 갔고,
할머니는 강으로 빨래를 하러 갔습니다.

코드를 한 줄씩 살펴보겠습니다.

① `text_data = """옛날 옛적 어느 곳에 (중략) """`

text_data 변수에는 텍스트 데이터를 담습니다.

② `char_to_int = {char: i for i, char in enumerate(sorted(set(text_data)))}`

text_data에 담긴 모든 문자를 인코딩합니다. char_to_int는 문자를 키로, 해당 문자의 인덱스를 값으로 하는 딕셔너리 타입입니다. 이 딕셔너리 타입을 이용해서 text_data의 문자를 인덱스로 변환합니다. sorted(set(text_data))에서 set()는 text_data에서 고유한 문자만을 추출하여 집합[Set]을 생성합니다. 집합은 중복된 요소는 하나만 요소로 삼습니다. 그리고 sorted()로 집합의 문자를 정렬합니다.

③ `int_to_char = {i: char for char, i in char_to_int.items()}`

int_to_char은 인덱스를 키로, 해당 인덱스에 해당하는 문자를 값으로 하는 딕셔너리 타입입니다. items()는 딕셔너리 타입의 요소를 (키, 값) 쌍으로 반환합니다. 여기서 키는 char 변수로 받고 값은 i 변수로 받습니다.

> **보충 수업 / item() & items()**
>
> item()은 파이토치 텐서^{Tensor}에 주로 적용하는데, 하나의 스칼라 값, 즉 일반 숫자 값만 갖는 텐서에서 그 값을 파이썬의 기본 데이터 타입으로 추출합니다. 이는 단일 요소를 가진 텐서에서만 사용할 수 있습니다.
>
> 반면 items()는 s가 붙은 것으로 유추할 수 있듯이 결괏값으로 (키, 값) 쌍을 추출합니다. 즉, 딕셔너리 타입의 항목들을 (키, 값) 쌍으로 반환합니다.

④ `encoded = [char_to_int[c] for c in text_data]`

⑤ `decoded = [int_to_char[c] for c in encoded]`

인코딩된 데이터와 디코딩된 데이터를 변수에 저장합니다. encoded 변수는 인코딩된 데이터를 담은 리스트고, decoded 변수는 디코딩된 데이터를 담은 리스트입니다.

⑥ `print(''.join(decoded))`

마지막으로 디코딩된 데이터를 join() 함수를 통해 문자열로 출력합니다.

> **보충 수업 / 인덱싱 & 슬라이싱**
>
> 인덱스는 시퀀스(데이터가 나열되어 있는 자료 구조)의 첫 번째 요소에 0, 두 번째 요소에 1, 세 번째 요소에 2, … 이런 식으로 부여된 숫자입니다. 인덱싱은 이러한 인덱스를 이용해서 시퀀스의 특정 값을 추출하는 작업입니다. 예시로 간단한 문자열을 이용해 인덱싱을 살펴보겠습니다.
>
> ```
> #문자열 인덱싱
> s = "Hello"
> ```

```
print(s[0])   # 첫 번째 문자인 'H'를 출력함
print(s[1])   # 두 번째 문자인 'e'를 출력함
print(s[-1])  # 마지막 문자인 'o'를 출력함
```

반면에 슬라이싱은 인덱스를 사용해서 시퀀스의 일부분을 추출하는 방법입니다. 시작 인덱스는 포함되고, 종료 인덱스는 제외됩니다. 앞서 살펴본 문자열로 이번에는 슬라이싱을 살펴보겠습니다.

```
# 문자열 슬라이싱
s = "Hello"
print(s[0:2])    # 인덱스 0부터 2까지(단 2는 제외하고) 출력, 즉 'He'를 출력함
print(s[:2])     # 위와 동일한 'He'를 출력함
print(s[2:])     # 인덱스 2부터 끝까지, 즉 'llo' 출력함
print(s[-3:-1])  # 뒤에서 세 번째 인덱스(-3)부터 뒤에서 첫 번째까지(-1, 단 마지막 1번째는
                 # 제외하고), 즉 'll' 출력함
```

이어서 다음 코드에서는 인코딩된 텍스트를 고정된 길이의 시퀀스 기준으로 슬라이딩하면서 입력 시퀀스와 타깃 시퀀스를 생성합니다.

```
# 입력 시퀀스와 타깃 시퀀스 생성
encoded_text = encoded
seq_length = len(text_data.split("\n")[0])              #①

sequences = []                                          #②
for i in range(len(encoded_text) - seq_length):         #③
    sequences.append(encoded_text[i:i + seq_length + 1])  #④

print(f"시퀀스 길이:{seq_length}")
print(f"레코드 수:{len(sequences)}")
print(f"샘플(처음 3건):\n{sequences[:3]}")
```

시퀀스 길이: 12
레코드 수: 61
샘플(처음 3건):

```
[[29, 9, 1, 29, 33, 1, 27, 10, 1, 8, 28, 2, 0],
 [9, 1, 29, 33, 1, 27, 10, 1, 8, 28, 2, 0, 37],
 [1, 29, 33, 1, 27, 10, 1, 8, 28, 2, 0, 37, 25]]
```

코드를 한 줄씩 살펴보겠습니다.

① `seq_length = len(text_data.split("\n")[0])`

text_data라는 문자열에서 개행 문자(\n)를 기준으로 분할한 후 첫 번째 항목, 즉 첫 번째 줄의 텍스트를 가져옵니다. len() 함수는 그 텍스트의 요소(문자와 스페이스와 쉼표나 마침표 등) 수를 셉니다. 따라서 seq_length 값은 12가 됩니다.

② `sequences = []`

sequences라는 빈 리스트를 생성합니다. 이 리스트는 이후에 각 시퀀스(인코딩된 텍스트의 일부분)를 저장하는 컨테이너로 사용됩니다.

③ `for i in range(len(encoded_text) - seq_length):`

for 루프를 range(len(encoded_text) - seq_length) 범위만큼 반복합니다. 참고로 range(n)은 0부터 n-1까지의 총 n개 값으로 구성된 범위를 갖습니다.

④ `sequences.append(encoded_text[i:i + seq_length + 1])`

encoded_text에서 인덱스 i부터 i + seq_length + 1까지의 부분 문자열을 추출합니다. 파이썬에서 슬라이싱은 시작 인덱스를 포함하고 마지막 인덱스를 포함하지 않으므로 i + seq_length + 1을 사용하면 실제로 i + seq_length 인덱스까지 적용됩니다. sequences.append()는 이렇게 추출한 시퀀스를 sequences 리스트에 추가합니다.

결과를 보면 첫 번째 시퀀스 [29, 9, 1, 29, …, 0]과 두 번째 시퀀스 [9, 1, 29, …, 0, 5]를 비교해 보면 9, 1, 29, 0이 공통 요소입니다. 이렇게 출력하도록 모델을 학습시키면 유사한 입력 문자열을 입력할 때 다음 문자를 예측하는 과제를 풀 수 있습니다.

> 📝 **보충 수업** / 파이썬 vs 파이토치 vs 텐서플로 vs 케라스

> 파이썬은 범용 프로그래밍 언어로서 객체지향이라는 특징을 갖고 있습니다. 파이썬은 파이토치와 텐서플로 등 딥러닝의 기반이 되는 라이브러리를 지원합니다.
>
> 파이토치는 메타(구 페이스북)에서 개발한 오픈소스 딥러닝 라이브러리로, 연구와 개발 측면에서 높은 유연성을 가지고 있고 파이썬과 밀접하게 통합되어 있습니다.
>
> 텐서플로는 구글이 개발한 오픈소스 딥러닝 라이브러리로, 대규모 연산을 효율적으로 처리할 수 있습니다.
>
> 케라스는 초기에는 별도의 고수준 API$^{\text{Application Programming Interface}}$였으나 텐서플로 2.0 이후는 텐서플로의 고수준 API로 통합되어 tf.keras로 사용합니다.

▶ API란 소프트웨어 또는 서비스 간에 상호 작용을 가능하게 하는 규칙과 프로토콜의 집합입니다.

앞서 코드에서 생성한 sequences를 다음 코드에서 numpy.ndarray 타입으로 변환합니다. 이는 케라스^{Keras}로 정의하는 RNN 모델의 입력 형식을 맞추기 위함입니다. numpy.ndarray 타입은 넘파이 라이브러리에서 제공하는 다차원 배열$^{\text{n-dimensional array}}$을 의미하며 동일한 데이터 타입을 갖는 값으로만 구성됩니다.

```
import numpy as np

# 입력 데이터와 타깃 데이터 생성
X = np.array([seq[:-1] for seq in sequences])
y = np.array([seq[1:] for seq in sequences])

print(X.shape)
print(y.shape)
print(X[:5])
print(y[:5])
```

```
(61, 12)
(61, 12)
[[29  9  1 29 33  1 27 10  1  8 28  2]
 [ 9  1 29 33  1 27 10  1  8 28  2  0]
```

```
 [ 1 29 33  1 27 10  1  8 28  2  0 37]
 [29 33  1 27 10  1  8 28  2  0 37 25]
 [33  1 27 10  1  8 28  2  0 37 25 19]]
[[ 9  1 29 33  1 27 10  1  8 28  2  0]
 [ 1 29 33  1 27 10  1  8 28  2  0 37]
 [29 33  1 27 10  1  8 28  2  0 37 25]
 [33  1 27 10  1  8 28  2  0 37 25 19]
 [ 1 27 10  1  8 28  2  0 37 25 19 34]]
```

이어서 tensorflow.keras, 즉 tf.keras를 이용해 모델을 정의합니다.

```
import tensorflow as tf

# 모델 정의
model = tf.keras.Sequential([
    tf.keras.layers.Embedding(len(char_to_int), 64, input_length=seq_length),    #①
    tf.keras.layers.LSTM(128, return_sequences=True),                            #②
    tf.keras.layers.Dense(len(char_to_int), activation="softmax")                #③
])

print(model.summary())
```

```
Model: "sequential"
_____
 Layer (type)                Output Shape              Param #
=================================================================
 embedding (Embedding)       (None, 12, 64)            2432

 lstm (LSTM)                 (None, 12, 128)           98816

 dense (Dense)               (None, 12, 38)            4902

=================================================================
Total params: 106150 (414.65 KB)
Trainable params: 106150 (414.65 KB)
Non-trainable params: 0 (0.00 Byte)
_____
None
```

코드에 대한 설명은 다음과 같습니다.

① `model = tf.keras.Sequential([`
   `tf.keras.layers.Embedding(len(char_to_int), 64, input_length=seq_length),`

   임베딩 층으로, 문자를 숫자로 변환하여 단어의 의미를 벡터로 표현합니다. `len(char_to_int)`은 사용할 문자 종류 수를 뜻하며 64는 출력 벡터의 차원 수입니다. `input_length`는 입력한 텍스트의 길이입니다.

② `tf.keras.layers.LSTM(128, return_sequences=True),`

   LSTM 층으로, 시계열 데이터 처리에 특화되어 있으며 과거 정보를 반영하여 함께 처리합니다. 이는 RNN 층의 개선 버전입니다. 이 코드에서 128은 출력 벡터의 차원 수를 뜻하며 `return_sequences=True`는 다음 계층에 시계열 정보를 전달합니다.

③ `tf.keras.layers.Dense(len(char_to_int), activation="softmax")`

   Dense 층으로, 최종 출력 레이어에서 각 문자의 출현 확률을 계산합니다. `len(char_to_int)`은 출력의 종류 수를 뜻하며 `activation="softmax"`는 출력을 확률로 변환합니다.

이렇게 모델이 정의되면 `model.compile`로 모델을 컴파일하고 `model.fit`으로 학습을 수행합니다. 모델을 컴파일할 때는 학습에 활용할 손실 함수와 최적화 기법을 정의합니다.

```
# 모델 컴파일
model.compile(loss="sparse_categorical_crossentropy",
              optimizer="adam")                           #①

# 모델 훈련
model.fit(X, y, epochs=100, batch_size=64)                #②
```

```
Epoch 1/100
1/1 [==============================] - 2s 2s/step - loss: 3.5795
Epoch 2/100
1/1 [==============================] - 0s 13ms/step - loss: 3.5688
Epoch 3/100
1/1 [==============================] - 0s 11ms/step - loss: 3.5560

(중략)

<keras.src.callbacks.History at 0x7dba9c1ca110>
```

▶ 딥러닝 모델은 초기 가중치가 랜덤하게 부여되기 때문에 실행 결과는 매번 조금씩 달라질 수 있습니다.

코드를 한 줄씩 살펴보겠습니다.

① `model.compile(loss="sparse_categorical_crossentropy", optimizer="adam")`

sparse_categorical_crossentropy는 다중 레이블 분류에 활용하는 손실 함수이며, adam은 널리 활용되는 최적화 함수입니다.

② `model.fit(X, y, epochs=100, batch_size=64)`

model.fit에서는 학습 시 하이퍼 파라미터를 지정하는데 에포크, 즉 학습 데이터 전체를 모델 학습에 투입하는 횟수는 100회, 전체 학습 데이터에서 무작위로 작은 데이터세트인 미니배치를 추출하는 횟수인 batch_size는 64를 지정합니다. 실행 결과를 보면 손실이 1.2224까지 감소합니다.

> **보충 수업 / 파라미터 vs 하이퍼 파라미터**
>
> 파라미터는 모델이 학습 과정에서 데이터로부터 직접 학습하고 조정하는 변수입니다. 예로는 신경망에서의 가중치^{Weights}와 편향^{Bias}, 선형 회귀 모델에서 기울기와 절편 등을 들 수 있습니다.
>
> 반면 하이퍼 파라미터는 모델의 구조를 결정하고 학습 과정을 제어하는 변수로, 모델 학습 전에 설정하며 학습 과정에서는 조정할 수 없습니다. 예로는 학습률$^{Learning\ rate}$, 배치 크기$^{Batch\ size}$, 학습 에포크^{Epochs}, 신경망에서의 레이어 층 수 및 노드 수 등을 들 수 있습니다.

이제 추론을 통한 문장 생성을 시도해 보겠습니다.

```
# 생성하고자 하는 텍스트의 초기 시퀀스 지정
initial_text = "옛날 옛적 어느 곳에,"                       #①

# 텍스트 생성
max_output_tokens= 16                                    #②
for _ in range(max_output_tokens):                       #③
  encoded_initial_text = [char_to_int[char]
                          for char in initial_text]      #④
  predicted_char = model.predict(
      np.array([encoded_initial_text]), verbose=0)[:, -1] #⑤

  next_char = int_to_char[np.argmax(predicted_char)]     #⑥
```

```
    initial_text += next_char                                #⑦

print(initial_text)                                          #⑧
```

옛날 옛적 어느 곳에,
할아버지와 할머니니가 살았슴

"옛날 옛적에 어느 곳에,"에 이어지는 텍스트로 "할아버지와 할머니니가 살았슴"까지 예측했습니다. "니"를 2번 생성했지만 그럭저럭 괜찮은 문장입니다. "살았슴"에서 문장이 끊긴 것은 max_output_tokens를 16으로 지정해서 생성 토큰이 16개가 될 때까지만 문자를 생성했기 때문입니다. 이 코드를 한 줄씩 살펴보겠습니다.

① `initial_text = "옛날 옛적 어느 곳에,"`

생성하려는 텍스트의 초기 시퀀스(입력 텍스트)를 "옛날 옛적 어느 곳에,"로 설정합니다.

② `max_output_tokens = 16`

생성할 토큰의 수를 16개로 설정합니다. 이보다 더 길게 설정하면 더 긴 문장을 생성할 수 있지만, 이번처럼 짧은 텍스트로 훈련한 경우 토큰의 수가 길면 무의미한 문장을 생성하거나 학습 데이터의 내용을 재현할 뿐입니다.

③ `for _ in range(max_output_tokens):`

설정한 토큰 분량이 루프 처리를 수행합니다.

④ `encoded_initial_text = [char_to_int[char] for char in initial_text]`

초기 시퀀스를 문자 인덱스 리스트로 변환합니다.

⑤ `predicticted_char = model.predict(np.array([encoded_initial_text]),`
`                                    verbose=0)[:, - 1]`

모델을 사용하여 다음 문자를 예측하고 해당 문자 인덱스를 가져옵니다.

⑥ `next_char = int_to_char[np.argmax(predicted_char)]`

예측한 문자 인덱스를 실제 문자로 변환합니다.

⑦ initial_text += next_char

생성한 문자를 초기 시퀀스에 추가하여 문자열을 생성합니다.

⑧ print(initial_text)

생성한 텍스트를 출력합니다.

지금까지 작성한 RNN 언어 모델을 하나의 코드 셀에 정리하겠습니다. 그리고 유사어를 고려한 문제를 풀 수 있는지 확인하기 위해 국가와 수도를 학습 데이터로 입력하고 국가별 수도를 물어보겠습니다. epochs는 50, batch_size는 1로 설정하겠습니다.

```
import tensorflow as tf
import numpy as np

# 텍스트 데이터 불러오기
# 특정 국가 및 수도는 입력문에 5회씩 반복해서 입력
# 문장 끝에 공백 포함 시 에러 발생 주의

text_data = """Q.영국의 수도는?
A.런던입니다.
Q.미국의 수도는?
A.Washington DC입니다.
Q.미국의 수도는?
A.Washington DC입니다.
Q.미국의 수도는?
A.Washington DC입니다.
Q.미국의 수도는?
A.Washington DC입니다.
Q.한국의 수도는?
A.서울입니다.
Q.아메리카의 수도는?
A.워싱턴 DC입니다 .
Q.미국의 수도는?
A.Washington DC입니다.
Q.잉글랜드의 수도는?
A.런던입니다.
"""
```

```python
char_to_int = {char: i for i, char in
               enumerate(sorted(set(text_data)))}
int_to_char = {i: char for char, i in char_to_int.items()}

# 텍스트 데이터를 정수열로 변환
encoded_text = [char_to_int[char] for char in text_data]

# 입력 시퀀스와 타깃 시퀀스 생성
seq_length = len(text_data.split("\n")[0])

sequences = []

for i in range(len(encoded_text) - seq_length):
    sequences.append(encoded_text[i:i + seq_length + 1])

# 입력 시퀀스와 타깃 시퀀스를 np.appay 형태로 변환
X = np.array([seq[:-1] for seq in sequences])
y = np.array([seq[1:] for seq in sequences])

# 모델 정의
model = tf.keras.Sequential([
    tf.keras.layers.Embedding(len(char_to_int), 64,
                              input_length=seq_length),
    tf.keras.layers.LSTM(128, return_sequences=True),
    tf.keras.layers.Dense(len(char_to_int), activation="softmax")
])

# 모델 컴파일
model.compile(loss="sparse_categorical_crossentropy",
              optimizer="adam")

# 모델 훈련
model.fit(X, y, epochs=50, batch_size=1)

# 생성할 텍스트의 초기 시퀀스를 지정
initial_text = " Q.미국의 수도는?"
```

```python
# 텍스트 생성
max_output_tokens= 16
for _ in range(max_output_tokens):
    encoded_initial_text = [char_to_int[char] for char in initial_text]
    predicted_char = model.predict(
        np.array([encoded_initial_text]),verbose=0)[:, -1]

    next_char = int_to_char[np.argmax(predicted_char)]
    initial_text += next_char

print(initial_text)
```

```
Epoch 1/50
233/233 [==============================] - 3s 5ms/step - loss: 2.6844
Epoch 2/50
233/233 [==============================] - 1s 4ms/step - loss: 1.1714
Epoch 3/50
233/233 [==============================] - 1s 4ms/step - loss: 0.5878
```

(중략)

Q.미국의 수도는?
A.Washington DC

실행 결과를 보면 미국의 수도에 대한 질문에 제대로 답변하고 있습니다.

02.4 Seq2Seq 모델과 셀프 어텐션 메커니즘

RNN 언어 모델이 발전하던 시기에 친척뻘 되는 신경망 번역 모델도 비슷한 발전을 이루었는데, 바로 2014년에 제안된 시퀀스 투 시퀀스$^{Sequence\ to\ Sequence}$, 일명 Seq2Seq 모델입니다. 이 모델은 기계 번역에 RNN을 이용한 것으로, 동의어와 관련어 문제 그리고 문맥 반영 문제를 해결했습니다.

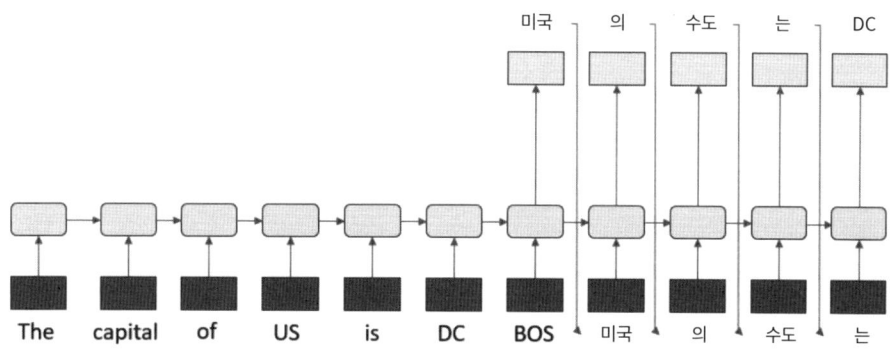

Seq2Seq 모델에 의한 번역 예시

그러나 이 모델은 RNN 언어 모델과 유사한 3가지 문제점을 안고 있습니다. 첫째, 고정된 길이의 은닉 상태 벡터(그림에서 두 번째 줄 사각형들)가 단어 열의 길이 만큼의 정보를 저장하기 어렵습니다. 둘째, 멀리 떨어져 있는 단어의 의존 관계를 제대로 다루지 못합니다. 그리고 셋째로 학습 시 기울기 소실 및 폭발 문제도 해결하지 못했습니다. 이를 해결하고자 셀프 어텐션$^{Self-Attention}$을 활용한 접근 방법이 추후 도입되었습니다.

> **Neural Machine Translation by Jointly Learning to Align and Translate**
>
> Dzmitry Bahdanau, Kyunghyun Cho, Yoshua Bengio
>
> Neural machine translation is a recently proposed approach to machine translation. Unlike the traditional statistical machine translation, the neural machine translation aims at building a single neural network that can be jointly tuned to maximize the translation performance. The models proposed recently for neural machine translation often belong to a family of encoder-decoders and consists of an encoder that encodes a source sentence into a fixed-length vector from which a decoder generates a translation. In this paper, we conjecture that the use of a fixed-length vector is a bottleneck in improving the performance of this basic encoder-decoder architecture, and propose to extend this by allowing a model to automatically (soft-)search for parts of a source sentence that are relevant to predicting a target word, without having to form these parts as a hard segment explicitly. With this new approach, we achieve a translation performance comparable to the existing state-of-the-art phrase-based system on the task of English-to-French translation. Furthermore, qualitative analysis reveals that the (soft-)alignments found by the model agree well with our intuition.

셀프 어텐션을 도입한 접근 방법(출처: arxiv.org/abs/1409.0473)

즉, 다음 그림과 같이 셀프 어텐션 메커니즘을 도입해 출력 토큰이 모든 입력 토큰을 참조할 수 있게 됩니다.

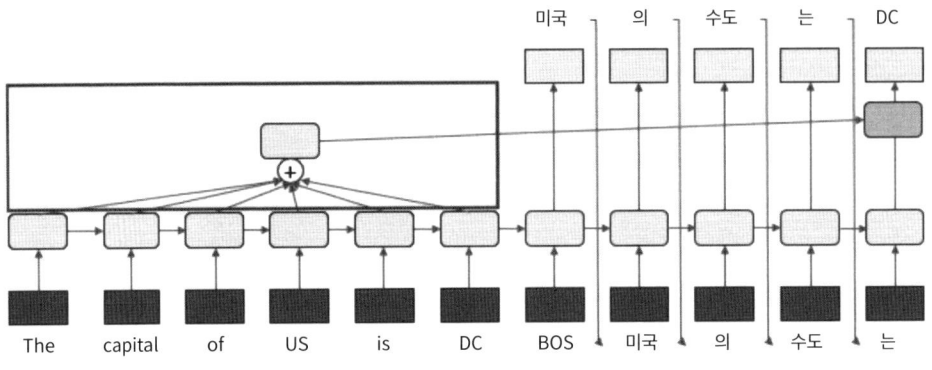

셀프 어텐션을 통한 번역 예시

이 메커니즘은 모든 입력 토큰을 순차적으로 계산하여 은닉 상태 벡터에 저장해 두는 단계가 필요 없습니다. 또, 이 방법은 어떤 입력 단어의 가중치를 크게(혹은 작게) 설정하는 것이 번역 정확도 향상에 기여하는지 학습할 수 있습니다.

그러나 셀프 어텐션 메커니즘 자체만으로는 출력 토큰(번역 후 결과물인 타깃 언어) 정보는 기존과 같이 고정 길이의 은닉 상태 벡터로 저장해야 하고, 이전 토큰을 모두 계산한 후에야 현재 토큰을 계산할 수 있다는 문제는 여전히 남습니다. 이로 인해 학습이 느리고 아울러 기울기 소실 및 폭발 문제도 여전히 안고 있습니다.

02.5 트랜스포머

2017년 발표된 〈Attention Is All You Need〉라는 논문에서 새로운 모델을 제안했습니다. 바로 순환 구조가 제거되어 단어 간 정보를 통합하여 기억할 필요가 없는 트랜스포머 모델입니다. 순환 구조는 시계열이나 반복적으로 입력해야 하는 정보를 다루기 위해 존재했는데 이 구조를 제거해도 괜찮을지 의문이 들겠지만, 트랜스포머 모델에서는 위치 인코딩$^{Positional\ Encoding}$이라는 메커니즘을 사용하여 임베딩 벡터에 단어가 어느 위치에서 출현했는지에 대한 정보를 포함시킵니다. 즉, 인코더와 디코더 모두에 위치 인코딩이 들어갑니다. 이러한 위치 인코딩 공식$^{Positional\ Encoding,\ PE}$은 다음과 같습니다.

$$PE(pos,\ 2i) = \sin\left(\frac{pos}{10000^{2i/d_{\text{model}}}}\right)$$

$$PE(pos,\ 2i+1) = \cos\left(\frac{pos}{10000^{2i/d_{\text{model}}}}\right)$$

위치 인코딩 공식

pos는 토큰의 위치, i는 토큰이 삽입된 후 벡터에서 각 차원의 인덱스 값, d_{model}은 입력 데이터가 모델을 통과할 때 각 토큰에 해당하는 벡터가 가지는 차원 수입니다. 10,000은 기준이 되는 큰 숫자로, 위치 인코딩의 스케일을 조정합니다.

구체적으로는 셀프 어텐션에 입력되는 토큰의 임베딩 벡터에 위치 인코딩을 추가하여 어텐션^{Attention} 메커니즘에 위치 정보를 제공합니다. 또, 위치 인코딩으로 인해 병렬 처리가 가능해져 GPU나 TPU$^{Tensor\ Processing\ Unit}$ 등 하드웨어의 메모리를 효율적으로 활용할 수 있습니다(이것이 이후 엔비디아의 GPU에 대한 폭발적인 수요를 야기한 원인이 되었습니다). 이처럼 위치 인코딩은 트랜스포머 모델에서 중요한 역할을 담당하고 있습니다.

다음 그림은 영어를 한국어로 번역한 트랜스포머 모델의 정보 흐름을 나타냅니다. 자세히 보면 RNN 구조가 제거되었다는 것을 알 수 있습니다. 이는 앞서 살펴본 Seq2Seq 모델에 의한 번역 예시와 비교했을 때 두 번째 줄의 사각형들을 연결하던 오른쪽 화살표들이 없어진 것으로 나타납니다.

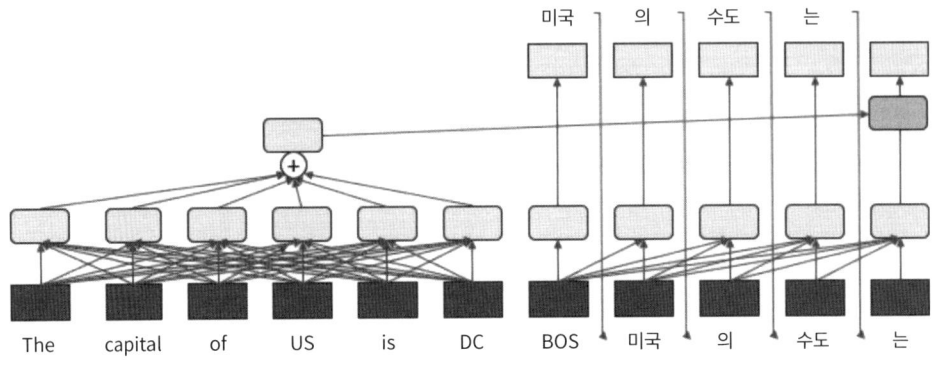

트랜스포머 모델에 의한 번역 예시

왼쪽의 셀프 어텐션 메커니즘에서는 입력된 영어의 전체 토큰 정보를 총체적으로 참조할 수 있도록 합성해 번역 시 중요한 토큰이 무엇인지 가중치를 통해 학습합니다. 이어서 오른쪽의 번역문 생성 부분에서는 이전에 생성된 한국어 토큰까지 참조하여 현재 한국어 토큰을 생성합니다. 즉, 언어를 생성(여기서는 번역)할 때는 아직 생성하지 않은 단어를 참조하는 것을 차단합니다.

이는 어디까지나 과거의 토큰 열을 기반으로 다음 토큰을 예측해야 하기 때문입니다. 즉, 단어 간 정보를 통합하는 과정이 거리에 의존하지 않게 되었고 병렬 계산이 포함되어 작업 연산이 훨씬 더 수월해졌습니다. 이 구조 덕분에 트랜스포머 모델은 번역뿐만 아니라 LLM, MMM 등 인공지능 분야 전반에서 중요한 기본 모델로 채택되었습니다. 산업계와 학계 모두 "Attention is All you need."라는 모토를 받아들인 셈입니다.

실습 파일 : Book5_4.ipynb

실습 21 트랜스포머를 이용한 신경망 기계 번역하기

실습 18과 19에서 n-gram 언어 모델을, 실습 20에서는 RNN 언어 모델을 다루었습니다. 이 모델들은 주어진 적은 용량의 데이터세트에서 모델을 학습시켜 추론을 수행합니다. 그러나 대규모 데이터세트와 대량의 컴퓨터 자원을 사용하여 파라미터를 튜닝하면서 이들 모델을 학습시켜 범용적인 모델을 만드는 일은 매우 어려운 작업입니다. 또, 애초에 멀리 떨어진 단어 간의 의존 관계 파악이 어려운 이 두 모델은 데이터세트를 늘려도 긴 문장을 생성하기 어렵습니다. 반면에 허깅페이스에서 제공하는 transformers 라이브러리를 이용하면 놀랍도록 정확도가 높은 신경망 기계 번역을 할 수 있습니다.

> **보충 수업** — 트랜스포머 모델 vs transformers 라이브러리
>
> 트랜스포머는 딥러닝 모델을 가리키지만 여기에 s가 붙은 transformers는 허깅페이스에서 제공하는 라이브러리를 뜻합니다. 두 개념을 혼동하지 않도록 유의하기 바랍니다. 이 책에서는 트랜스포머 모델과 transformers 라이브러리를 혼동하지 않도록 전자는 한글로 표기하고 후자는 영어로 표기하고 있습니다.

문제

트랜스포머 모델을 학습시켜 몇 가지 번역 과제를 풀어 보세요.

해설

먼저 transformers 라이브러리의 현재 버전을 확인해 보겠습니다.

```
import transformers
transformers.__version__
```

```
'4.38.2'
```

현재 기준으로 transformers 버전은 4.38.2가 최신 버전입니다. 추후 시간이 흘러 독자 여러분이 이 책의 코드를 실행하는 데 어려움을 겪게 되면 transformers 버전을 4.38.2로 다운그레이드해서 실행하면 됩니다. 이제 다음 코드를 입력하고 실행합니다.

```
from transformers import MarianMTModel, MarianTokenizer
```

MarianMTModel과 MarianTokenizer를 포괄하는 MarianNMT는 신경망 기계 번역 모델과 언어 모델을 훈련하기 위한 도구로서 학습, 디코딩, 성과 평가(스코어링), 정렬 등 다양한 기능을 지원합니다. 또, 트랜스포머 모델 이외에도 다양한 모델 아키텍처를 제공합니다. MarianNMT는 오픈소스이며, C++, 파이썬, Rust와 같은 언어로 제공됩니다(MarianNMT 에 대해 더 자세히 알고 싶으면 bit.ly/4cKfoKH 문서를 참고하세요).

이제 다음 코드를 실행해서 모델과 토크나이저를 불러옵니다.

```
# 사전 학습 모델 및 토크나이저 불러오기
model_name = "Helsinki-NLP/opus-mt-ko-en"
tokenizer = MarianTokenizer.from_pretrained(model_name)
model = MarianMTModel.from_pretrained(model_name)
```

▶ 코랩 노트북에 허깅페이스 Access 토큰을 등록해 놓은 경우가 아닌 경우, 허깅페이스 Access 토큰을 입력하라는 메시지가 뜨기도 합니다. 아울러 컴퓨터에서 코랩 화면을 켜 둔 채 장시간 방치해 둔 경우에도 런타임이 끊어져서 동일한 메시지가 뜰 수 있습니다. 이 경우 실습 19에서 설명한 방식대로 허깅페이스 Access 토큰을 생성하거나 기존 Access 토큰을 복사해서 코랩 노트북에 입력하면 됩니다.

Helsinki-NLP/opus-mt-ko-en은 transformers 라이브러리에서 제공하는 기계 번역 모델로, 한국어에서 영어로 번역하기 위해 사전 학습된 모델입니다. 이 모델은 Opus-MT 프로젝트의 일환으로 학습되었으며 Opus-MT는 다양한 언어 간의 고품질 기계 번역을 위해 대규모 다국어 코퍼스를 사용하여 모델을 학습시키는 프로젝트입니다. 이 모델은 한국어(ko)를 영어(en)로 번역하는 데 특화되어 있습니다.

아울러 이 모델은 트랜스포머 아키텍처 기반의 인코더와 디코더를 각기 다층 블록으로 중첩되게 쌓아 구성됐습니다. 여기서 인코더가 입력 언어인 한국어 문장을 처리하고, 이를 디코더가 타깃 언어인 영어로 변환합니다. 번역된 문장은 단어를 표현하는 일련의 토큰으로 출력됩니다.

이제 허깅페이스에서 다운로드받은 모델의 내용을 확인해 보겠습니다. 코드 셀에 `model`을 입력하고 [Shift] + [Enter] 키로 코드를 실행시키면 모델 내용이 출력됩니다.

```
model
```

① MarianMTModel(
②   (model): MarianModel(
③   (shared): Embedding(65001, 512, padding_idx=65000)
④   (encoder): MarianEncoder(
⑤   (embed_tokens): Embedding(65001, 512, padding_idx=65000)
⑥   (embed_positions): MarianSinusoidalPositionalEmbedding(512, 512)
⑦   (layers): ModuleList(
⑧   (0-5): 6 x MarianEncoderLayer(
⑨   (self_attn): MarianAttention(
            (k_proj): Linear(in_features=512, out_features=512, bias=True)
            (v_proj): Linear(in_features=512, out_features=512, bias=True)
            (q_proj): Linear(in_features=512, out_features=512, bias=True)
            (out_proj): Linear(in_features=512, out_features=512, bias=True)
)
⑩   (self_attn_layer_norm): LayerNorm((512,), eps=1e-05, elementwise_affine=True)
⑪   (activation_fn): SiLU()
⑫   (fc1): Linear(in_features=512, out_features=2048, bias=True)
⑬   (fc2): Linear(in_features=2048, out_features=512, bias=True)
⑭   (final_layer_norm): LayerNorm((512,), eps=1e-05, elementwise_affine=True)
)
)
)
⑮   (decoder): MarianDecoder(
--- 지면 관계상 인코더 부분까지만 인쇄하고 디코더 부분은 중략합니다. ---
)
⑯   (lm_head): Linear(in_features=512, out_features=60716, bias=False)
)

이 모델은 65,001개의 어휘를 처리할 수 있습니다. 모델의 각 층(레이어)에서 512차원의 벡터를 처리하며 `MarianEncoder`와 `MarianDecoder`는 트랜스포머 아키텍처에서의 왼쪽 절반인 인코더와 오른쪽 절반인 디코더에 해당합니다. 이제 이 출력 결과를 한 줄씩 살펴보겠습니다.

① `MarianMTModel()`

모델의 주요 컨테이너로, 내부에는 인코더, 디코더 및 기타 컴포넌트를 포함합니다.

② `(model): MarianModel()`

트랜스포머 모델의 본체로, 인코더와 디코더를 포함합니다.

③ `(shared): Embedding(65001, 512, padding_idx=65000)`

입력과 출력에서 공유되는 임베딩 층으로, 어휘의 의미가 숫자 열로 표현됩니다. 다루는 어휘 개수가 65,001개 이고 각 어휘가 512차원 벡터에 매핑됩니다.

④ `(encoder): MarianEncoder()`

트랜스포머 모델의 인코더 부분입니다(인코더 시작).

⑤ `(embed_tokens): Embedding(65001, 512, padding_idx=65000)`

입력 시퀀스의 어휘를 임베딩 표현으로 변환하는 층입니다.

⑥ `(embed_positions): MarianSinusoidalPositionalEmbedding(512, 512)`

위치 정보를 인코딩하기 위해 임베딩 벡터에 추가하는 위치 임베딩$^{Positional\ Embedding}$ 층입니다.

⑦ `(layers): ModuleList()`

인코더에 6개의 층을 쌓아 둡니다.

⑧ `(0-5): 6 x MarianEncoderLayer()`

각 MarianEncoder 층은 셀프 어텐션, 정규화, 활성화 함수, 피드포워드 층으로 구성됩니다.

⑨ `(self_attn): MarianAttention()`

셀프 어텐션 층입니다.

- `(k_proj): Linear()`: 키에 대한 전결합층
- `(v_proj): Linear()`: 값에 대한 전결합층
- `(q_proj): Linear()`: 쿼리에 대한 전결합층
- `(out_proj): Linear()`: 어텐션 층의 출력을 원래 차원으로 되돌리기 위한 전결합층

⑩ `(self_attn_layer_norm)`

셀프 어텐션 층으로, 정규화를 수행합니다.

⑪ `(activation_fn): SiLU()`

비선형 활성화 함수로, SiLU()를 지정합니다.

> 📝 **보충 수업** / Sigmoid vs ReLU() vs SiLU()

딥러닝 등 신경망 모델은 활성화 함수를 필요로 합니다. SiLU() 함수를 설명하기 위해 관련 함수인 Sigmoid와 ReLU() 함수도 같이 소개하겠습니다.

먼저 Sigmoid 함수는 f(x) = 1 / (1 + exp(-x))로 정의됩니다. 이 함수는 출력이 항상 0과 1 사이며, 크거나 작은 입력 값에 대해 그레이디언트, 즉 미분으로 구하는 기울기가 매우 작아지는 '기울기 소실' 문제가 있습니다.

ReLU 함수는 f(x) = max(0, x)로 정의되며, 음수 입력에는 0을 출력하고 양수 입력에는 그대로 출력합니다. 이 함수는 매우 간단하며 계산 효율이 좋아 많이 사용하지만, 음수 값에 대해 항상 0을 출력하는 '죽은 뉴런' 문제를 가지고 있습니다.

SiLU^{Sigmoid-weighted Linear Unit} 함수는 f(x) = x * sigmoid(x)로 정의됩니다. 여기서 sigmoid(x)는 앞서 설명한 대로 1 / (1 + exp(-x)) 수식을 갖습니다. SiLU 함수는 입력 값에 따라 출력이 부드럽게 조절되면서 음수 입력 값에도 어느 정도의 출력을 제공하므로, ReLU와 비교해서 기울기 소실 문제가 덜합니다. SiLU 함수의 그래프는 다음과 같습니다.

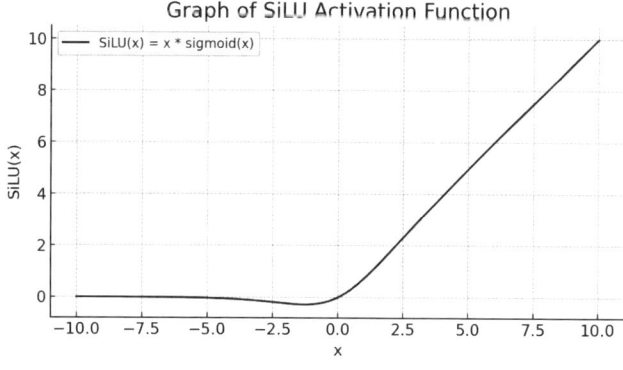

⑫ `(fc1): Linear()`

첫 번째 단계의 피드포워드 층

⑬ `(fc2): Linear()`

　두 번째 단계의 피드포워드 층

⑭ `(final_layer_norm)`

　인코더 층의 마지막에서 정규화를 수행합니다(인코더 끝).

⑮ `(decoder): MarianDecoder()`

　트랜스포머 모델의 디코더 부분으로, 인코더의 구성과 유사합니다. 아울러 디코더 부분은 주목할 만한 차이점도 있습니다. 바로 디코더의 각 계층은 셀프 어텐션 외에도 인코더–디코더 어텐션도 갖고 있습니다.

⑯ `(lm_head): Linear(in_features=512, out_features=65001, bias=False)`

　디코더의 출력을 어휘 개수에 따른 다음 단어 확률 분포에 투영하는 언어 모델 출력층입니다.

보충 수업 / 키, 쿼리, 값

키^{Key}, 쿼리^{Query}, 값^{Value}은 어텐션 메커니즘의 핵심 개념으로, 트랜스포머 아키텍처를 비롯한 많은 신경망 모델에서 이 메커니즘을 채택하고 있습니다. 여기서는 키, 쿼리, 값의 의미와 구조, 역할을 살펴보겠습니다.

키, 쿼리, 값의 의미

먼저 어텐션 메커니즘을 간단한 데이터베이스 검색에 비유하면 키, 쿼리, 값을 다음과 같이 설명할 수 있습니다.

키: 데이터베이스에 저장된 각 데이터 항목의 제목이나 레이블

쿼리: 검색하고자 하는 항목과 관련된 키워드나 특징

값: 데이터베이스에 저장된 실제 데이터 내용

키, 쿼리, 값의 구조

1. 유사도 계산: 쿼리가 주어지면 각 키와의 유사도를 계산합니다. 이 유사도에 따라 어떤 키에 가장 어텐션을 기울여야 하는지를 결정합니다.

2. 가중치 계산: 각 키에 대응하는 가중치를 계산합니다. 이 가중치는 키에 대한 어텐션의 강도(세기)를 나타냅니다.

3. 값의 가중 평균: 값과 해당 가중치를 곱하여 가중 평균을 계산합니다. 이를 통해 쿼리와 가장 관련성이 높은 정보를 출력합니다.

키, 쿼리, 값의 역할

키: 입력의 어느 부분에 집중해야 하는지를 결정하는 단서

쿼리: 입력과 출력 간의 관계를 고려하여 중점적으로 고려해야 할 입력을 찾기 위한 질의

값: 입력의 각 요소에 연결된 실제 정보

이제 MarianMTModel을 이용하여 한국어를 영어로 번역하는 함수를 작성해 보겠습니다.

```
def translate_korean_to_english(text):

    # 입력 텍스트 토크나이징
    inputs = tokenizer(text, return_tensors="pt", padding=True,
                       truncation=True)                          #①

    # 모델로 번역 실행
    outputs = model.generate(**inputs)                           #②

    # 모델 결과를 디코딩
    translated_text = tokenizer.decode(
        outputs[0], skip_special_tokens=True)                    #③

    return translated_text                                       #④
```

이 코드에서는 ① text를 tokenizer로 토큰화한 다음 ② 모델에 입력해서 결과물을 생성하고 이를 outputs에 저장합니다. ③ 이 outputs를 디코딩하여 ④ 반환합니다.

이 코드에서 실행하는 작업은 '단어열을 인덱스로 대체하고, 모델에 입력하여 추론하고, 그 결과를 인덱스에서 단어열로 다시 변환'하는 것으로, 지금까지 언어 모델의 작업 흐름과 크게 다

르지 않습니다. 허깅페이스의 transformers 라이브러리 또한 파이썬에 추가된 라이브러리이며 이에 따라 파이썬의 객체지향적 측면의 이점을 누릴 수 있는 형태입니다.

이제 추론을 해보겠습니다. 코드에서 정의한 translate_korea_to_english 함수에 한국어로 "오늘은 날씨가 좋네요."를 인수로 입력합니다.

```
# 번역 예
korean_text = "오늘은 날씨가 좋네요."
english_translation = translate_korean_to_english(korean_text)

print("한국어:", korean_text)
print("영어:", english_translation)
```

한국어: 오늘은 날씨가 좋네요.
영어: It's a good day.

실행 결과 "오늘은 날씨가 좋네요."가 "It's a good day."로 몇 초만에 변환되었습니다. 코랩에서 GPU가 아닌 기능이 다소 떨어지는 CPU를 선택해서 추론해도 몇 초 안에 결과가 출력됩니다.

이제 조금 더 긴 여러 문장을 번역해 보겠습니다. 여기서 다음 코드의 korean_text 예문은 코랩에서는 한 줄로 주욱 이어서 기입되었습니다.

```
# 번역 예
korean_text = "파이썬은 영어와 같은 프로그래밍 언어이기 때문에 말하듯이 쓸 수 있어 매우 편리하다. 나는 파이썬을 처음 사용한 지 벌써 15년 가까이 되었다."
english_translation = translate_korean_to_english(korean_text)

print("한국어:", korean_text)
print("영어:", english_translation)
```

한국어: 파이썬은 영어와 같은 프로그래밍 언어이기 때문에 말하듯이 쓸 수 있어 매우 편리하다. 나는 파이썬을 처음 사용한 지 벌써 15년 가까이 되었다.
영어: Python is a programming language like English, so it's very convenient to write it like this. I've been using Python for the first time for almost 15 years.

우리가 작성한 코드가 한국어에서 영어로의 번역을 제법 잘 수행합니다. 참고로 번역 성능이 뛰어난 것으로 이름난 DeepL(www.deepl.com)에 이 예제와 동일한 한국어 문장을 입력하고 번역시킨 결과는 다음과 같습니다. 비교해 보면 두 결과가 상당히 유사하다는 것을 알 수 있습니다.

Python is a programming language like English, so it's very convenient to write like you speak. I've been using Python for almost 15 years now.

그렇다면 챗GPT는 어떨까요? 이 결과에서 "for the first time"이라는 표현은 "since the first time"으로 번역하는 게 더 자연스러운 것 같아서 챗GPT에게 다음과 같이 물어 보았습니다.

다음 문장에서 'for the first time'이라는 표현이 'from the first time'이어야 원어민들이 듣기에 자연스러운 거 아니니?: Python is a programming language like English, so it's very convenient to write it like this. I've been using Python for the first time for almost 15 years.

문장에서 사용된 'for the first time'은 원어민이 듣기에는 조금 이상하게 느껴질 수 있습니다. 이 문장에서 말하고자 하는 것은 처음으로 파이썬을 사용한 시점부터 거의 15년이 되었다는 것 같은데, 이 경우 'for the first time' 대신 'since the first time' 또는 단순히 'for almost 15 years'로 표현하는 것이 더 자연스러울 것입니다.

따라서 문장을 다음과 같이 수정하는 것이 좋을 것 같습니다.

"I've been using Python since the first time I tried it, almost 15 years ago."

또는 "I've been using Python for almost 15 years."

예상한 대로 더 발달된 모델인 챗GPT가 허깅페이스 Helsinki-NLP/opus-mt-ko-en 모델의 번역 결과를 좀 더 자연스럽게 수정해 주었습니다. 하지만 전반적으로 Helsinki-NLP/opus-mt-ko-en 모델의 번역 결과도 챗GPT나 DeepL처럼 매우 훌륭한 수준입니다. 트랜스포머 모델은 이렇게 가볍고 빠르면서도 수준 높은 결과를 낼 수 있습니다.

CHAPTER

03

LLM 심화 편

03.1 _ GPT

03.2 _ BERT

03.3 _ Text-to-Text 트랜스포머, T5

03.4 _ 스케일링 법칙

03.5 _ 언어 모델 퓨샷 학습기

03.6 _ FLAN

03.7 _ InstructGPT(RLHF, PPO)

03.8 _ RLHF에서 DPO로

03.9 _ MoE

03.10 _ Sparse MoE

03.1 GPT

Chapter 1에서 소개했던 트랜스포머 모델 개념도를 복습하는 의미로 영어에서 한국어로 번역한 예와 대조해 보겠습니다. 다음 그림은 GPT의 구조를 나타냅니다.

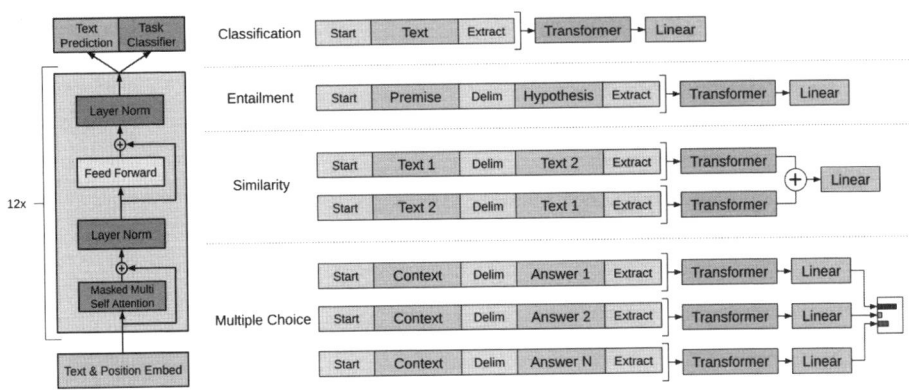

GPT 구조. 왼쪽은 트랜스포머 아키텍처 구조 및 작업 종류, 오른쪽은 특정 작업별로 파인튜닝하기 위해 입력을 변환하는 과정(출처: 〈Improving Language Understanding by Generative Pre-Training(bit.ly/3IVBDzv)〉).

그림에서 왼쪽이 입력 원문인 영어의 의미 표현을 추출하는 인코더 역할을 하고, 오른쪽이 번역 후 타깃 언어인 한국어를 생성하는 디코더 역할을 합니다. 이를 앞서 살펴본 트랜스포머에 의한 번역 예시와 함께 보면 이해하기 쉽습니다.

디코더 부분에 전자책이나 웹에서 수집한 대량의 학습 데이터를 입력하여 기존 토큰 열에서 다음 토큰을 예측하는 NTP^{Next Token Prediction} 태스크를 사전 학습시킨 LLM이 GPT입니다. 이 GPT를 질의 응답, 요약 등 다양한 작업에 적용하기 위해 고안된 방법이 파인튜닝^{Fine tuning}입니다.

이후 GPT는 버전이 올라갈수록 파라미터 수가 증가합니다. GPT에서는 117M이었던 파라미터 수가 GPT-2에서는 15억 개, GPT-3에서는 1,750억 개까지 늘어났습니다. 그리고 GPT-4의 파라미터 수는 GPT-3의 약 10배인 1조 7,600억 개로 알려져 있습니다. 이에 따라 성능도 비약적으로 향상되었습니다. 이제 GPT의 T가 트랜스포머의 T라는 것을 눈치챈 분들이 있을 것입니다.

실습 파일 : Book5_5.ipynb

실습 22   GPT, picoGPT 실행하기

문제

picoGPT를 코랩에서 실행한 후 내용을 확인해 보세요. 참고로 이 실습의 레퍼런스 웹 페이지는 jaykmody.com/blog/gpt-from-scratch입니다.

해설

먼저 코랩에서 !git clone 명령으로 소스 코드 전체를 다운로드받습니다.

```
!git clone github.com/jaymody/picoGPT.git
```

이어서 코드 셀에 다음 코드를 실행해서 구글 드라이브의 picoGPT 폴더로 이동합니다.

```
%cd picoGPT
```

/content/picoGPT

필요한 모듈을 !pip install 명령어로 설치합니다.

```
# 런타임 1분 이상 소요
!pip install -r requirements.txt
```

이 코드를 실행하면 간혹 런타임 재시작 메시지가 나타날 때가 있습니다. 이때는 결과 화면의 런타임 재시작 메시지를 클릭하면 팝업이 나타납니다. 이 팝업에서 [확인] 버튼을 눌러 런타임을 재시작하면 됩니다. 런타임을 재시작하면 picoGPT 폴더로 이동하기 위해 다시 한 번 %cd picoGPT 코드를 실행해야 합니다.

```
# 바로 앞 코드 실행 후 Restart Session(런타임 재시작)을 실행하는 경우만
# 다음 코드를 다시 한 번 실행
%cd picoGPT
```

이제 다음 코드를 실행해 총 7개의 라이브러리를 설치합니다.

▶ M 시리즈(M1 등) 맥북을 사용하지 않는다면 결과 마지막에 보이는 tensorflow-macos가 설치되지 않으며 이는 정상입니다.

```
!cat requirements.txt
```

```
numpy==1.24.1 # used for the actual model code/weights
regex==2017.4.5 # used by the bpe tokenizer
requests==2.27.1 # used to download gpt-2 files from openai
tqdm==4.64.0 # progress bar to keep your sanity
fire==0.5.0 # easy CLI creation

# used to load the gpt-2 weights from the open-ai tf checkpoint
# M1 Macbooks require tensorflow-macos
tensorflow==2.11.0; sys_platform != 'darwin' or platform_machine != 'arm64'
tensorflow-macos==2.11.0; sys_platform == 'darwin' and platform_machine == 'arm64'
```

그럼 바로 추론을 해보겠습니다. "Alan Turing theorized that computers would one day become(앨런 튜링은 컴퓨터가 언젠가 ~이 될 것이라고 이론을 정립했습니다.)"라는 영어 문장을 입력하고 후속 문장을 예측해 보겠습니다.

```
# 런타임 1분 소요
!python gpt2_pico.py "Alan Turing theorized that computers would one day become"
```

```
The computer is a machine that can perform complex calculations, and it can
perform these calculations in a way that is very similar to the human brain.
(컴퓨터는 복잡한 계산을 수행할 수 있는 기계이며, 인간의 두뇌와 매우 유사한
방식으로 이러한 계산을 수행할 수 있습니다.)
```

대단히 훌륭한 답변입니다. 당시에는 앨런 튜링의 이론을 이해하는 사람이 거의 없었지만 챗GPT, 제미나이, 클로드3, 라마3 등의 등장으로 우리는 그의 예측이 현실로 다가오고 있음을 온몸으로 느끼고 있습니다.

그럼 이번엔는 한국어로 문장을 넣고 후속문을 예측해 보겠습니다.

```
# 런타임 30초 소요
!python gpt2.py "사과는 나무에서 난다"
```

사과는 나무에서 난다. 사과는 나

이 결과처럼 한국어나 일본어는 단순히 기존 단어의 재나열만 가능합니다. 즉, 이 코드에서는 아직 영어 이외의 언어를 처리하는 데 한계가 있습니다.

이번에는 같은 문장에 좀 더 큰 매개변수를 가진 355M 모델을 실행해 보았습니다.

```
# 런타임 4분 30초 소요
!python gpt2.py "Alan Turing theorized that computers would one day become" \
--n_tokens_to_generate 40 \
--model_size "355M" \
--models_dir "models"
```

sentient, and that they would be able to communicate with each other.

"I think that's a very good thing," he said. "I think that's a very good thing for humanity."
(컴퓨터가 언젠가는 지각이 생기게 된다. 그리고 서로 컴퓨터끼리 소통할 수 있을 것이다. "내 생각에 그것은 매우 좋은 일이다." 라고 그는 말했다. "내 생각에 그것은 인류에게 매우 좋은 일이다.")

이번 실습에서 이제부터는 60줄로 구성된 picoGPT 소스 코드의 내용을 살펴봄으로써 GPT에 대한 본질적인 이해를 돕고자 합니다. 그럼 picoGPT의 소스 코드를 차례로 살펴보겠습니다. 먼저 필요한 함수, 포함 기능, 생성 과정 등을 간단하게 알아보겠습니다.

1. 필요한 함수
    - GELU 활성화
    - 소프트맥스
    - 층 정규화
    - 선형 변환
    - 위치별 피드포워드 네트워크
    - 어텐션 메커니즘
    - 멀티 헤드 어텐션 메커니즘
    - 트랜스포머 블록

2. GPT-2 모델이 포함한 기능
    - 출력, 단어 임베딩, 위치 임베딩 처리
    - 트랜스포머 블록 반복 처리
    - 출력 정규화 및 선형 변환

3. 텍스트 생성 함수 정의로 처리하는 일
    - 모델을 사용하여 다음 단어 ID 예측
    - 지정된 길이 만큼 단어 ID 생성

4. main 함수 정의 후 텍스트 생성 과정
    - 인코더, 하이퍼 파라미터, 모델 파라미터 로딩
    - 입력 프롬프트 인코딩
    - 텍스트 생성 함수 호출
    - 생성된 ID를 텍스트로 디코딩

이제부터는 자세한 처리 흐름과 코드를 살펴보겠습니다. 먼저 다음과 같이 코드를 입력해 넘파이 라이브러리를 불러옵니다. 넘파이는 행렬 연산 등 선형 대수 관련 계산을 효율적으로 수행하는 파이썬 라이브러리입니다.

▶ 이 책을 쓰는 현재 코랩에서는 1.24.1 버전의 넘파이를 사용할 수 있습니다.

```
import numpy as np
np.__version__
```

'1.24.1'

다음 코드는 GeLU 함수를 정의합니다. GeLU는 'Gaussian Error Linear Unit'의 약자로, OpenAI의 GPT와 구글의 BERT에서 사용하는 활성화 함수입니다. 이 함수는 ReLU와 같은 단순한 활성화 함수보다 더 부드러운 궤적의 비선형 함수입니다.

```
def gelu(x):
    return 0.5 * x * (1 + np.tanh(np.sqrt(2 / np.pi) * (x + 0.044715 * x**3)))

import matplotlib.pyplot as plt
plt.plot(np.linspace(-10,10,100), gelu(np.linspace(-10,10,100)))
plt.show()
```

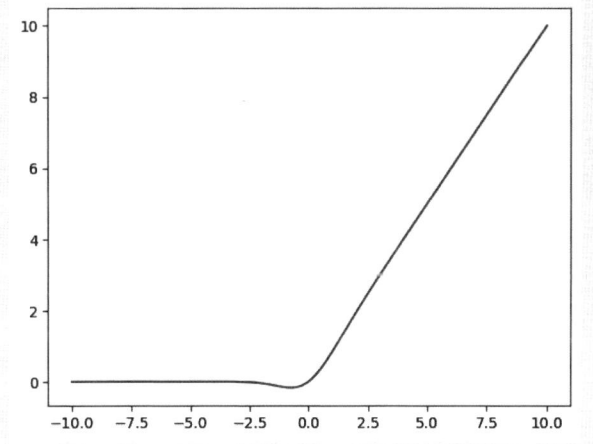

코드에서도 사용했듯이 GeLU 함수의 수식은 다음과 같습니다.

```
GELU(x) = 0.5 * x * (1 + tanh(sqrt(2/pi) * (x + 0.044715 * x³))
```

결과 화면처럼 GeLU를 시각화해 보면 0 부근에서 매끄러워지는 것을 확인할 수 있습니다. 이러한 형상의 GeLU는 ReLU보다 더 빠르게 학습하고 더 나은 성능을 발휘합니다. 이어서 다음과 같이 softmax 함수를 정의하고 시각화합니다.

```
def softmax(x):
    exp_x = np.exp(x - np.max(x, axis=-1, keepdims=True))
    return exp_x / np.sum(exp_x, axis=-1, keepdims=True)

x = np.random.random(10)
plt.bar(range(0,10), softmax(x))
plt.show()

print(f"x:{x}")
print(f"sum(softmax(x)):{np.sum(softmax(x))}")
```

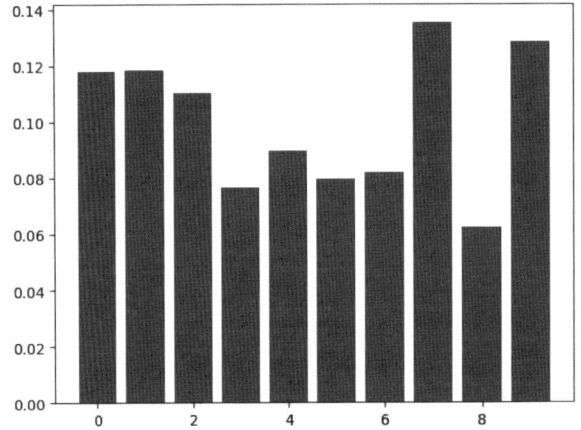

```
x:[0.14294398 0.44401981 0.22225395 0.44896048 0.82069171 0.26280534
 0.53451128 0.2247635  0.86654816 0.07629317]
sum(softmax(x)):0.9999999999999999
```

softmax 함수는 출력값의 합이 1이 되도록 값을 정규화합니다. 이 함수의 출력을 확률 분포로 해석할 수 있습니다. 따라서 신경망의 최종 층(레이어)에서 많이 사용하며, 다중 레이블 분류 문제에서는 이 함수의 출력을 확률로 간주합니다. 이 코드는 임의의 숫자 10개를 생성하고, 이를 softmax 함수에 넣어 막대 그래프를 작성합니다. 출력 결과를 모두 더하면 1이 됩니다. 예에서 정확하게 합이 1이 안 되는 것은 코드 실행 과정에서 출력값의 자릿수를 제한했기 때문입니다.

이어서 다음 코드에서는 층 정규화 함수를 정의하고, 미리 생성한 샘플 데이터 5개를 입력해서 함수를 실행합니다. 이러한 층 정규화는 입력 데이터를 평균 0, 분산 1로 정규화하여 기울기 소실과 폭발 문제를 완화합니다. 참고로 분산이 1이면 표준편차도 1이 됩니다.

```python
import numpy as np
import matplotlib.pyplot as plt

np.random.seed(42)

# 샘플 데이터 생성
x = np.random.randn(5, 10) # 5개의 샘플, 10차원의 데이터    #①
g = np.random.randn(1, 10) # 게인 파라미터
b = np.random.randn(1, 10) # 바이어스 파라미터

# layer_norm 함수 정의
def layer_norm(x, g, b, eps=1e-5):                          #②
    mean = np.mean(x, axis=-1, keepdims=True)
    variance = np.var(x, axis=-1, keepdims=True)
    return g * (x - mean) / np.sqrt(variance + eps) + b

# 정규화 전후의 데이터 플롯
fig, axs = plt.subplots(2, 1, figsize=(8, 6))               #③

# 정규화하지 않은 원본 데이터
for i in range(x.shape[0]):
    axs[0].plot(x[i], label=f'Sample {i+1}')

axs[0].set_title('Before Layer Normalization')
axs[0].legend()

# 정규화한 데이터
x_norm = layer_norm(x, g, b)
for i in range(x_norm.shape[0]):
    axs[1].plot(x_norm[i], label=f'Sample {i+1}')

axs[1].set_title('After Layer Normalization')
```

```
axs[1].legend()

plt.tight_layout()
plt.show()
```

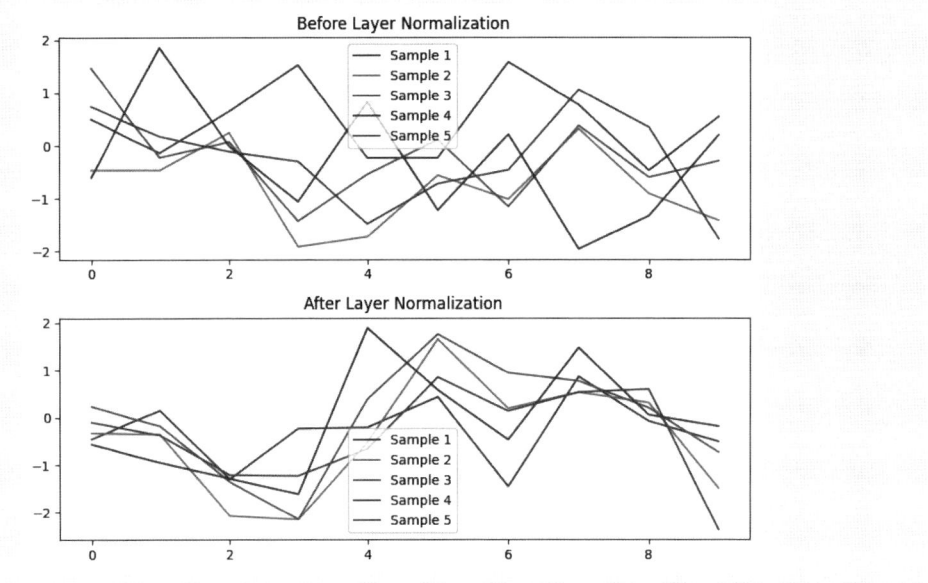

코드에서는 각 샘플에 대해 미니배치의 평균과 분산을 계산하고, 이 평균과 분산을 사용하여 입력 데이터를 정규화합니다. 코드의 자세한 내용은 다음과 같습니다.

① `np.random.randn()`

 5개의 샘플(각 샘플은 10차원 벡터)로 구성된 샘플 데이터를 생성합니다. 또한, 게인 파라미터 g와 바이어스 파라미터 b도 난수로 초기화합니다.

② `def layer_norm(x, g, b, eps=1e-5):`

 layer_norm 함수를 정의합니다. 인수 g와 b는 각각 게인 파라미터와 바이어스 파라미터의 머릿글자로, 다음과 같은 의미를 가집니다.

- g(게인 파라미터): 정규화된 입력에 곱해지는 가중치 파라미터입니다. 행렬 형태로 구성되며 차원은 (1, 차원 수)입니다. 이 가중치를 도입함으로써 정규화된 데이터에 임의의 척도를 부여하는 조정 계수의 역할을 수행합니다.

- b(바이어스 파라미터): 정규화된 입력에 추가되는 바이어스 파라미터입니다. 이 역시 행렬 형태로 구성되며 차원은 (1, 차원 수)입니다. 바이어스를 도입함으로써 정규화 후 데이터를 임의의 값으로 시프트할 수 있게 되어 이 역시 조정 계수의 역할을 일부 담당합니다.

③ fig, axs = plt.subplots(2, 1, figsize=(8, 6))

matplotlib.pyplot을 사용하여 2개의 서브 플롯을 가진 그래프를 생성합니다. 위쪽의 서브 플롯에서는 정규화하기 전의 입력 데이터 x를 그래프로 그립니다. 각 샘플을 다른 색상으로 표시하고 범례도 표시합니다. 아래쪽의 서브 플롯에서는 layer_norm 함수를 적용한 후의 데이터 x_norm에 대한 그래프를 그립니다. 마찬가지로 각 샘플이 다른 색상으로 표시되고 범례도 표시합니다. 마지막으로 plt.show()를 호출하여 그래프를 출력합니다.

참고로 층 정규화의 역할은 다음과 같습니다.

- 평균을 이동하여 분산이 1에 가까워지도록 합니다. 분산이 1이 되면 표준편차도 1이 됩니다.
- 게인 파라미터와 바이어스 파라미터에 따라 적절히 스케일링 또는 시프트할 수 있습니다.
- 기울기 소실 문제를 완화합니다.

따라서 층 정규화는 트랜스포머 모델에 널리 사용하는 중요한 기법입니다.

다음 코드는 선형 변환 함수를 정의합니다. 입력 벡터와 가중치 행렬곱에 바이어스 벡터를 더하는 형태입니다.

```
def linear(x, w, b):
    return x @ w + b

np.random.seed(42)

x = np.random.rand(10)
w = np.random.rand(10)
b = np.random.rand(10)

print(x)
print(w)
print(b)
print(linear(x, w, b))
```

```
[0.37454012 0.95071431 0.73199394 0.59865848 0.15601864 0.15599452
 0.05808361 0.86617615 0.60111501 0.70807258]
[0.02058449 0.96990985 0.83244264 0.21233911 0.18182497 0.18340451
 0.30424224 0.52475643 0.43194502 0.29122914]
[0.61185289 0.13949386 0.29214465 0.36636184 0.45606998 0.78517596
 0.19967378 0.51423444 0.59241457 0.04645041]
[3.27317254 2.80081351 2.9534643  3.02768149 3.11738963 3.44649561
 2.86099343 3.17555409 3.25373422 2.70777006]
```

다음 코드에서는 위치별 피드포워드 네트워크를 정의합니다.

```
import numpy as np

# 랜덤 시드 생성
np.random.seed(42)

# GELU와 Linear 함수 정의
def gelu(x):                                      #①
    return 0.5 * x * (1 + np.tanh(np.sqrt(2 / np.pi) * (x + 0.044715 * x**3)))

def linear(x, w, b):                              #②
    return x @ w + b

# 피드포워드 네트워크(ffn) 함수 정의
def ffn(x, c_fc, c_proj):                         #③
    return linear(gelu(linear(x, **c_fc)), **c_proj)

# 샘플 데이터 생성                                  #④
x = np.random.randn(2, 4)    # 입력 데이터(배치 크기 2, 차원 수 4)
w1 = np.random.randn(4, 8)   # 1차 선형층(레이어) 가중치 행렬로
                             # (입력 차원 4, 출력 차원 8)
b1 = np.random.randn(8)      # 1차 선형층(레이어) 바이어스 벡터
w2 = np.random.randn(8, 4)   # 2차 선형층(레이어) 가중치 행렬로
                             # (입력 차원 8, 출력 차원 4)
b2 = np.random.randn(4)      # 2차 선형층(레이어) 바이어스 벡터

# c_fc 및 c_proj 의 딕셔너리 작성
c_fc = {'w': w1, 'b': b1}                         #⑤
c_proj = {'w': w2, 'b': b2}                       #⑥
```

```
# ffn 함수 실행
out = ffn(x, c_fc, c_proj)                    #⑦

print("Input:\n", x)
print("Output:\n", out)
```

```
Input:
 [[ 0.49671415 -0.1382643   0.64768854  1.52302986]
 [-0.23415337 -0.23413696  1.57921282  0.76743473]]
Output:
 [[ -0.04287006  -0.91740151   1.7273112   -5.45645067]
 [  0.49583902  -1.33618463   1.90809474 -10.00984402]]
```

이 코드에서는 입력 벡터에 선형 변환과 GELU 활성화 함수를 적용한 후 선형 변환을 추가로 적용합니다. 즉, 다음 순서로 실행됩니다.

① `def gelu(x):`

② `def linear(x, w, b):`

   gelu와 linear 함수를 정의합니다.

③ `def ffn(x, c_fc, c_proj):`

   ffn 함수를 정의합니다.

④ `x = np.random.randn(2, 4) … b2 = np.random.randn(4)`

   샘플 데이터 x와 가중치 행렬 w1, w2, 바이어스 벡터 b1, b2를 무작위로 초기화합니다.

⑤ `c_fc = {'w': w1, 'b': b1}`

⑥ `c_proj = {'w': w2, 'b': b2}`

   c_fc와 c_proj 딕셔너리를 생성하고 c_fc에는 1차 선형층 가중치 w1과 바이어스 b1, c_proj에는 2차 선형층 가중치 w2와 바이어스 b2를 저장합니다.

⑦ `out = ffn(x, c_fc, c_proj)`

   ffn 함수에 입력 데이터 x와 생성한 c_fc, c_proj를 입력하고 실행하여 출력을 얻습니다.

이제 드디어 트랜스포머 모델의 핵심인 어텐션 기능을 함수로 구현해 보겠습니다.

```python
import numpy as np

# Query, Key, Value의 더미 데이터
q = np.array([[1, 0, 1], [0, 1, 0]])            # (2, 3) Query 행렬
k = np.array([[0, 1, 0], [1, 0, 1], [0, 0, 1]]) # (3, 3) Key 행렬
v = np.array([[2, 3, 4], [5, 6, 7], [8, 9, 10]]) # (3, 3) Value 행렬

# mask의 더미 데이터(모든 값이 0)
mask = np.zeros((2, 3))

def softmax(x):
    exp_x = np.exp(x - np.max(x, axis=-1, keepdims=True))
    return exp_x / np.sum(exp_x, axis=-1, keepdims=True)

def attention(q, k, v, mask):                                    #①
    return softmax(q @ k.T / np.sqrt(q.shape[-1]) + mask) @ v

print("Query:\n", q)                                             #②
print("Key:\n", k)                                               #③
print("Value:\n", v)                                             #④
print("Mask:\n", mask)




print("Score:\n", q @ k.T / np.sqrt(q.shape[-1]))                #⑤
print("Attention Weights:\n", softmax(q @ k.T / np.sqrt(q.shape[-1]) + mask))
                                                                 #⑥
print("Output:\n", attention(q, k, v, mask))                     #⑦

mask[0, 1] = -1e9 # 첫 번째 행의 두 번째 값을 마스킹              #⑧
print("Mask:\n", mask)
print("Attention Weights(Masked):\n", softmax(q @ k.T / np.sqrt(q.shape[-1]) + mask))
print("Output(Masked):\n", attention(q, k, v, mask))             #⑨
```

```
Query:
 [[1 0 1]
 [0 1 0]]
Key:
 [[0 1 0]
 [1 0 1]
 [0 0 1]]
Value:
 [[ 2  3  4]
 [ 5  6  7]
 [ 8  9 10]]
Mask:
 [[0. 0. 0.]
 [0. 0. 0.]]
Score:
 [[0.         1.15470054 0.57735027]
 [0.57735027 0.         0.        ]]
Attention Weights:
 [[0.16794345 0.53289684 0.29915971]
 [0.47108308 0.26445846 0.26445846]]
Output:
 [[5.39364879 6.39364879 7.39364879]
 [4.38012615 5.38012615 6.38012615]]
Mask:
 [[ 0.e+00 -1.e+09  0.e+00]
 [ 0.e+00  0.e+00  0.e+00]]
Attention Weights(Masked):
 [[0.35954252 0.         0.64045748]
 [0.47108308 0.26445846 0.26445846]]
Output(Masked):
 [[5.84274485 6.84274485 7.84274485]
 [4.38012615 5.38012615 6.38012615]]
```

이 코드에서는 ① 어텐션 메커니즘을 계산하는 함수를 정의하고 있으며 ② Query 행렬(q), ③ Key 행렬(k), ④ Value 행렬(v)로부터 어텐션 가중치를 계산하고 어텐션 함수를 적용해서 결과물을 얻습니다.

① `def attention(q, k, v, mask):`

   어텐션 메커니즘을 계산하는 함수를 정의합니다.

② ~ ④ `print("Query:\n", q) … print("Value:\n", v)`

   Query 행렬(q), Key 행렬(k), Value 행렬(v)로부터 어텐션 가중치를 계산하고 어텐션 함수를 적용해 결과를 얻습니다.

⑤ `print("Score:\n", q @ k.T / np.sqrt(q.shape[-1]))`

   q @ k.T에서 Query 행렬(q), Key행렬(k)을 행렬곱하여 그 결과가 Score 행렬이 됩니다. 참고로 k.T는 Key 행렬(k)을 전치^{transpose}한 형태입니다. 이 Score 행렬을 np.sqrt(q.shape[-1])로 나누어 스케일링을 수행합니다. 이는 기울기가 큰 값으로 발산하여 불안정해지는 것을 방지하기 위함입니다. 참고로 q.shape[-1]은 q 행렬의 마지막 차원의 크기를 반환합니다. 파이썬에서 -1 인덱스는 배열의 마지막 요소를 가리킵니다. 여기서는 q 행렬을 구성하는 각 행 벡터의 차원 수, 즉 특성의 개수를 나타냅니다. 왜냐하면 q의 행렬 차원은 (배치 크기, Query 행렬을 구성하는 각 행 벡터 차원)으로 구성돼 있기 때문입니다.

⑥ `print("Attention Weights:\n", softmax(q @ k.T / np.sqrt(q.shape[-1]) + mask))`

   score 벡터에 mask를 더합니다. 그 후 softmax 함수를 적용하여 score 벡터를 확률 가중치(어텐션 가중치) 벡터로 변환합니다.

⑦ `print("Output:\n", attention(q, k, v, mask))`

   어텐션 함수로 어텐션 가중치 벡터와 Value 벡터(v)의 곱을 취하면 가중 평균된 출력 벡터를 얻습니다. 그 결과물인 첫 번째 Output에는 마스크가 적용되지 않았기 때문에 각 Query 벡터는 Value 벡터의 단순 평균을 출력합니다.

   ```
   Output:
   [[5.3364879  6.39364879 7.39364879]
    [4.38012615 5.38012615 6.38012615]]
   ```

⑧ `print("Output(Masked):\n", attention(q, k, v, mask))`

   mask[0, 1] = -1e9로 마스크를 적용하면 마스크된 위치의 어텐션 가중치가 0이 되어 해당 위치의 값을 무시할 수 있습니다. 마스킹하는 위치에는 큰 음수 값(예에서는 -1e9)이 들어가면 이 입력값은 softmax 함수에서 0에 가까운 확률 가중치가 됩니다.

> **보충 수업** / **마스킹 시 큰 음수를 대입하는 이유**

마스킹은 모델이 특정 정보를 무시하는 데 사용합니다. 예를 들어, 어텐션 메커니즘에서는 입력 시퀀스의 미래 위치에 있을 토큰들에 대한 정보를 차단해야 할 때 마스킹을 사용합니다. 이를 위해 마스킹 처리를 할 부분에는 매우 큰 음수 값을 설정합니다. softmax 함수는 정의상 큰 음수 값을 입력하면 거의 0에 가까운 값을 출력합니다. 따라서 마스킹된 위치의 값은 결과적으로 확률 가중치(어텐션 가중치)에 영향력을 발휘할 수 없게 됩니다.

⑨ `print("Output(Masked):\n", attention(q, k, v, mask))`

어텐션 함수로 어텐션 가중치 벡터와 Value 벡터(v)의 곱을 취하면 가중 평균된 출력 벡터를 다시 얻습니다. 이번에는 마스킹을 통해 불필요한 부분을 무시한 값을 얻을 수 있습니다. 이 작업을 통해 같은 시퀀스 데이터(언어 데이터나 시계열 데이터 등)의 요소 간 거리가 떨어져 있어도 영향력을 반영한 모델링이 가능해집니다.

이어서 다음 코드에서는 멀티 헤드 어텐션 메커니즘을 구현하는 함수를 정의합니다. 함수명은 multi-head attention의 머리글자를 따서 mha로 설정하였습니다.

```
def mha(x, c_attn, c_proj, n_head):
    x = linear(x, **c_attn)                                   #①
    qkv_heads = list(map(lambda x: np.split(x, n_head, axis=-1),
                         np.split(x, 3, axis=-1)))            #②
    causal_mask = (1 - np.tri(x.shape[0])) * -1e10            #③
    out_heads = [attention(q, k, v, causal_mask) for q, k, v
                 in zip(*qkv_heads)]                          #④
    x = linear(np.hstack(out_heads), **c_proj)                #⑤
    return x
```

코드를 자세히 살펴보겠습니다.

① `x = linear(x, **c_attn)`

linear() 함수를 사용하여 입력 데이터를 어텐션 메커니즘의 가중치 행렬 c_attn을 사용해 Query(q), Key(k), Value(v)의 3가지 벡터 표현으로 변환합니다. 이렇게 변환한 결과를 다시 x에 담습니다. 이 작업은 어텐션 메커니즘에 입력할 정보를 미리 추출하기 위함입니다. 출력 x에 나뉘어 담긴 Query, Key, Value는 아직은 하나의 변수 x에 통으로 묶여 있는 형태입니다.

> 📝 **보충 수업** / **** 연산자**
>
> 코드에서 사용한 ** 연산자는 파이썬에서 '키워드 인자'를 의미합니다. 이 연산자는 딕셔너리의 키-값 쌍을 함수에 인자로 전달할 때 사용합니다.
>
> 예를 들어, 만약 c_attn이 {'weight': matrix, 'bias': vector}와 같이 정의되어 있다면 linear(x, **c_attn)은 linear(x, weight=matrix, bias=vector)로 해석되어 linear 함수에 필요한 매개변수들인 가중치와 바이어스를 각각 matrix 값과 vector 값으로 전달합니다.

② `qkv_heads = list(map(lambda x: np.split(x, n_head, axis=-1), np.split(x, 3, axis=-1)))`

Query, Key, Value 각 벡터를 헤드 수인 n_head로 나눕니다. 이를 통해 각 헤드가 서로 다른 부분에 대한 표현을 얻을 수 있는 구조를 만듭니다.

③ `causal_mask = (1 - np.tri(x.shape[0])) * -1e10`

causal_mask를 생성합니다. 이 마스크는 각 단어가 미래의 단어를 참조하지 않도록 작용합니다. 이 마스크는 Look-ahead mask로도 불립니다.

④ `out_heads = [attention(q, k, v, causal_mask) for q, k, v in zip(*qkv_heads)]`

각 헤드에 어텐션 함수를 적용하여 출력 벡터(out_heads)를 계산합니다. 이 작업을 통해 각 헤드가 입력 시퀀스의 서로 다른 부분에 대한 표현을 포착할 수 있습니다.

③ `x = linear(np.hstack(out_heads), **c_proj)`

각 헤드의 출력 벡터(out_heads)를 병합해서 부분별로 나뉘었던 표현을 하나로 합치고 이를 linear 함수를 사용하여 변환합니다. 각 헤드 출력 벡터는 서로 다른 차원을 가질 수 있으며 이를 원래 임베딩 차원으로 다시 투영해야 합니다. 이 투영에 가중치 행렬 c_proj를 사용합니다. 이러한 과정을 거쳐서 헤드별로 수집한 정보가 통합된 최종 표현이 됩니다. 즉, 이 과정을 거친 출력 벡터 x를 반환합니다.

이렇게 멀티 헤드 어텐션 함수인 mha 함수는 입력 벡터에 멀티 헤드 어텐션 메커니즘을 적용하여 입력 시퀀스의 서로 다른 부분에 대한 표현을 포착하고 이를 통합한 최종 표현을 생성합니다. 다시 말해 이 메커니즘은 여러 개의 어텐션이 각기 다른 관점에서 추출한 여러 정보를 종합적으로 처리합니다.

> **보충 수업 / np.split() 함수와 map() 함수**
>
> np.split() 함수는 넘파이 배열을 지정된 축^{Axis}을 따라 여러 개의 작은 배열로 나누는 기능을 수행합니다. 예를 들어 np.split(x, 3, axis=-1) 수식은 배열 x를 마지막 축(axis=-1)을 기준으로 3개의 동등한 부분으로 나눕니다.
>
> map() 함수는 두 주요 인자를 받습니다. 하나는 함수, 다른 하나는 반복 가능한 객체입니다. map() 함수는 두 번째 인자에서 요소를 받아 첫 번째 인자인 함수에 적용합니다. 간단한 예제 코드를 보겠습니다.
>
> ```
> def square(x):
>     return x * x
> numbers = [1, 2, 3, 4, 5]
> result = map(square, numbers)
> ```
>
> 여기서는 반복 가능한 객체인 리스트인 numbers의 각 요소에 square 함수를 적용합니다. result는 map 객체이며, 이를 리스트로 변환하려면 list(result)를 사용하면 됩니다.
>
> ```
> print(list(result))  # 출력: [1, 4, 9, 16, 25]
> ```

다음 코드에서는 샘플 데이터를 생성한 후 함수에 투입 가능하도록 형태를 변환합니다. 이렇게 변환한 데이터를 멀티 헤드 어텐션 함수에 투입하여 실행합니다. 이를 위해 방금 생성한 멀티 헤드 어텐션 함수인 mha 함수를 다음과 같이 변경합니다.

```
def mha(x, c_attn, c_proj, n_head):
    batch_size, seq_len, dim = x.shape                    #①
    head_dim = dim // n_head                              #②
```

```python
    x = linear(x, **c_attn)                                    #③
    qkv = np.split(x, 3, axis=-1)                              #④
    q, k, v = map(lambda t: t.reshape(batch_size, seq_len, n_head,
                head_dim).transpose(0, 2, 1, 3), qkv)          #⑤

    causal_mask = (1 - np.tri(seq_len, seq_len)) * -1e10       #⑥
    causal_mask = causal_mask[None, None, :, :]                #⑦

    q_prime = q.reshape(batch_size * n_head, seq_len, head_dim)  #⑧
    k_prime = k.reshape(batch_size * n_head, seq_len,
                head_dim).transpose(0, 2, 1)                   #⑨

    scores = q_prime @ k_prime / np.sqrt(head_dim)             #⑩
    scores = scores.reshape(batch_size, n_head, seq_len, seq_len)  #⑪
    scores = scores + causal_mask                              #⑫
    attn_weights = softmax(scores)                             #⑬

    out = (attn_weights @ v).transpose(0, 2, 1, 3).reshape(batch_size,
            seq_len, dim)                                      #⑭
    out = linear(out, **c_proj)                                #⑮

    return out

import numpy as np

# 샘플 데이터 생성
batch_size = 2
seq_len = 4
n_head = 2
dim = 8

# 랜덤 시드 추가
np.random.seed(42)

x = np.random.randn(batch_size, seq_len, dim)
c_attn = {'w': np.random.randn(dim, 3 * dim),
          'b': np.random.randn(3 * dim)}
c_proj = {'w': np.random.randn(dim, dim),
          'b': np.random.randn(dim)}
```

```
# 멀티 헤드 어텐션 함수인 mha() 함수 실행
output = mha(x, c_attn, c_proj, n_head)

print(output.shape)
```

(2, 4, 8)

구체적인 코드 설명은 다음과 같습니다.

① `batch_size, seq_len, dim = x.shape`

② `head_dim = dim // n_head`

   입력 데이터 x에서 batch_size, seq_len, dim을 가져와 head_dim을 계산합니다.

③ `x = linear(x, **c_attn)`

   linear() 함수를 사용하여 입력 데이터를 어텐션 메커니즘의 가중치 행렬 c_attn을 사용해 Query(q), Key(k), Value(v)의 3가지 벡터 표현으로 변환합니다. 이렇게 변환된 출력 결과를 다시 x에 담습니다. 출력 x에 나뉘어 담긴 Query, Key, Value는 아직은 하나의 변수 x에 통으로 묶여 있는 형태입니다.

④ `qkv = np.split(x, 3, axis=-1)`

   np.split(x, 3, axis=-1) 코드는 x 배열을 마지막 차원(axis=-1)을 기준으로 정확히 3등분합니다. 결과적으로 이 분할은 x를 Query, Key, Value로 나눕니다. 각 배열은 원본 배열 x의 마지막 차원 크기의 1/3을 가지게 됩니다.

⑤ `q, k, v = map(lambda t: t.reshape(batch_size, seq_len, n_head, head_dim).transpose(0, 2, 1, 3), qkv)`

   이제 각각을 (batch_size, seq_len, n_head, head_dim)의 형태로 변형하여 헤드별로 분할합니다.

⑥ `causal_mask = (1 - np.tri(seq_len, seq_len)) * -1e10`

⑦ `causal_mask = causal_mask[None, None, :, :]`

   causal_mask를 생성합니다. 이것은 어텐션 메커니즘에서 미래의 정보를 참조하지 않도록 하기 위한 마스크입니다. 이때 삼각 행렬$^{Triangular Matrix}$을 생성하고 미래 시점의 정보를 무한대의 음수 값으로 마스크합니다.

⑧ `q_prime = q.reshape(batch_size * n_head, seq_len, head_dim)`

⑨ `k_prime = k.reshape(batch_size * n_head, seq_len, head_dim).transpose(0, 2, 1)`

q와 k의 행렬 형태를 일시적으로 변형하여 연산을 용이하게 만듭니다. q_prime은 (batch_size * n_head, seq_len, head_dim) 행렬 형태고 k_prime은 (batch_size * n_head, head_dim, seq_len) 행렬 형태에 transpose(0, 2, 1) 연산을 취합니다.

⑩ `scores = q_prime @ k_prime / np.sqrt(head_dim)`

q_prime과 k_prime의 행렬곱을 계산하고 sqrt(head_dim)로 나누어 스케일링을 수행합니다. 이렇게 얻은 값이 scores가 됩니다.

⑪ `scores = scores.reshape(batch_size, n_head, seq_len, seq_len)`

⑫ `scores = scores + causal_mask`

scores의 행렬 형태를 (batch_size, n_head, seq_len, seq_len)로 되돌리고 causal_mask를 추가합니다.

⑬ `attn_weights = softmax(scores)`

softmax() 함수를 적용하여 scores를 확률 값으로 변환합니다. 이 확률 값이 attn_weights가 됩니다.

⑭ `out = (attn_weights @ v).transpose(0, 2, 1, 3).reshape(batch_size, seq_len, dim)`

attn_weights와 v의 행렬곱을 계산하여 각 헤드의 출력을 얻습니다. 이렇게 구한 여러 헤드를 병합하여 (batch_size, seq_len, dim) 행렬 형태를 만듭니다.

⑮ `out = linear(out, **c_proj)`

마지막으로 linear() 함수를 사용하여 출력을 생성합니다. 이것이 멀티 헤드 어텐션 메커니즘의 최종 출력이 됩니다.

이처럼 멀티 헤드 어텐션 mha 함수는 일련의 입력 데이터로부터 q, k, v를 생성하고 이들의 곱을 계산하여 각 단계의 중요도를 확률적으로 파악합니다. 이렇게 얻은 확률 값을 바탕으로 v를 가중 평균하여 컨텍스트를 반영한 출력을 생성합니다.

이어서 다음 코드에서는 다음 transformer_block 함수와 GPT2 함수를 정의합니다.

```
def transformer_block(x, mlp, attn, ln_1, ln_2, n_head):        #①
    x = x + mha(layer_norm(x, **ln_1), **attn, n_head=n_head)   #②
    x = x + ffn(layer_norm(x, **ln_2), **mlp)                   #③
    return x

def gpt2(inputs, wte, wpe, blocks, ln_f, n_head):               #④
    x = wte[inputs] + wpe[range(len(inputs))]                   #⑤
    for block in blocks:
        x = transformer_block(x, **block, n_head=n_head)        #⑥
    return layer_norm(x, **ln_f) @ wte.T                        #⑦
```

이 코드의 transformer_block 함수에서는 입력 벡터에 대해 층 정규화를 적용하고, 멀티 헤드 어텐션 메커니즘을 적용합니다. 그리고 위치별 피드포워드 네트워크를 순차적으로 적용합니다. 이때 각 단계의 출력은 오차역전파 기법으로 입력 벡터로 피드백됩니다.

이어서 GPT2 모델을 함수로 정의합니다. 입력 ID인 inputs에서 단어 임베딩(wte)과 위치 임베딩(wpe)을 추출하여 더하고 transformer_block 함수를 적용합니다. 마지막으로 출력 벡터 x를 층 정규화한 결과와 전치된 단어 임베딩 행렬(wte.T)을 행렬곱하여 단어의 확률 분포를 얻습니다.

이어서 텍스트 생성 함수를 정의하겠습니다.

```
def generate(inputs, params, n_head, n_tokens_to_generate):
    from tqdm import tqdm
    for _ in tqdm(range(n_tokens_to_generate), "generating"):
        logits = gpt2(inputs, **params, n_head=n_head)
        next_id = np.argmax(logits[-1])
        inputs = np.append(inputs, [next_id])
    return list(inputs[len(inputs) - n_tokens_to_generate:])
```

이 코드에서는 입력 ID인 inputs를 모델에 투입하여 다음 단어 ID를 예측하고 이 결과를 다시 입력 ID에 추가하는 루프를 실행합니다. 이런 방식으로 지정된 길이(n_tokens_to_generate) 만큼의 단어 ID를 생성합니다.

이어서 다음 코드에서는 멀티 헤드 어텐션 함수인 mha 함수를 재정의하고 main 함수를 추가로 정의합니다.

```python
def mha(x, c_attn, c_proj, n_head):                              #①
    x = linear(x, **c_attn)
    qkv_heads = list(map(lambda x: np.split(x, n_head, axis=-1),
                    np.split(x, 3, axis=-1)))
    causal_mask = (1 - np.tri(x.shape[0])) * -1e10
    out_heads = [attention(q, k, v, causal_mask) for q, k, v in
                zip(*qkv_heads)]
    x = linear(np.hstack(out_heads), **c_proj)
    return x

def main(prompt: str, n_tokens_to_generate: int = 40,
         model_size: str = "124M", models_dir: str = "models"):   #②
    from utils import load_encoder_hparams_and_params
    encoder, hparams, params = load_encoder_hparams_and_params(
        model_size, models_dir)
    input_ids = encoder.encode(prompt)
    assert len(input_ids) + n_tokens_to_generate < hparams["n_ctx"]
    output_ids = generate(input_ids, params, hparams["n_head"],
                          n_tokens_to_generate)                   #③
    output_text = encoder.decode(output_ids)
    return output_text
```

코드를 상세하게 살펴보겠습니다.

① `def mha(x, c_attn, c_proj, n_head):`

멀티 헤드 어텐션 함수인 mha 함수를 재정의합니다. 이는 앞서 샘플 데이터를 입력받도록 한 단순한 mha 함수를 사용하면 코드에 쓰인 두 번째 함수인 main 함수에서 나오는 중간 출력값을 기존 mha 함수가 입력으로 받을 수 없기 때문입니다(이에 대한 자세한 설명은 다음 '보충 수업'을 참조하기 바랍니다).

② `def main(prompt: str, n_tokens_to_generate: int = 40, model_size: str = "124M", models_dir: str = "models"):`

main 함수를 정의합니다. 여기서는 인코더, 하이퍼 파라미터, 모델 파라미터를 읽어와 입력 프롬프트(입력 텍스트)를 인코딩합니다.

③ output_ids = generate(input_ids, params, hparams["n_head"], n_tokens_to_generate)

그 후 텍스트 생성 함수인 generate를 호출하여 단어 ID를 생성하고, 이를 디코딩하여 텍스트로 변환함으로써 주어진 문자열에 이어지는 문자를 예측합니다.

> **보충 수업** / mha 함수와 main 함수은 어떻게 연결되나요?
>
> main 함수에서 ③ generate 함수를 호출합니다. 앞서 살펴본 generate 함수 정의를 보면 generate 함수는 gpt-2 함수를 호출합니다. 다시 gpt-2 함수는 transformer_block 함수를 호출하고 이 transformer_block 함수 안에서 mha 함수가 호출됩니다.

main 함수는 picoGPT의 utils.py의 실행을 전제로 하기 때문에 이번 실습의 코랩 노트북을 실행하는 구글 드라이브 디렉터리에 utils.py가 있어야 합니다. 해당 파일이 디렉터리에 있는지 확인하기 위해 다음 코드를 실행해 보겠습니다.

```
%pwd
```

```
'/content/picoGPT'
```

실행 결과 /content/picoGPT 디렉터리가 나오면 코랩 노트북이 utils.py가 있는 디렉터리에서 실행되는 것이므로 문제가 없습니다. 만약 코랩 세션 재시작 등으로 코랩 노트북이 /content 디렉터리에 있는 경우에는 다음 코드를 한 번 더 실행하면 됩니다.

```
%cd picoGPT
```

그리고 ls 명령어로 utils.py가 현재 디렉터리에 있는지 확인합니다.

```
!ls -l
```

```
total 44
-rw-r--r-- 1 root root 4318 Mar 27 07:58 encoder.py
-rw-r--r-- 1 root root 2330 Mar 27 07:58 gpt2_pico.py
```

```
-rw-r--r-- 1 root root 4246 Mar 27 07:58 gpt2.py
-rw-r--r-- 1 root root 1065 Mar 27 07:58 LICENSE
drwxr-xr-x 4 root root 4096 Mar 27 08:04 models
drwxr-xr-x 2 root root 4096 Mar 27 08:00 __pycache__
-rw-r--r-- 1 root root 2395 Mar 27 07:58 README.md
-rw-r--r-- 1 root root  502 Mar 27 07:58 requirements.txt
-rw-r--r-- 1 root root 2745 Mar 27 07:58 utils.py
```

결과 화면의 맨 아래줄 끝에 utils.py가 보입니다. 드디어 main 함수로 지금까지 정의한 GPT를 실행할 차례입니다. "I go to school by"를 프롬프트 값으로 입력하여 그 뒤에 오는 텍스트를 예측해 보겠습니다.

```
# 런타임 1분 소요
main(prompt="I go to school by")
```

```
'myself, I go to school by myself, I go to school by myself, I go to school by myself, I go to school by myself, I go to school by myself, I go to'
```

결과는 "I go to shcool by myself"라는 문장이 반환되었습니다. 반복이 발생하지만, 넘파이로만 구현한 GPT에 가벼운 모델을 로드하고 실행한 것치고는 제대로 된 문장이 나왔습니다.

추가로 "You shall know the word by the company it(당신은 단어의 의미를 (그것의) ~ 동반 단어로 알 수 있다)"라는 문장의 뒤에 나올 문구를 예측해 보겠습니다. 이 문구는 영국의 언어 학자인 존 루퍼트 퍼스$^{\text{John Rupert Firth}}$가 제시한 분포 가설 명제의 초반부로, 단어의 의미를 인접 단어로부터 예측할 수 있다는 뜻입니다. 예시 문장 마지막의 it은 완성할 문장의 일부분으로 이 상태로 문장이 끝나면 매우 어색해집니다. 따라서 모델이 후속 단어들을 잘 예측하는지 살펴보겠습니다.

```
# 런타임 1분 소요
main(prompt="You shall know the word by the company it")
```

```
' is made of, and the name of the company it is made of, and the name of the company it is made of, and the name of the company it is made of, and the name'
```

코드 실행 결과 "You shall know the word by the company it is made of(당신은 단어가 속한 문장의 인접 단어들로 그 단어를 유추할 수 있다)"라는 대답이 나왔습니다. 여전히 문장이 반복 생성되지만 이 결과는 분포 가설의 명제를 꽤 제대로 생성해 냅니다.

지금까지 실행한 실습 22의 GPT 구축은 소스 코드를 따라 한 줄 한 줄 살펴보는 꽤 어려운 작업이었습니다. 자동차를 타는 것과 자동차를 만드는 것은 완전히 다른 일입니다. 이번 실습을 자동차에 비유하면 자동차를 만드는 쪽에 더 가깝습니다. 한국에서도 챗GPT와 같은 고성능 자동차(급의 AI 모델)를 만드는 사람이 점점 늘어나기를 기대하지만, 이런 기술을 구현하려면 기술자뿐만 아니라 자동차 설비 공장이 필요합니다. 자동차 설비 공장은 AI 환경에서는 대량의 고가 GPU와 메모리를 탑재한 초고사양 PC나 서버를 의미합니다. 여기에 추가로 대규모 데이터세트를 준비하여 모델을 학습시키는 작업도 필요합니다. 즉, 경쟁력 있는 모델을 만들려면 모델 자체의 크기를 키워야 합니다. 그러나 이러한 작업을 막대한 비용과 시간 소요 때문에 개인이 하기에는 무리가 있습니다. 이러한 단점 때문에 요즘은 챗GPT를 파인튜닝하거나 RAG$^{\text{Retrieval-Augumentation Generation}}$라고 외부 지식을 검색한 결과를 쿼리에 컨텍스트로 포함해서 질의하는 방식이 유행하고 있습니다.

아울러 오픈 소스계에서는 사전에 다음 단어 예측(NTP) 태스크로 훈련된 라마3나 Mistral과 같은 LLM을 대상으로, 효율적인 파인튜닝 기법인 LoRA 등을 적용한 LLM을 만들려는 움직임도 나타나고 있습니다.

실습 23 GPT로 한국어 문장 생성하기

실습 파일 : Book5_5.ipynb

지금까지 GPT 코드를 작성해 보고 모델을 세부적으로 살펴봤습니다. 이제 한국어로 사전 학습을 한 작은 GPT로 추론을 수행해 보겠습니다. 본격적인 GPT를 만들 때는 지금까지처럼 넘파이 라이브러리만으로는 구현하기 어렵습니다. 하지만 허깅페이스의 transformers 라이브러리를 이용하면 손쉽게 GPT를 실행할 수 있습니다.

문제

SK Telecom이 GPT-3와 자체 데이터세트로 만든 skt/ko-gpt-trinity-1.2B-v0.5 모델로 문서 생성을 시도해 보세요.

해설

먼저 허깅페이스의 `transformers` 라이브러리에서 `pipeline`과 `set_seed`를 불러옵니다. `pipeline`은 추론 작업(문장 생성, 질의 응답 등의 태스크)을 쉽게 할 수 있도록 만든 API이자 함수며, `set_seed`는 난수 시드를 설정하는 함수입니다. 실행 결과의 재현성을 확보하기 위해 `set_seed` 함수를 사용합니다. 우선 `transformers` 라이브러리 버전을 확인합니다.

```
import transformers
from transformers import pipeline, set_seed
print(transformers.__version__)
```

4.38.2

다음으로 `pipeline` 함수로 텍스트를 생성하기 위해 `generator` 객체를 생성합니다. `model` 인수에는 사용할 모델 이름을 지정해야 합니다. 이 실습에서는 한국어 처리를 위해 GPT-3에 기반한 skt/ko-gpt-trinity-1.2B-v0.5라는 한국어 모델로 대체하겠습니다(이 책의 일본어판 원문에서는 nlp-waseda/gpt2-small-japanese라는 일본어 GPT-2 모델을 사용했습니다).

▶ 이에 대한 더 상세한 설명은 bit.ly/3TCeDKE를 참조하기 바랍니다.

이 모델의 개요는 다음과 같습니다.

- 개발자: SK Telecom
- 파라미터 수: 12억 개
- 모델 설명: GPT-3 아키텍처를 복제하여 설계한 트랜스포머 모델
- 학습 데이터: SK Telecom이 생성한 Ko-DAT 대규모 데이터세트를 사용
- 학습 프로세스: 72,000 스텝에 걸쳐서 350억 토큰 사용
- 특징: 한국어 텍스트 생성에 특화된 모델, 주로 한국어 데이터에 기반
- 모델 주소: skt/ko-gpt-trinity-1.2B-v0.5(허깅페이스 웹 사이트)

다음 코드를 실행하면 모델을 다운로드받는 데 약 5~6분 정도가 소요됩니다.

```
# 런타임 6분 소요
generator = pipeline('text-generation',
                    model='skt/ko-gpt-trinity-1.2B-v0.5')
```

이어서 난수 시드를 42로 설정합니다.

```
set_seed(42)
```

그리고 나서 다음 코드로 문장을 생성합니다.

```
completion = generator("우리 나라에서 자연어 처리를", max_length=30,
                      do_sample=True, pad_token_id=2,
                      num_return_sequences=1, truncation=True)
```

이 코드에 쓰인 함수를 하나씩 살펴보겠습니다.

- generator 함수: 입력 문자열 "우리 나라에서 자연어 처리를"을 입력받아 처리합니다.
- max_length=30: 최대 생성 길이를 30토큰으로 설정합니다.
- do_sample=True: 샘플링을 활성화하여 무작위성을 가미합니다.
- pad_token_id=2: 패드 토큰 ID를 2로 설정합니다.
- num_return_sequences=1: 하나의 생성 결과만 반환하도록 지정합니다.
- truncation=True: 너무 긴 입력은 절사합니다.

그리고 다음 코드로 생성된 문장을 출력합니다.

```
print(completion[0]['generated_text'])
```

우리 나라에서 자연어 처리를 할 수 있는 기술의 발전을 통해서, 더 나아가서는 컴퓨터가 자연어 처리에 대한 기술을 발전시킨다면, 우리 말글을 더

이 코드는 허깅페이스의 pipeline을 사용하여 한국어를 사전 학습한 GPT-3 기반 모델로 문장을 생성하고 그 결과를 출력합니다. 즉 completion 변수는 생성된 문장을 담고 있어서 completion에 [0]을 붙여서 생성된 문장의 첫 번째 요소를 꺼내고 ['generated_text']로 실제 생성된 문자열을 가져옵니다. 이렇듯 pipeline은 모델 로드, 입력 설정, 생성 설정 등을 포함한 문장 생성 작업을 쉽게 수행할 수 있는 편리한 API입니다.

03.2 BERT

다음 그림은 BERT 사전 학습과 파인튜닝을 나타내고 있습니다. 트랜스포머 구조의 오른쪽 부분을 발전시킨 것이 GPT입니다. 그리고 GPT와 거의 비슷한 시기에 트랜스포머 구조의 왼쪽 부분을 발전시킨 사전 학습 모델이 구글의 BERT입니다.

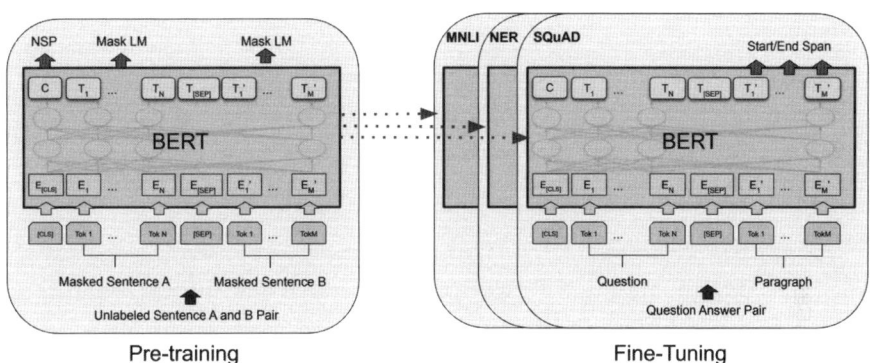

Figure 1: Overall pre-training and fine-tuning procedures for BERT. Apart from output layers, the same architectures are used in both pre-training and fine-tuning. The same pre-trained model parameters are used to initialize models for different down-stream tasks. During fine-tuning, all parameters are fine-tuned. [CLS] is a special symbol added in front of every input example, and [SEP] is a special separator token (e.g. separating questions/answers).

BERT 사전 학습과 파인튜닝. 출력층을 제외하고는 사전 학습과 파인튜닝에 동일한 아키텍처를 사용
(출처: arxiv.org/pdf/1810.04805.pdf)

GPT가 토큰 생성 시 과거 토큰 열(왼쪽 컨텍스트)만을 고려하는 자기회귀 모델$^{\text{Auto regressive model}}$인 반면, BERT는 양방향$^{\text{Bi-directional}}$ 트랜스포머 모델입니다. BERT는 2018년에 등장해 사전 학습과 파인튜닝 측면에서 일약 유명해졌으며 당시 11개의 자연어 처리 벤치마크에서 최고 기록을 세워 업계 최고의 성능을 보였습니다.

GPT가 텍스트 생성, 질의 응답, 요약, 번역 등 생성형 작업에 특화된 반면 BERT는 감성 분석과 자연어 이해(NLU) 등의 작업에 적합합니다. BERT의 특징을 정리하면 다음과 같습니다.

BERT의 특징
- **양방향성**: 문맥 이해를 위해 분석 대상 단어의 앞뒤 단어를 동시에 고려
- **사전 학습**: 대량의 텍스트 데이터로 사전 학습

- **범용성**: 다양한 자연어 처리 작업에 적용 가능
- **고성능**: 다수의 자연어 처리 벤치마크에서 최고 기록 수립

BERT는 트랜스포머의 인코더 부분만 사용하여 입력된 텍스트를 단어로 분할하고 각 단어를 벡터로 변환합니다. 이후 트랜스포머 인코더를 사용하여 각 단어의 벡터와 문맥과의 관계를 나타내는 벡터를 계산합니다. 마지막으로 이 벡터를 사용하여 다양한 자연어 처리 작업을 수행합니다.

이러한 BERT와 GPT의 차이점을 정리하면 다음과 같습니다.

	BERT	GPT
모델	양방향 트랜스포머 모델	자기회귀 모델
컨텍스트	앞뒤 단어를 고려	왼쪽 단어만 고려
태스크	감성 분석, 자연어 처리(문맥 이해 포함)	텍스트 생성, 질의 응답, 요약, 번역
연산 비용	높다	낮다
데이터 양	많다	적다

BERT와 GPT 비교

GPT 계열인 챗GPT가 등장하면서 BERT는 더 이상 필요 없는 것이 아니냐는 질문을 종종 받습니다. 그러나 BERT와 GPT는 본질적으로 강점이 다르며 BERT가 자연어 이해를 더 잘하는 편입니다. 단, 학습에 사용한 데이터 양은 GPT 시리즈가 압도적으로 많습니다.

fintan.jp 사이트(bit.ly/43EPjIH)에서 정리해 둔 표에 따르면 챗GPT(gpt-3.5-turbo) 기준으로 GPT와 BERT의 일본어 이해 능력(JNLI)과 질의 응답(JSQuAD) 벤치마크에서 Tohoku BERT base/large가 퓨샷 기반의 챗GPT를 능가하는 결과가 나왔습니다.

모델	MARC-ja	JSTS	JNLI	JSQuAD(EM/F1)	JCommonSenseQA
ChatGPT (few-shot)	**0.980**	-	0.633	0.818/0.926	**0.929**
ChatGPT (zero-shot)	0.958	-	0.608	0.823/0.915	0.910
text-embedding-ada-002	-	0.8372/0.7902	-	-	-
LUKE Japanese large	0.965	**0.932/0.902**	**0.927**	-	0.893
Tohoku BERT base	0.958	0.909/0.868	0.899	0.871/0.941	0.808
Tohoku BERT large	0.955	0.913/0.872	0.900	0.880/0.946	0.816
Waseda RoBERTa base	0.962	0.913/0.873	0.895	0.864/0.927	0.840
Waseda RoBERTa large (s128)	0.954	0.930/0.896	0.924	0.884/0.940	0.907
Waseda RoBERTa large (s512)	0.961	0.926/0.892	0.926	**0.918/0.963**	0.891
인간	0.989	0.899/0.861	0.925	0.871/0.944	0.986

BERT와 GPT 비교(출처: fintan.jp/page/9126)

최근 LLM의 규모에 비해 BERT는 가벼운 편에 속하므로 로컬 컴퓨터에서 BERT를 구축하고 파인튜닝할 것인지는 작업량을 고려해서 결정하는 것이 좋습니다.

실습 파일 : Book5_6.ipynb

실습 24 BERT 파인튜닝으로 영문 뉴스 기사 분류하기

문제

사전 학습 모델은 주어지지 않은 데이터에 대한 예측을 어떻게 실행할까요? 사전 학습만 수행한 BERT가 풀지 못했던 AG_News 영문 뉴스 기사 문장 분류 문제를 파인튜닝으로 해결해 보세요. 이때 사용하는 4가지 분류 레이블은 다음과 같습니다.

인덱스	레이블
0	World
1	Sports
2	Business
3	Sci/Tech

해설

먼저 이번 실습에 필요한 datasets와 accelerate 라이브러리를 설치합니다.

```
# 런타임 2분 소요
!pip install datasets
!pip install accelerate -U
```

이어서 필요한 모듈을 가져옵니다.

```
from datasets import load_dataset, Dataset                              #①
import random                                                            #②
from transformers import AutoTokenizer, AutoModelForSequenceClassification, \
TrainingArguments, Trainer                                               #③
```

코드를 한 줄씩 살펴보겠습니다.

① `from datasets import load_dataset, Dataset`

허깅페이스 datasets 라이브러리에서 데이터세트를 가져오는 load_dataset 함수와 파이썬 딕셔너리에서 데이터세트를 생성하는 Dataset 클래스를 가져옵니다.

▶ '클래스'에 대한 자세한 설명은 실습 18을 참고하기 바랍니다.

② `import random`

난수를 사용하기 위해 random 모듈을 가져옵니다. 모듈은 파이썬 코드가 들어 있는 단일 파일(.py)이고 라이브러리를 구성하는 일부분입니다.

③ `from transformers import AutoTokenizer, AutoModelForSequenceClassification, TrainingArguments, Trainer`

모델과 토크나이저를 생성하기 위해 허깅페이스 transformers 라이브러리에서 AutoTokenizer, AutoModelForSequenceClassification를 가져옵니다. 아울러 학습과 관련된 TrainingArguments 및 Trainer도 가져옵니다. ③ 코드는 코랩 노트북에서 한 줄에 모두 작성하거나 또는 중간에 역슬래시(\)를 넣어서 두 줄로 작성할 수 있습니다.

다음 코드를 추가로 입력합니다.

```
# 원본 데이터 불러오기
dataset = load_dataset("ag_news")                          #①
print(f"원본 데이터(학습 데이터) 개수:{len(dataset['train'])}")
print(f"원본 데이터(테스트 데이터) 개수:{len(dataset['test'])}")

# 데이터 셔플
random.seed(42)
shuffled_dataset = dataset["train"].shuffle(seed=42)       #②

# 샘플 데이터 생성(파이썬 리스트 슬라이스)
train_data = shuffled_dataset[:70]                         #③
test_data = shuffled_dataset[70:100]                       #④
```

```
# Dataset 형식으로 전환
train_dataset = Dataset.from_dict(train_data)            #⑤
test_dataset = Dataset.from_dict(test_data)              #⑥

print(f"샘플 데이터(학습 데이터) 개수:{len(train_dataset)}")
print(f"샘플 데이터(테스트 데이터) 개수:{len(test_dataset)}")
```

원본 데이터(학습 데이터) 개수:120000
원본 데이터(테스트 데이터) 개수:7600
샘플 데이터(학습 데이터) 개수:70
샘플 데이터(테스트 데이터) 개수:30

코드를 한 줄씩 살펴보겠습니다.

① `dataset = load_dataset("ag_news")`

load_dataset 함수로 AG News 데이터세트를 불러옵니다. 다만 원본 데이터는 레이블이 붙은 뉴스 기사 127,600건으로 구성된 방대한 데이터이기 때문에 그대로 학습을 시도하면 무료 버전 코랩에서는 세션이 만료되거나 사용량[quota]을 모두 소진하게 됩니다.

② `shuffled_dataset = dataset["train"].shuffle(seed=42)`

③ `train_data = shuffled_dataset[:70]`

방대한 데이터로 발생하는 문제를 피하기 위해 데이터를 무작위로 뒤섞고 처음 70건을 학습 데이터로 사용합니다.

④ `test_data = shuffled_dataset[70:100]`

71번째부터 100번째까지를 테스트 데이터로 사용합니다.

⑤ `train_dataset = Dataset.from_dict(train_data)`

⑥ `test_dataset = Dataset.from_dict(test_data)`

학습 데이터와 테스트 데이터를 Dataset 형식으로 전환합니다.

이제 다음 코드를 실행합니다.

```
# 모델과 토크나이저 구축
model_name = "bert-base-uncased"
tokenizer = AutoTokenizer.from_pretrained(model_name)           #①
model = AutoModelForSequenceClassification.from_pretrained(
        model_name, num_labels=4)                                #②
model                                                            #③
```

코드를 한 줄씩 살펴보겠습니다.

① `tokenizer = AutoTokenizer.from_pretrained(model_name)`

② `model = AutoModelForSequenceClassification.from_pretrained(model_name, num_labels=4)`

bert-base-uncased라는 모델명을 가진 사전 학습 모델과 토크나이저를 불러옵니다. 이번 모델에서는 AG News 문제에 맞춰 분류 레이블 수를 4로 설정합니다(num_lables=4).

③ `model`

모델의 구성 코드를 확인할 수 있습니다.

이어서 다음 코드를 실행합니다.

```
# 데이터세트를 인코딩하는 함수
def encode(examples):                                            #①
return tokenizer(examples['text'], truncation=True,
                 padding='max_length', max_length=512)

# 데이터세트 인코딩
train_dataset = train_dataset.map(encode, batched=True)          #②
test_dataset = test_dataset.map(encode, batched=True)            #③

print(train_dataset[0]['text'])                                  #④
print(encode(train_dataset[0])['input_ids'])                     #⑤
```

Bangladesh paralysed by strikes Opposition activists have brought many towns and cities in Bangladesh to a halt, the day after 18 people died in explosions at a political rally.

(정치 집회에서 18명이 폭발(폭탄 테러)로 사망한 다음날 방글라데시는 야당 지도자들이 일으킨 파업으로 많은 도시와 마을이 멈췄습니다.)
[101, 7269, 11498, 2135, 6924, 2011, 9326, 4559, 10134, 2031, 2716, 2116, 4865, 1998, 3655, 1999, 7269, 2000, 1037, 9190, 1010, 1996, 2154, 2044, 2324, 2111, 2351, 1999, 18217, 2012, 1037, 2576, 8320, 1012, 102, 0, 0, 0, (중략)]

코드를 한 줄씩 살펴보겠습니다.

① `def encode(examples):`

데이터세트를 인코딩하는 encode 함수를 정의합니다.

② `train_dataset = train_dataset.map(encode, batched=True)`

③ `test_dataset = test_dataset.map(encode, batched=True)`

map() 함수를 이용해 일괄적으로 학습 데이터세트와 테스트 데이터세트의 텍스트를 토큰화하여 패딩과 절사를 수행합니다.

④ `print(train_dataset[0]['text'])`

⑤ `print(encode(train_dataset[0])['input_ids'])`

학습 데이터세트의 첫 번째 텍스트 1건과 그것을 인코딩한 결과를 각각 출력합니다.

결과를 보면 "Bangladesh"로 시작해서 "rally"로 끝나는 입력 문장의 각 토큰이 인덱스로 변환됩니다. 여기서 단어가 아닌 토큰이라고 표현한 이유는 BERT에서 사용하는 WordPiece 토크나이저는 단어를 추가로 분할해서 서브 워드[Subword] 단위로 처리하기 때문입니다. 기존 단어 단위 토크나이저와 비교하여 WordPiece 토크나이저는 다음과 같은 특징이 있습니다.

WordPiece 토크나이저의 특징

- **미지의 단어에 대한 대처**

    단어 단위 토크나이저는 학습 데이터에 존재하지 않는 미지의 단어를 처리할 수 없습니다. 반면 WordPiece 토크나이저는 미지의 단어를 서브 워드로 분할하여 부분적으로라도 표현할 수 있습니다.

- **단어의 구성 요소 공유**

    단어를 서브 워드로 분할하여 단어 간 서브 워드를 공유할 수 있습니다. 이를 통해 서브 워드의 구성에서 전체 단어의 의미를 쉽게 추측할 수 있습니다.

- **어휘 크기 감소**

    서브 워드를 사용하면 필요한 어휘의 크기를 크게 줄일 수 있습니다. 단어 단위로는 수백만 개의 어휘가 필요한 경우에도 서브 단어 단위라면 수만 개의 어휘로 충분합니다.

WordPiece 토크나이저는 단어의 빈도를 기준으로 미리 서브 워드를 정해 두고 이 서브 워드로 단어를 분할하여 표현합니다. BERT에서는 약 30,000여 종의 서브 워드를 사용합니다. 이처럼 WordPiece 토크나이저는 미지의 단어에도 대응할 수 있고 필요 어휘량을 줄일 수 있어서 자연어 처리 작업에 널리 사용되고 있습니다. BERT가 높은 성능을 내는 데는 WordPiece 토크나이저가 큰 역할을 하는 셈입니다.

예를 들어 "This is a pen"이라는 영어 문장을 인코딩해 보겠습니다

```
print("This is a pen")
print(encode({"text":"This is a pen"}))

tokenizer.decode(encode({"text":"This is a pen"})['input_ids'])
```

```
This is a pen
{'input_ids': [101, 2023, 2003, 1037, 7279, 102, 0, 0, 0, 0, (중략)
[PAD] [PAD] [PAD] [PAD] [PAD] [PAD] [PAD] [PAD] (중략)
```

결과에서 This=2023, is=2003, a=1037, pen=7279의 형태로 각 토큰은 인덱스와 일대일로 대응합니다. 여기서 나오는 인덱스 중 101은 CLS 토큰이라 불리는 특수 토큰 Special Token 으로 'Classification Token'의 약어입니다. 이 토큰은 입력 문장의 맨앞에 추가됩니다. 그리고 인덱스 102는 SEP 토큰으로, 구분자 Separator 역할을 합니다.

이제 추가로 다음 코드를 실행합니다.

```
tokenizer.decode(encode({"text":"Bangladish"})['input_ids'])

print(tokenizer.decode([9748]))
print(tokenizer.decode([27266]))
print(tokenizer.decode([4509]))
```

```
bang
##lad
##ish
```

결과에서 인덱스 9748은 "bang", 27266은 "##lad", 4509는 "##ish"로 디코딩됩니다. 즉, 위 결과를 합치면 "bangladish"라는 하나의 단어를 표현합니다.

▶ ##이 단어 앞에 있으면 앞의 토큰과 병합하는 것을 의미하고 ##이 단어 뒤에 있으면 뒤의 토큰과 병합하는 것을 의미합니다.

여기서 "Bangladish"의 첫 글자 "B"가 "b"로 변환된 것은 bert-base-uncased 모델이 단어를 소문자로 처리하는 기능을 가진 사전 학습 모델이기 때문입니다.

이어서 다음 코드에서는 레이블 칼럼 이름을 "label"에서 "labels"로 변경합니다.

```
# 칼럼(변수)명 변경
train_dataset = train_dataset.rename_column("label", "labels")
test_dataset = test_dataset.rename_column("label", "labels")
```

다음 코드에서 TrainingArguments 객체에 학습 설정을 지정하고 Trainer 객체를 초기화하여 모델, 학습 설정, 데이터세트, 토크나이저를 지정합니다. 그런 다음 모델을 학습시키고 저장합니다.

```
# 학습 설정
from transformers import TrainingArguments

args = TrainingArguments(
    output_dir="ag_news_bert",           #①
    evaluation_strategy="epoch",         #②
    learning_rate=2e-5,                  #③
    per_device_train_batch_size=16,      #④
    per_device_eval_batch_size=16,       #⑤
    num_train_epochs=10,                 #⑥
    weight_decay=0.01,                   #⑦
)

# Trainer 초기화
trainer = Trainer(                       #⑧
    model=model,
    args=args,
```

```
    train_dataset=train_dataset,
    eval_dataset=test_dataset,
    tokenizer=tokenizer,
)

# 학습
trainer.train()                              #⑨

# 모델 저장
trainer.save_model("ag_news_bert")           #⑩
```

[50/50 01:05, Epoch 10/10]

Epoch	Training Loss	Validation Loss
1	No log	1.308947
2	No log	1.206812
3	No log	1.117753
4	No log	1.057559
5	No log	0.984195
6	No log	0.921148
7	No log	0.886957
8	No log	0.862281
9	No log	0.845071
10	No log	0.837291

코드를 한 줄씩 살펴보겠습니다.

① output_dir="ag_news_bert",

　TrainingArguments의 output_dir은 학습 후 모델의 출력 디렉터리를 나타냅니다.

② evaluation_strategy="epoch",

　evaluation_strategy는 평가를 어떤 단위로 진행할 것인지 지정합니다. 여기서는 전체 학습 데이터를 한 번 입력할 때마다, 즉 epoch별로 손실을 출력하도록 합니다.

③ learning_rate=2e-5,

　학습률인 learning_rate는 가중치를 갱신하는 비율을 나타내며, 이 값이 클수록 1스텝마다 갱신하는 가중치 값 간격이 커집니다. 학습률이 너무 크면 최적해를 잘 찾지 못할 위험이 있고, 너무 작으면 학습이 느려지는 트레이드 오프가 있습니다.

코드에서는 학습률 값으로 2e^-5를 지정하여 비교적 느리지만 꾸준하게 학습을 진행하도록 설정하였습니다. 참고로 과학적 표기법으로 쓰인 2e^-5를 일상적인 수학 기호로 바꾸면 $2/e^5$가 되며 그 값은 대략 0.01348이 됩니다.

④ `per_device_train_batch_size=16,`

⑤ `per_device_eval_batch_size=16,`

per_device_train_batch_size와 per_device_eval_batch_size는 학습과 평가 시 1회 추론마다 입력하는 데이터 양(미니배치)을 나타내며 여기서는 데이터를 16건씩 전달하도록 설정했습니다.

⑥ `num_train_epochs=10,`

학습 시 epoch는 10회로 설정합니다.

⑦ `weight_decay=0.01,`

weight decay는 과도하게 학습하는 것을 방지하기 위해 모델의 가중치가 너무 커지지 않도록 값으로 0.01로 지정합니다.

⑧ `trainer = Trainer()`

Trainer 객체를 초기화하고 모델, 학습 설정(args), 학습 및 평가 데이터세트, 토크나이저를 지정합니다.

⑨ `trainer.train()`

학습을 실행합니다.

⑩ `trainer.save_model("ag_news_bert")`

마지막으로 trainer.save_model("ag_news_bert") 코드로 지금까지 학습한 모델을 구글 드라이브의 ag_news_bert 디렉터리에 저장합니다.

지금까지 작성한 모든 코드를 정리하면 다음과 같습니다. 참고로 실행할 때마다 모델 가중치가 랜덤하게 부여되는 딥러닝 모델의 특성상 바로 앞서 실행한 손실 결과와 다음 코드를 실행한 손실 결과는 다릅니다.

```python
# 런타임 1분 20초 소요

from datasets import load_dataset, Dataset
import random
from transformers import AutoTokenizer, AutoModelForSequenceClassification, TrainingArguments, Trainer

# 원본 데이터 가져오기
dataset = load_dataset("ag_news")

# 데이터 셔플
random.seed(42)
shuffled_dataset = dataset["train"].shuffle(seed=42)

# 샘플 데이터 생성(파이썬 리스트 슬라이스)
train_data = shuffled_dataset[:70]
test_data = shuffled_dataset[70:100]

# Dataset 형식으로 전환
train_dataset = Dataset.from_dict(train_data)
test_dataset = Dataset.from_dict(test_data)

print(f"Train dataset: {len(train_dataset)} samples")
print(f"Test dataset: {len(test_dataset)} samples")

# 모델과 토크나이저 생성
model_name = "bert-base-uncased"
tokenizer = AutoTokenizer.from_pretrained(model_name)
model = AutoModelForSequenceClassification.from_pretrained(
    model_name, num_labels=4)

# 데이터세트를 인코딩하는 함수
def encode(examples):
    return tokenizer(examples['text'], truncation=True, padding='max_length',
                     max_length=512)
```

```python
# 데이터세트 인코딩
train_dataset = train_dataset.map(encode, batched=True)
test_dataset = test_dataset.map(encode, batched=True)

# 칼럼(변수)명 변경
train_dataset = train_dataset.rename_column("label", "labels")
test_dataset = test_dataset.rename_column("label", "labels")

# 학습 설정
args = TrainingArguments(
    output_dir="ag_news_bert",
    evaluation_strategy="epoch",
    learning_rate=2e-5,
    per_device_train_batch_size=16,
    per_device_eval_batch_size=16,
    num_train_epochs=10,
    weight_decay=0.01
    )

# Trainer 초기화
trainer = Trainer(
    model=model,
    args=args,
    train_dataset=train_dataset,
    eval_dataset=test_dataset,
    tokenizer=tokenizer
    )

# 학습
trainer.train()

# 모델 저장
trainer.save_model("ag_news_bert")
```

[50/50 01:09, Epoch 10/10]

Epoch	Training Loss	Validation Loss
1	No log	1.312435
2	No log	1.244473
3	No log	1.203520
4	No log	1.139660
5	No log	1.079631
6	No log	1.052786
7	No log	1.031018
8	No log	1.012310
9	No log	1.000265
10	No log	0.995577

결과를 보면 손실이 점점 작아지고 있습니다. 즉, 학습이 잘 진행되고 있습니다. 이를 실제 데이터로 확인해 보겠습니다. 다음 코드에서는 학습 전과 후 모델을 모두 로드하고 다음 문장을 모델에 입력합니다.

> "A Cosmic Storm: When Galaxy Clusters Collide Astronomers have found what they are calling the perfect cosmic storm, a galaxy cluster pile-up so powerful its energy output is second only to the Big Bang."
> (우주 폭풍: 은하단이 충돌할 때 천문학자들은 빅뱅에 버금가는 강력한 에너지 출력을 가진 은하단 클러스터, 즉 우주 폭풍이라고 불리는 현상을 발견했습니다.)

이 문장에는 Science/Technology(Sci/Tech)라는 정답 레이블이 부여돼 있습니다. 이 정답 레이블을 참조하지 않고 모델이 정답을 추론할 수 있는지를 테스트합니다.

```
import torch
from transformers import AutoModelForSequenceClassification, AutoTokenizer

# 학습 전 모델 불러오기
model_before = AutoModelForSequenceClassification.from_pretrained(
    "bert-base-uncased", num_labels=4)
tokenizer = AutoTokenizer.from_pretrained("bert-base-uncased")
```

```python
# 학습 후 모델 불러오기
model_after = AutoModelForSequenceClassification.from_pretrained(
    "ag_news_bert")

# 코랩에서 다음 샘플 텍스트는 한 줄로 입력합니다.
sample_text = "A Cosmic Storm: When Galaxy Clusters Collide Astronomers have found what they are calling the perfect cosmic storm, a galaxy cluster pile-up so powerful its energy output is second only to the Big Bang."

# 토크나이즈
inputs = tokenizer(sample_text, return_tensors="pt")

# 학습 전 추론: 잘못된 예측이 출력될 가능성이 높음
with torch.no_grad():                                    #①
    outputs_before = model_before(**inputs)

predictions_before = outputs_before.logits.argmax(-1)
print(f"학습 전 예측: {predictions_before.item()}")

# 학습 후 추론: 올바른 예측(3: Sci/Tech)을 출력
with torch.no_grad():                                    #②
    outputs_after = model_after(**inputs)

predictions_after = outputs_after.logits.argmax(-1)
print(f"학습 후 예측: {predictions_after.item()}")
print(f"정답:{train_data['label'][5]}")
```

Some weights of BertForSequenceClassification were not initialized from the model checkpoint at bert-base-uncased and are newly initialized: ['classifier.bias', 'classifier.weight']
You should probably TRAIN this model on a down-stream task to be able to use it for predictions and inference.
학습 전 예측: 1
학습 후 예측: 3
정답: 3

결과를 보면 학습 전에는 1(Sports)로 잘못 예측했지만, 학습 후에는 3(Sci/Tech)으로 올바르게 추론합니다. 참고로 각 인덱스에 대응하는 레이블은 다음과 같습니다.

인덱스	레이블
0	World
1	Sports
2	Business
3	Sci/Tech

대부분 모델을 학습하면서 소개한 코드이므로 간략하게 살펴보기 바랍니다. 추가로 학습 전 추론과 학습 후 추론에 사용한 ①과 ②의 `with torch.no_grad():` 코드는 다음과 같은 역할을 수행합니다.

`with torch.no_grad():` 코드의 역할

- 기울기 계산 방지

    이 코드에서 실행하는 계산에는 기울기를 포함하지 않습니다. 즉, 기울기 계산에 필요한 중간 계산 결과를 저장하지 않고, 오차역전파 과정을 실행하지 않으므로 메모리 사용량과 계산 시간이 줄어듭니다.

- 텐서의 `requires_grad` 자동 설정

    이 코드에서 생성한 텐서는 `requires_grad=False` 속성이 자동으로 부여됩니다. 이 설정은 텐서의 메모리 사용량을 줄여 모델의 추론 속도를 향상시킵니다.

참고로 이 추론 결과는 학습 데이터에서 문장을 발췌하여 평가한 결과입니다. 때문에 이번에는 모델이 학습하지 않은 미지의 데이터를 입력하여 추론을 시도해 보겠습니다. 즉, 앞서 사용한 전체 코드 블록을 그대로 사용하되 `sample_text` 입력 문장만 다음 문장으로 바꿔서 실행합니다.

> "Pitt Locks Up BCS Bid Tyler Palko tosses a career-high 411 yards and five touchdowns to push No. 19 Pittsburgh over South Florida, 43-14, on Satudray."
> (피츠버그대학 축구 팀의 BCS(Bowl Championship Series) 승격 확정. 타일러 팰코(Tyler Palko)는 커리어 하이인 411야드, 5개의 터치다운을 기록하며 대학 랭킹 19위인 피츠버그대학이 사우스플로리다대학을 43-14로 제압하는 데 기여했습니다.)

▶ Pitt Locks Up BCS Bid까지가 발췌해 온 텍스트의 기사 제목이며 나머지는 기사 본문입니다. 따라서 제목에는 마침표(.)를 달지 않기 때문에 제목 뒤에 본문이 바로 이어진 형태로 텍스트가 저장됐습니다.

```
# 난도가 높은 샘플 텍스트(모델이 한 번도 본 적이 없는 테스트 데이터)
# 코랩에서 다음 샘플 텍스트는 한 줄로 입력합니다.
sample_text = "Pitt Locks Up BCS Bid Tyler Palko tosses a career-high 411 yards and five touchdowns to push No. 19 Pittsburgh over South Florida, 43-14, on Satudray."
```

```
Some weights of BertForSequenceClassification were not initialized from the model checkpoint at bert-base-uncased and are newly initialized: ['classifier.bias', 'classifier.weight']
You should probably TRAIN this model on a down-stream task to be able to use it for predictions and inference.
학습 전 예측: 0
학습 후 예측: 1
정답: 1
```

코드 실행 결과, 학습 전에는 모델이 0(World)으로 잘못 예측했지만, 학습 후에는 1(Sports)로 정확하게 추론합니다. 이렇듯 사전에 학습하지 않은 미지의 데이터에 대한 일반화 성능도 향상된 것이 보입니다.

03.3 Text-to-Text 트랜스포머, T5

T5도 BERT처럼 구글에서 제안한 모델로, 인코더 부분을 이용한 자기회귀 모델인 동시에 디코더를 이용한 양방향 모델입니다. 이 모델은 Text to Text 작업에 강점이 있으며 GPT와 마찬가지로 번역과 요약을 잘 수행합니다. T5의 사전 학습에서는 텍스트 생성뿐만 아니라 번역 작업도 학습하고 있다는 점이 차별점입니다.

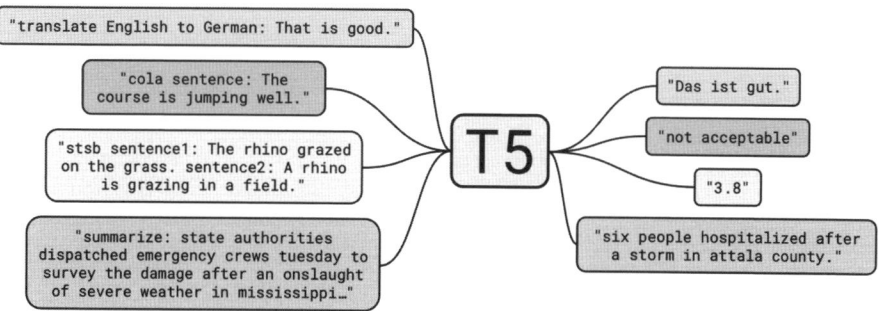

Figure 1: A diagram of our text-to-text framework. Every task we consider—including translation, question answering, and classification—is cast as feeding our model text as input and training it to generate some target text. This allows us to use the same model, loss function, hyperparameters, etc. across our diverse set of tasks. It also provides a standard testbed for the methods included in our empirical survey. "T5" refers to our model, which we dub the "**Text-to-Text Transfer Transformer**".

T5로 하는 전이 학습 프레임워크. T5에 입력 텍스트를 넣고 여러 작업을 수행할 수 있게 학습시킵니다.

구체적으로는 모든 텍스트 변환 작업을 마스크된 입출력 쌍으로 구성된 통합 spanned 코퍼스로 변환하고 이를 활용해 다양한 작업을 시도합니다. 이처럼 다양한 작업이 가능한 구조 때문에 T5는 이후 챗GPT를 비롯한 범용$^{General-purpose}$ 모델의 등장에 큰 영향을 미쳤습니다.

이렇듯 T5는 Text-to-Text 변환 작업에 특화되어 있으면서도 다양한 작업을 수행할 수 있는 유연성을 갖췄습니다. 인코더-디코더 구조와 spanned 코퍼스를 이용한 작업 다양화를 통해 단일 모델임에도 높은 범용성을 보입니다.

03.4 스케일링 법칙

GPT는 버전이 높아질 때마다 학습에 활용하는 데이터세트와 파라미터의 크기를 키워 왔는데, 이는 OpenAI가 발견한 스케일링 법칙$^{\text{Scaling Law}}$을 GPT 개발에 적용했기 때문입니다.

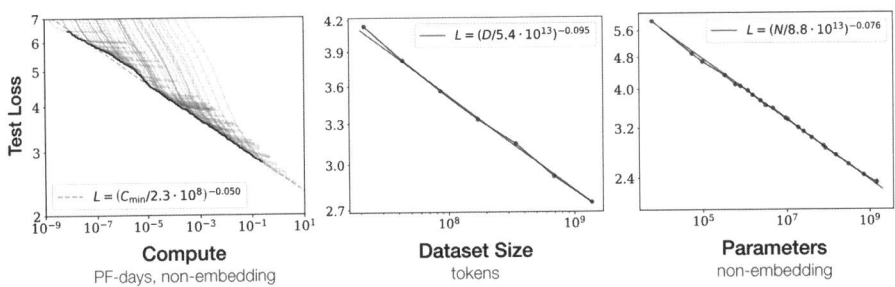

Figure 1 Language modeling performance improves smoothly as we increase the model size, datasetset size, and amount of compute² used for training. For optimal performance all three factors must be scaled up in tandem. Empirical performance has a power-law relationship with each individual factor when not bottlenecked by the other two.

언어 모델 스케일링 법칙. 언어 모델은 모델 크기, 학습 데이터세트 크기, 계산량이 같이 증대해야 성능을 높일 수 있습니다
(출처: arxiv.org/pdf/2001.08361.pdf).

스케일링 법칙은 LLM에서 모델의 크기, 학습 데이터세트의 크기 그리고 학습에 필요한 계산량이 모델 성능에 미치는 영향을 규명한 규칙입니다. 이는 교차 엔트로피 손실에 대한 언어 모델 성능을 측정하여 멱법칙$^{\text{Power Law}}$으로 모델링됩니다. 이러한 경향은 측정 대상 3개(모델, 학습 데이터세트, 계산량)의 크기 기준으로 10^7배$^{\text{Seven orders of magnitude}}$ 구간(범위)에서 관찰되며, 이 법칙이 관찰되는 범위에서는 네트워크의 폭과 깊이와 같은 다른 아키텍처 세부 사항은 최소한의 영향력만 갖게 됩니다.

즉, 트랜스포머 모델의 아키텍처 개선 등이 전체적인 성능에 미치는 영향은 미미합니다. 그보다는 모델의 크기, 훈련 데이터세트의 크기, 컴퓨터 리소스가 더 중요합니다. 스케일링 법칙에 의하여 데이터세트의 크기에 대한 과대 학습을 제어할 수 있습니다. 아울러 모델 크기에 대한 학습 속도를 제어할 수 있습니다.

비용 대비 최적의 학습은 비교적 적은 양의 데이터로 매우 큰 모델을 훈련하고 모델 결과가 수렴하기 전에 멈추는 것입니다. 이러한 스케일링 법칙은 LLM이 어떻게 성능을 지속적으로 향상시킬 수 있는지 그리고 리소스를 최적으로 배분하는 방법을 결정할 때 도움이 됩니다. 또,

이 법칙은 모델이 어느 정도 커지면 성능 향상이 한계에 도달하는지 또는 언제 과대 학습이 발생하는지 예측하는 데에도 사용합니다.

OpenAI가 발견한 스케일링 법칙은 비단 언어 모델에만 적용되는 것은 아닙니다. 트랜스포머를 이용한 OpenAI의 또 다른 생성 AI인 Sora도 이 법칙에 따라 모델을 스케일링한 좋은 예입니다. Sora는 LLM과 디퓨전 모델을 결합한 새로운 접근 방식으로, 장시간에 걸쳐 일관된 고품질의 영상을 생성할 수 있는 최첨단 생성 AI입니다.

기존의 LLM은 트랜스포머 아키텍처를 기반으로 텍스트 데이터에서 우수한 성능을 발휘해 왔으나, 이미지와 같은 비언어적 데이터에 적용하는 것이 어려웠습니다. 반면 디퓨전 모델은 주로 이미지를 생성하지만 텍스트와의 상호 작용이 제한적이었습니다. 이에 Sora는 이 모든 모델의 장점을 취하는 새로운 접근 방식을 택했습니다. 즉, LLM과 디퓨전 모델을 결합하여 멀티모달(텍스트, 이미지, 음성 등)에 대응할 수 있도록 모델을 스케일링했습니다.

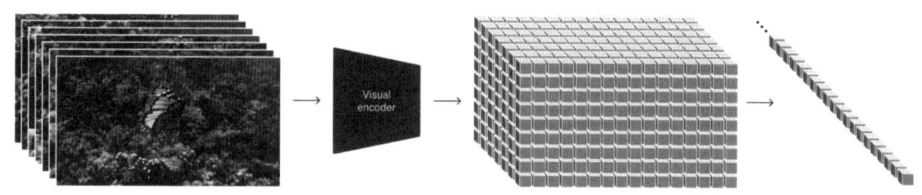

현실을 시뮬레이션하는 비디오 생성 모델(출처: OpenAI 웹 페이지(bit.ly/3TGKsC4))

구체적으로는 입력 텍스트의 임베디드 벡터를 트랜스포머 디코더에 입력하고 아울러 디퓨전 모델에도 그 입력을 전달하여 조건부 이미지 생성을 구현합니다. 또, 이미지 입력을 디퓨전 모델 인코더에 넣고 그 벡터 표현을 트랜스포머에 다시 입력으로 전달함으로써 이미지로부터 텍스트를 생성합니다.

이처럼 Sora는 트랜스포머와 디퓨전 모델을 조합해 새로운 영역에 도전하고 있습니다. OpenAI는 다양한 멀티모달 간의 상호 작용을 원활하게 구현할 수 있다면 AI의 적용 범위는 비약적으로 확대될 것이며 Sora는 현실 세계를 시뮬레이션할 수 있는 역사적인 첫걸음이 될 거라 밝혔습니다.

Sora가 생성한 비디오(출처: OpenAI 웹 페이지(bit.ly/3TGKsC4))

참고로 이 영상을 만들기 위해 Sora에 입력한 프롬프트는 다음과 같습니다.

A stylish woman walks down a Tokyo street filled with warm glowing neon and animated city signage. She wears a black leather jacket, a long red dress, and black boots, and carries a black purse. She wears sunglasses and red lipstick. She walks confidently and casually. The street is damp and reflective, creating a mirror effect of the colorful lights. Many pedestrians walk about.

(스타일리시한 여성이 검은색 가죽 재킷과 빨간 롱 원피스를 입고 따뜻하게 빛나는 네온과 역동적인 도시 간판이 가득한 도쿄의 거리를 걷는다. 그녀는 검은색 부츠를 신고 검은색 지갑을 들고 썬글라스와 빨간 립스틱을 바르고 있다. 또한 그녀는 자신감 있고 캐주얼하게 걷는다. 길은 축축해서 다채로운 조명을 반사시킨다. 그리고 배경에는 많은 보행자들이 걸어 다닌다.)

03.5 언어 모델 퓨샷 학습기

스케일링 법칙 발표 6개월 후, OpenAI는 GPT-3의 프롬프트에 의한 성능 향상을 종합적으로 검증한 75페이지 분량의 논문을 공개했습니다. 이 논문은 GPT-3의 문맥^{Context} 학습 능력을 다른 모델과 비교했는데, GPT-3는 제로샷$^{Zero\ shot}$과 원샷$^{One\ shot}$ 설정에서 유망한 결과를 얻었으며 퓨샷$^{Few\ shot}$ 설정에서는 기존 파인튜닝 기법과 최소한 대등한 결과를 보여 줍니다. 특히 다음 그림과 같이 파라미터 수가 많은 모델에서 이러한 경향이 더 두드러집니다.

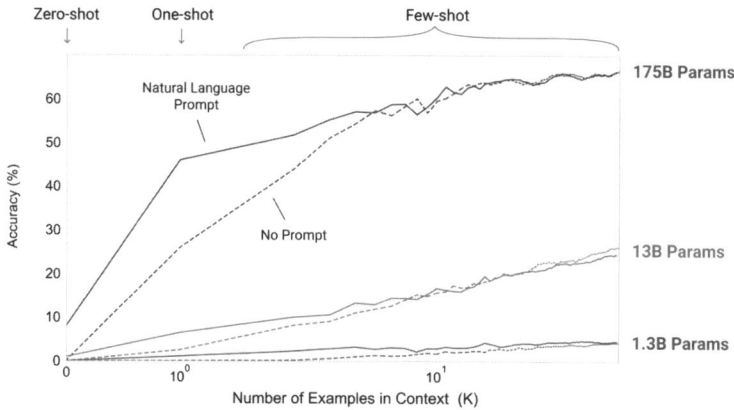

Figure 1.2: Larger models make increasingly efficient use of in-context information. We show in-context learning performance on a simple task requiring the model to remove random symbols from a word, both with and without a natural language task description (see Sec. 3.9.2). The steeper "in-context learning curves" for large models demonstrate improved ability to learn a task from contextual information. We see qualitatively similar behavior across a wide range

퓨샷 학습기 언어 모델. 대규모 모델은 맥락에 맞는 상황 정보를 훨씬 더 효과적으로 학습합니다
(출처: OpenAI 웹 페이지(bit.ly/3TGKsC4)).

기존의 머신러닝은 대량의 레이블을 부여한 데이터(이하 레이블 데이터)를 필요로 합니다. 자기 지도 학습을 수행하는 BERT나 T5에서도 각 작업에 모델을 적용하기 위해서는 파인튜닝이 필요하며, 이를 위해 레이블 데이터가 필요합니다. 그러나 이 과정은 데이터 준비도 힘들고, 파인튜닝 시 하이퍼 파라미터 조정이 필요하기 때문에 비용이 많이 든다는 단점이 있습니다. 반면 제로샷, 원샷, 퓨샷 학습은 레이블 데이터가 제한적일 때에도 모델의 적용 가능성을 높일 수 있는 획기적인 방법입니다. 제로샷, 원샷, 퓨처샷, 파인튜닝의 정의와 원리, 예시를 정리하면 다음과 같습니다.

제로샷 학습

- 정의: 모델은 학습 중에 레이블 데이터를 참조하지 않고 작업을 실행합니다.
- 작동 원리: 방대한 양의 일반 텍스트 데이터로 학습시킨 LLM의 성능에 의존합니다. 작업 명령을 내리면 그에 대한 이해를 바탕으로 기존 모델 성능만으로 작업 과제를 해결합니다.
- 예: 추가 데이터 없이 '이 문장을 한국어로 번역해 . "The car is red."'와 같은 명령을 줍니다. 모델이 언어 구조를 이해하고 사전 학습 과정에서 한국어 번역을 본 적이 있다면, 모델은 작업 명령을 실행할 수 있습니다.

원샷 학습

- 정의: 모델은 예시로 태스크의 레이블 데이터 하나만 사용합니다.
- 작동 원리: 모델은 하나의 사례에서 패턴을 빠르게 식별하고 유사한 사례로 일반화를 시도합니다.
- 예: 새로운 고양이 품종인 '시베리안 포레스트 고양이' 레이블이 붙은 한 장의 이미지를 모델에 입력합니다. 이 이미지가 사전 학습에 사용되지 않았어도 모델은 시베리안 포레스트 고양이의 다른 사진을 인식할 가능성이 높아집니다.

퓨샷 학습

- 정의: 모델은 소수의 레이블 데이터(예: 5~10개)를 사용합니다.
- 작동 원리: 모델은 한정된 사례에서 최대한 많은 것을 학습하고 일반화합니다.
- 예시: 이메일을 분석해 고객 감성(긍정, 부정, 중립)을 감지하는 분류기를 구축할 때 각 감정 카테고리의 예시 데이터를 제공하면 모델은 그 예시를 통해 학습을 시도합니다.

파인튜닝

- 정의: 방대한 데이터세트로 사전 학습된 대규모 모델을 불러옵니다. 그런 다음 해당 작업에 특화된 소규모 데이터세트로 이 모델을 더 학습시킵니다. 이것을 파인튜닝이라 하며 이를 통해 모델의 가중치(의사 결정을 지배하는 매개변수)를 특정 작업에 맞게 업데이트합니다.
- 작동 원리: 특정 용도의 레이블 데이터를 추가 학습해서 모델의 가중치를 업데이트합니다.
- 예: 고객 감성 분류 작업에서 고객 이메일 데이터세트와 각 이메일에 할당된 감성 카테고리 레이블을 사용하여 LLM의 가중치를 미세 조정합니다.

이를 표로 정리하면 다음과 같습니다.

방법	설명	데이터 특성	용도
제로샷	레이블이 붙은 예시 불필요. 사전에 학습한 대규모 모델에 의존	레이블이 붙은 데이터가 전혀 없을 때	데이터가 부족하고 빠른 결과가 필요할 때 적합
원샷/퓨샷	매우 적은 양의 레이블 데이터 사용	레이블 데이터가 매우 적거나 추가로 레이블 데이터를 구하는 것이 비용과 시간이 많이 들 때	어느 정도의 정확도를 확보하되 레이블 데이터를 소량만 추가할 수 있을 때 적합
파인 튜닝	(특정 태스크에 특화된)대량의 레이블 데이터를 사전 학습 모델에 추가로 입력하여 모델 가중치를 업데이트	많은 양의 레이블 데이터가 있을 때	매우 높은 정확도가 필요할 때 적합

03.6 FLAN

구글에서 발표한 FLAN[Finetuned Language Models Are Zero-Shot Learners] 관련 논문에서는 언어 모델의 제로샷 학습 능력을 향상시키는 간단한 방법을 모색했습니다. 이 연구에서는 60개 이상에 달하는 다양한 형태의 자연어 처리(NLP) 데이터세트를 다음 단어 예측(NTP) 작업을 통해 1,370억(137B) 개의 파라미터를 가진 사전 학습 언어 모델을 파인튜닝합니다. 이 과정에서 인스트럭션[Instruction] 템플릿을 사용합니다. 이렇게 멀티 데이터세트 단위로 인스트럭션 파인튜닝을 하면 학습하지 않은 미지의 과제에 대한 제로샷 성능이 크게 향상됩니다. 이 방법으로 파인튜닝된 모델을 FLAN이라고 부릅니다.

FLAN이라는 명칭에는 제로샷 용어가 포함돼 있는데 이는 GPT-3의 모토인 "Language models are few-shot learners"에 포함된 퓨샷 용어를 강하게 의식한 형태입니다. 여기서 OpenAI의 챗GPT와 구글의 제미나이가 서로 상대를 의식하고 치열하게 경쟁하고 있음을 알 수 있습니다.

구글의 이 논문에 의하면 FLAN은 파인튜닝하지 않은 오리지널 모델의 성능을 크게 능가했으며, 평가 대상인 25개 데이터세트 중 20개에서 제로샷 학습한 175B GPT-3 모델을 능가하는 성능을 보입니다. 또, 여러 작업에서 파인튜닝된 GPT-3를 크게 능가하는 성능을 보여 줍니다.

결과적으로 파인튜닝 데이터세트 수, 모델 크기 그리고 자연어 처리 인스트럭션이 파인튜닝의 성공에 중요한 역할을 합니다. 이 연구는 언어 모델에서 인스트럭션 파인튜닝의 중요성을 보여 주어 이 분야의 추가 연구에 커다란 자극을 제공했습니다.

다음 도표는 구글이 발표한 논문 〈Finetuned language models are zeroshot learners〉에서 발췌한 FLAN의 개요와 성능을 확인할 수 있습니다. 위쪽 표는 인스트럭션 튜닝과 FLAN의 개요, 아래쪽 그래프는 제로샷 FLAN 성능과 타 모델을 비교한 것입니다.

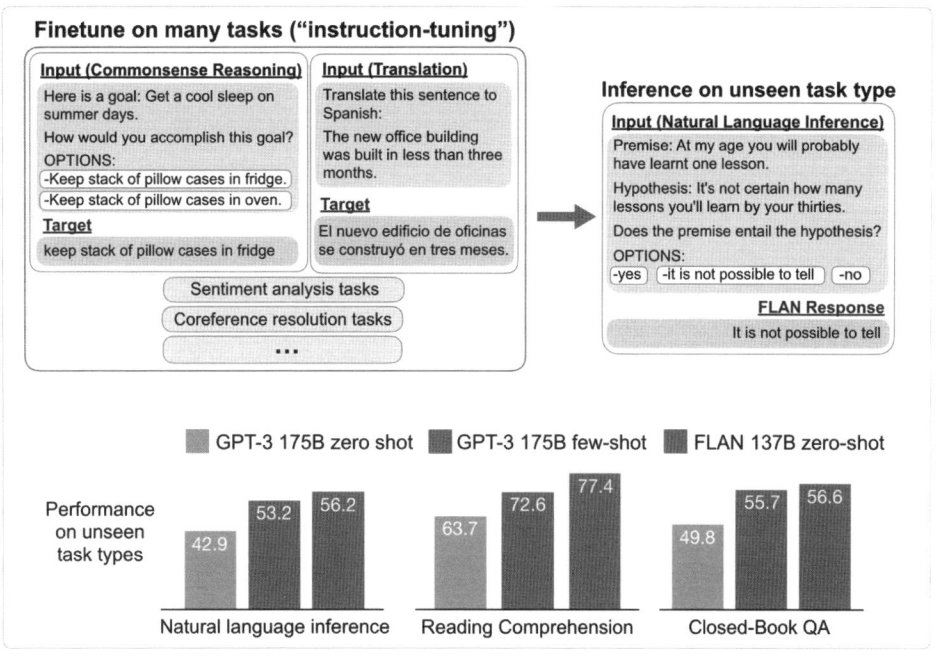

FLAN의 개요 및 성능(출처: 〈Finetuned language models are zeroshot learners (arxiv.org/pdf/2109.01652)〉)

다음 그림은 같은 논문에서 발췌한 FLAN과 BERT 그리고 T5와 GPT-3를 비교한 표입니다.

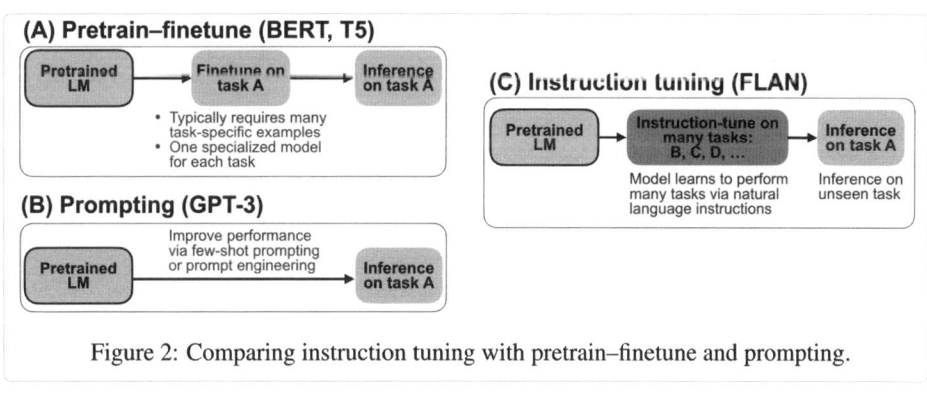

Figure 2: Comparing instruction tuning with pretrain–finetune and prompting.

FLAN vs BERT/T5 vs GPT-3(출처: 〈FINETUNED LANGUAGE MODELS ARE ZERO-SHOT LEARNERS (arxiv.org/pdf/2109.01652)〉)

03.7 InstructGPT(RLHF, PPO)

LLM의 성능을 향상하는 데는 모델의 크기 확대만으로는 충분하지 않습니다. 특히 최근 들어 사용자의 의도에 맞는 응답을 생성하는 능력, 즉 모델의 얼라인먼트^{Alignment}에 대한 중요성이 강조되고 있습니다. 이러한 배경에서 RLHF$^{\text{Reinforcement Learning from Human Feedback}}$, 즉 인간의 피드백을 통한 강화 학습 접근 방식이 주목받고 있습니다. 특히 InstructGPT는 OpenAI가 개발한 GPT-3 모델에 RLHF를 적용하여 사용자의 지시를 따르는 능력을 향상시킨 모델입니다.

InstructGPT를 학습시키기 위해서 OpenAI는 자사의 프롬프트 데이터세트에서 프롬프트를 샘플링으로 선택합니다. 그리고 평가자가 바람직한 출력 결과물인지 아닌지에 대한 정보를 데이터세트에 추가합니다. 이렇게 보강된 데이터세트를 GPT-3에 투입하여 지도 학습으로 모델을 파인튜닝합니다. 그 후 프롬프트별로 생성된 모델에 사람이 최적에서 최악까지 랭킹을 매깁니다. 이 데이터를 다시 모델에 투입해서 인간의 피드백을 활용해 강화 학습으로 추가 파인튜닝 과정을 거칩니다.

덕분에 InstructGPT는 175B 파라미터를 가진 GPT-3보다 파라미터 수가 100배나 적은데도 불구하고 더 나은 결과물을 생성합니다. InstructGPT도 생성 AI의 특성상 여전히 오류를 범할 수 있지만, 인간의 피드백을 추가한 파인튜닝은 언어 모델을 인간의 의도에 맞게 조정할 수 있는 유망한 방향임을 알려 주고 있습니다. 다음 그림은 InstructGPT의 단계별 학습 과정을 시각화해서 보여 줍니다.

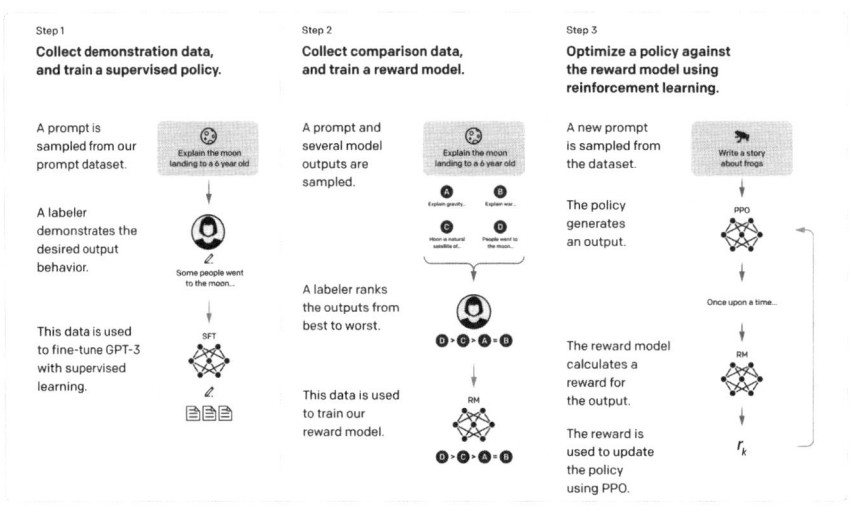

InstructGPT 학습 과정(출처: bit.ly/3TXrVmr)

이 그림을 보면 InstructGPT의 학습 과정은 크게 3단계로 나뉘며 각 단계마다 다음과 같은 과정을 거칩니다.

1단계: 지도 학습을 통한 파인튜닝

1. 프롬프트 데이터세트에서 프롬프트를 샘플링하여 선택합니다.
2. 레이블을 붙이는 사람(이하 레이블러)이 해당 프롬프트에 대해 바람직한 출력 예시를 생성합니다.
3. 생성된 출력 예시와 프롬프트 쌍을 사용하여 지도 학습을 통해 GPT-3 모델을 파인튜닝합니다.

2단계: 보상 모델 학습

1. 프롬프트들과 모델 출력물들의 쌍으로 구성된 데이터세트를 샘플링합니다.
2. 레이블러는 각 출력물의 품질을 평가하고 랭킹을 매깁니다.
3. 랭킹 데이터를 이용하여 보상 모델을 학습시킵니다.

3단계: 강화 학습을 통한 전략 학습

1. 보상 모델을 사용하여 새로운 프롬프트에 대한 출력 보상을 계산합니다.
2. PPO 알고리즘을 사용하여 보상을 극대화할 수 있도록 정책(출력 생성 전략)을 업데이트합니다.

InstructGPT는 이 3가지 단계를 결합하여 인간이 지시한 대로 적절한 내용의 문장을 생성하는 능력을 갖추게 됩니다.

📝 보충 수업 / PPO 알고리즘이란?

PPO$^{\text{Proximal Policy Optimization}}$ 알고리즘은 강화 학습의 On-policy 알고리즘 중 하나로, 정책의 점진적 개선을 통한 최적화를 추구합니다. 여기서 On-policy 알고리즘이란 현재 정책에 따라 행동하고 그 결과를 통해 정책을 업데이트하는 알고리즘을 말합니다. 참고로 PPO는 정책 업데이트 시 정책의 급격한 변화를 방지하고 안정적인 학습을 보장합니다.

InstructGPT에서는 PPO 알고리즘을 사용하여 보상 모델을 기반으로 새로운 프롬프트에 대한 출력 보상(Output reward)을 계산하고, 그 보상을 최대화하도록 정책을 업데이트합니다. 다음은 PPO의 장점과 단점입니다.

PPO의 장점
- 정책의 급격한 변화를 방지하고 안정적으로 학습을 진행합니다.
- 계산 비용이 상대적으로 낮습니다.

PPO의 단점
- 하이퍼 파라미터 조정이 어렵습니다.
- 다른 On-policy 알고리즘에 비해 수렴 속도가 느립니다.

단점에서 살펴본 바와 같이 PPO는 하이퍼 파라미터 조정 기술이 필요합니다. 그런데 이런 기술을 OpenAI는 역으로 경쟁사의 진입을 막는 장치로 활용하고 있습니다. OpenAI는 자연어 처리 이외에 로봇 제어 시뮬레이션 등에서도 PPO 알고리즘을 연구해왔기 때문에 PPO를 LLM 학습에 비교적 수월하게 적용한 것으로 추정됩니다.

03.8 RLHF에서 DPO로

최근 오픈소스 LLM이 빠르게 발전하면서 다양한 작업에서 인간 수준의 성능을 달성하는 모델이 등장하고 있습니다. 그러나 LLM은 여전히 인간이 의도한 대로 작동시키기 어렵다는 문제를 갖고 있습니다. 이 문제를 해결하기 위해 앞서도 언급한 LLM이 인간의 의도를 이해하고 그에 따라 행동할 수 있도록 하는 얼라인먼트 기술이 연구되고 있습니다. 따라서 오픈소스 LLM에서는 RLHF와 바로 이어서 소개할 DPO$^{Direct\ Policy\ Optimization}$까지 얼라인먼트 알고리즘의 발전이 주목받고 있습니다.

RLHF는 인간의 피드백이 많이 필요한데다 피드백이 부정확할 경우 LLM의 학습이 왜곡된다는 단점이 있습니다. 또, 하이퍼 파라미터 조정 등 기술적인 부분도 필요합니다. 반면 DPO는 사람의 피드백을 없애고 LLM 정책을 직접적으로 최적화하는 얼라인먼트 알고리즘입니다. 구체적으로 다음과 같은 순서로 실행됩니다.

DPO 실행 순서

1. 인간이 LLM이 수행해야 하는 작업을 명령합니다.
2. LLM은 작업 과제를 달성하기 위한 정책을 탐색합니다.
3. LLM은 작업 과제 달성도에 따라 정책을 업데이트합니다.

즉, DPO는 사람의 피드백이 필요하지 않으니, 보다 효율적으로 LLM을 학습시킬 수 있다는 장점이 있습니다. 다음 그림에서 볼 수 있듯 RLHF에서는 레이블을 붙이는 사람, 즉 레이블러가 모델 출력을 선호하는 순서대로 정렬해서 보상 모델을 설계해야 했지만, DPO에서는 모델의 출력 중 어느 것을 더 선호하는지만 표시하면 되므로 보상 함수 설계가 필요 없습니다.

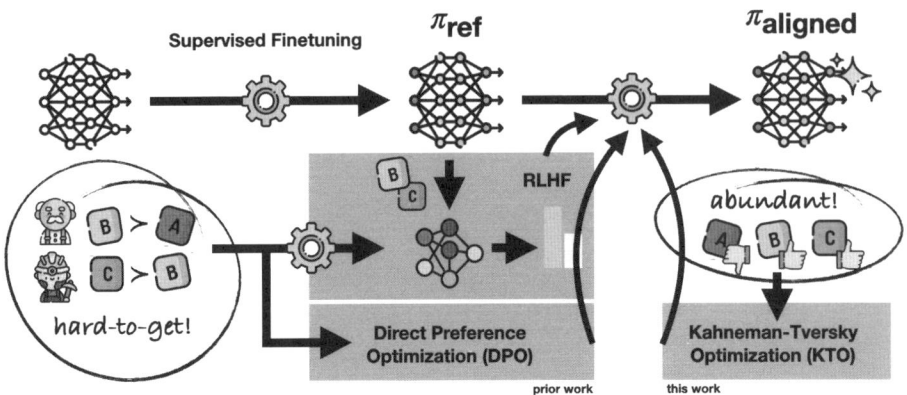

DPO와 KTO로 더 효율적으로 LLM 구축(출처: bit.ly/3x9v0Xx)

DPO에서 더 나아가 KTO$^{\text{Kahneman-Tversky Optimization}}$도 제안되었습니다. KTO에서는 모델 출력에 대한 결과 비교가 더 이상 필요하지 않고, Good/Bad 혹은 Like/Dislike 레이블만 붙이면 됩니다. RLHF와 DPO가 수학적으로 동등하다는 사실이 밝혀졌기 때문에 오픈소스 커뮤니티에서는 앞으로도 DPO를 기반으로 한 발전이 계속될 것으로 보입니다.

03.9 MoE

MoE$^{\text{Mixture of Experts}}$는 다양한 전문 지식을 가진 여러 명의 전문가(모델)를 팀으로 구성하여 보다 고도의 판단과 고품질 결과물을 생성하는 LLM 학습 및 추론 기법입니다.

전문가 모델 팀의 문제 해결

MoE는 특정 분야에 특화된 여러 전문가 모델을 준비합니다. 이 모델들은 사람으로 치면 전문가 팀과 같은 역할을 수행하며, 각 모델의 전문 지식을 활용하여 문제를 해결합니다. 대규모 범용 모델^{Generalist} 하나로 추론하는 것이 아니라 다음 그림처럼 MoE 층에 중간 규모의 전문가 모델^{Expert}을 여러 개 준비하여 쿼리에 따라 어떤 전문가 모델의 추론 결과를 채택할 것인지 게이팅 네트워크$^{\text{Gating Network. 라우터와 같은 역할 수행}}$가 판단하는 구조입니다.

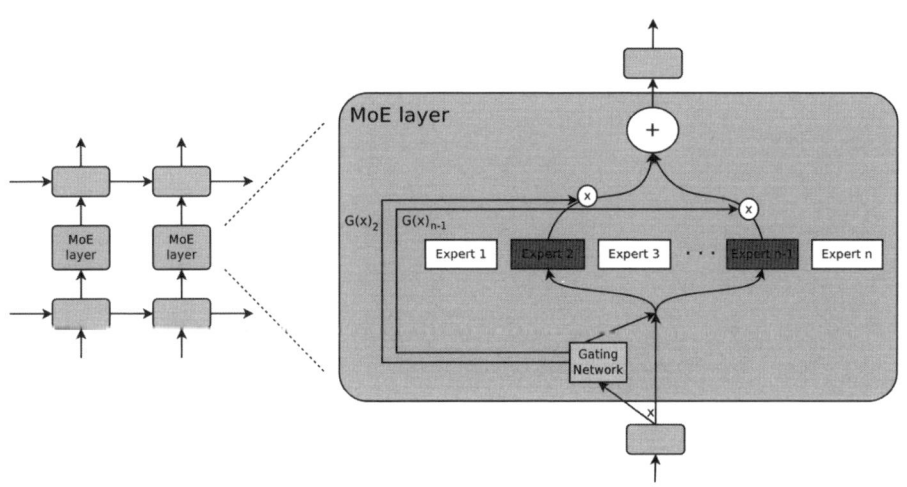

MoE 층. 게이팅 네트워크가 두 전문가 모델을 선택해서 연산을 수행하고 결과를 추가로 조율합니다
(출처: bit.ly/3U05c9a).

예를 들어, 다양한 식재료와 조리법에 대한 전문 지식을 가진 유명 레스토랑의 요리사들이 고객에게 최고의 요리를 제공하는 상황을 가정하겠습니다. 인테리어 코디네이터는 고객의 취향과 콘셉트에 맞는 공간 디자인을 제공하여 아늑한 공간을 연출합니다. 접객 담당자는 고객 한 명 한 명에게 다가가 고객의 니즈를 파악하고 최적의 요리와 와인을 제안합니다. 회계 담당자는 재무에 대한 전문 지식을 바탕으로 정확한 회계 처리 서비스를 제공합니다. 이러한 전문 지식과 기술을 결합하여 이 레스토랑은 고객의 오감을 만족시키는 총체적인 서비스를 제공합니다. 이처럼 MoE도 전문가 모델이 가진 전문 지식을 결합하여 보다 복잡한 문제를 해결합니다.

GPT-4와 MoE

GPT-4의 아키텍처에 대한 자세한 내용은 공개되지 않았지만, 대규모 모델 하나로는 모든 분야에서 최적의 결과를 내기 어렵다고 알려져 있습니다. 그래서 여러 개의 MoE를 결합하여 GPT-4의 지식을 보완하고 보다 효과적인 자언어 처리를 수행하는 것으로 추측됩니다. 깃허브 bit.ly/43DZ5dW에 공개된 정보에 의하면 GPT-4의 비결정적인 특성이 바로 다음 절에서 설명할 Sparse MoE(SMoE) 구조에 기인한다고 보고 있습니다.

일반적으로 temperature 파라미터 값이 0인 경우 모델의 출력은 결정적이어야 하지만, GPT-4에서는 다른 결과가 관찰됩니다. 이는 Sparse MoE가 시퀀스 배치 처리 시 토큰을 경합^{Contention}시키고 그 결과 시퀀스 레벨에서 비결정성을 유발하기 때문입니다. 이 비결정성은 GPT-4가 배치 추론을 사용하되 Sparse MoE 아키텍처가 시퀀스별 결정성을 보장하지 않기 때문에 발생하는 것으로 판단됩니다.

이런 이유로 GPT-4와 그 후속으로 준비 중인 GPT-5를 이해하려면 Sparse MoE 개념 이해가 필수적입니다. 또한 GPT-4와 성능면에서 버금가는, 2024년 2월에 Preview 버전이 공개된 구글 제미나이 1.5도 Sparsed MOE 모델이라는 것이 밝혀졌습니다(Google Japan Blog bit.ly/4ahpCAl).

03.10 Sparse MoE

Sparse MoE는 MoE의 일종으로, 각 입력에 대해 소수의 전문가 모델을 활성화하도록 설계되었습니다. 이를 통해 컴퓨팅 자원의 효율적 운영과 모델의 확장성을 향상시킵니다. Sparse MoE는 다음 그림에서 보듯이 게이팅 네트워크가 각 입력에 대해 활성화되는 전문가 모델 수를 제한합니다. 이를 통해 불필요한 계산을 피할 수 있고 대규모 데이터세트에서도 효율적으로 작동합니다.

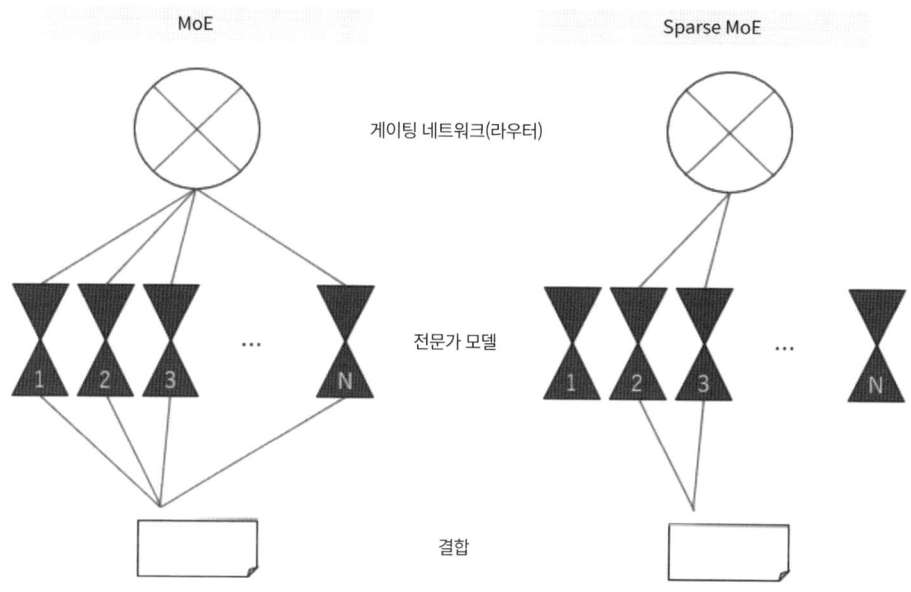

MoE 구조(왼쪽)와 Sparse MoE 구조(오른쪽)

요약하면, MoE는 여러 전문가 모델의 게이팅 네트워크를 결합한 모델로, 서로 다른 전문성을 가진 모델로 최상의 출력을 얻는 것이 목표입니다. Sparse MoE는 MoE가 발전된 형태로, 계산 효율성과 확장성을 향상시키기 위해 활성 전문가 모델 수를 제한합니다.

실습 파일 : Book5_7.ipynb

실습 25 나만의 LLM 파인튜닝하기

지금까지 LLM의 최신 개념과 기술을 설명했습니다. 이 책의 마지막 실습에서는 나만의 LLM을 파인튜닝하여 만들어 보겠습니다. 이를 통해 파인튜닝 이전에는 생성할 수 없었던 문장을 생성할 수 있습니다.

문제

2024년 2월에 구글이 공개한 Gemma 언어 모델을 이용하여 여러분의 로컬 컴퓨터에서 LLM 파인튜닝을 시도해 보세요.

해설

이번 과제에서는 GPU 사용이 필수이므로, 코랩에서 GPU 사용 설정을 먼저 하겠습니다. 코랩 상단 메뉴에서 [런타임 → 런타임 유형 변경]을 선택합니다.

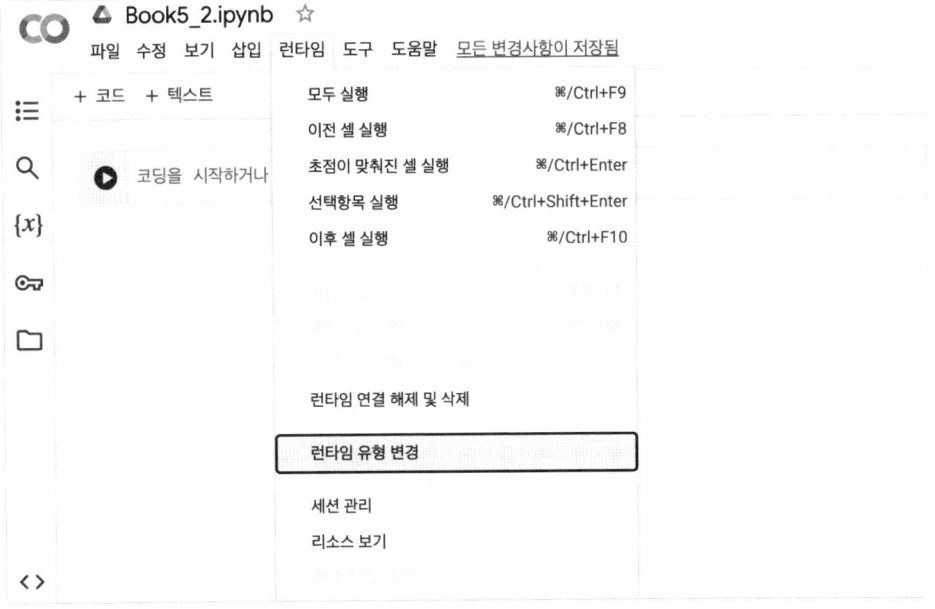

'런타임 유형 변경' 창이 뜨면 [T4 GPU]를 선택하고 [저장]을 클릭합니다.

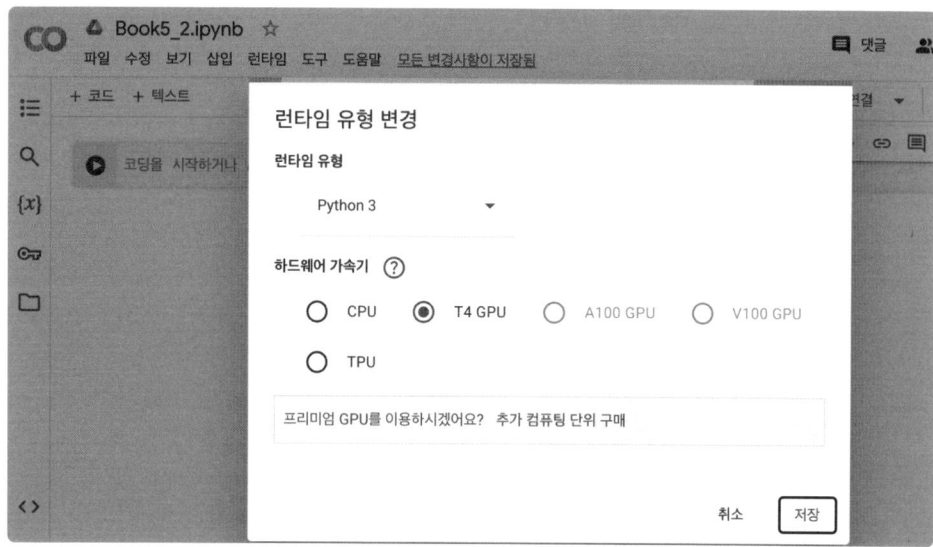

이제 코랩에서 GPU를 사용할 수 있는 환경이 되었습니다. 코랩 T4 GPU가 활성화되어 있는지 확인하려면 다음 코드를 코드 셀에 입력하고 실행합니다. 결과에 GPU 이름으로 Tesla T4가 보이면 활성화된 것입니다.

```
!nvidia-smi
```

```
Mon Apr  1 06:57:52 2024
+-----------------------------------------------------------------------------+
| NVIDIA-SMI 535.104.05   Driver Version: 535.104.05   CUDA Version: 12.2     |
|-------------------------------+----------------------+----------------------+
| GPU  Name        Persistence-M| Bus-Id        Disp.A | Volatile Uncorr. ECC |
| Fan  Temp  Perf  Pwr:Usage/Cap|         Memory-Usage | GPU-Util  Compute M. |
|                               |                      |               MIG M. |
|===============================+======================+======================|
|   0  Tesla T4              Off| 00000000:00:04.0 Off |                    0 |
| N/A   37C    P8    11W /  70W |      0MiB / 15360MiB |      0%      Default |
|                               |                      |                  N/A |
+-------------------------------+----------------------+----------------------+

+-----------------------------------------------------------------------------+
| Processes:                                                                  |
|  GPU   GI   CI        PID   Type   Process name                  GPU Memory |
|        ID   ID                                                   Usage      |
|=============================================================================|
|  No running processes found                                                 |
+-----------------------------------------------------------------------------+
```

이어서 이번 실습에 필요한 허깅페이스 Access 토큰을 생성하겠습니다. 먼저 다음 코드를 입력하고 실행합니다.

```
from huggingface_hub import notebook_login
notebook_login()
```

코드를 실행하면 허깅페이스 토큰을 입력하라는 문구가 나옵니다. 성공적으로 허깅페이스 토큰을 입력하면 다음과 같은 결과가 나옵니다.

▶ 허깅페이스에서 무료로 Access 토큰을 생성하는 방법은 실습 19를 참조하기 바랍니다.

```
Token is valid (permission: read).
Your token has been saved in your configured git credential helpers (store).
Your token has been saved to /root/.cache/huggingface/token
Login successful
```

이어서 양자화^{Quantized}된 LoRA$^{Low\text{-}Rank\ Adaptation}$, 즉 QLoRA에서 파라미터를 효율적으로 미세 조정하기 위해 필요한 모듈을 설치해야 합니다. 여기서 LoRA는 자연어 처리 분야에서 많이 사용하는 기술로, 사전 학습된 모델에 저차원 행렬을 추가해 효율적으로 모델을 업데이트하는 방법입니다. 이 방법을 사용하면 모델 크기를 크게 줄이면서도 높은 성능을 유지할 수 있습니다. QLoRA를 쓰면 LoRA 대비 처리 속도가 떨어지는 대신에 GPU 사용량을 75%까지 줄일 수 있습니다.

> **보충 수업 / 양자화**
>
> 양자화는 딥러닝 모델에서 가중치 등의 연속적인 값을 더 낮은 비트 정밀도의 값으로 간소화하는 것을 의미합니다. 예를 들어, 32비트 부동 소수점 수를 8비트 정수로 양자화하면 모델의 크기를 상당히 줄일 수 있습니다. 이 방법으로 모델의 크기를 줄이고 연산 속도를 향상시키는 것은 물론이고 에너지 효율성까지 증가시킬 수 있습니다.

다음 코드를 실행해 총 6개의 모듈을 설치합니다.

```
# 런타임 2분 30초 소요
!pip3 install -q -U transformers==4.38.0      #①
!pip3 install -q -U datasets==2.17.0          #②
!pip3 install -q -U peft==0.8.2               #③
!pip3 install -q -U trl==0.7.10               #④
!pip install -U bitsandbytes==0.42.0          #⑤
!pip install -U accelerate==0.27.1            #⑥
```

──────────────────── 8.5/8.5 MB 29.6 MB/s eta 0:00:00
──────────────────── 536.6/536.6 kB 9.2 MB/s eta 0:00:00
──────────────────── 116.3/116.3 kB 13.4 MB/s eta 0:00:00
(중략)

설치한 6개의 모듈을 간단히 살펴보겠습니다.

① `!pip3 install -q -U transformers==4.38.0`

　허깅페이스가 제공하는 transformers 라이브러리 버전 4.38.0을 설치합니다.

② `!pip3 install -q -q -U datasets==2.17.0`

　허깅페이스가 제공하는 다양한 데이터세트를 쉽게 로드할 수 있는 datasets 라이브러리 버전 2.17.0을 설치합니다.

③ `!pip3 install -q -U peft==0.8.2`

　PEFT 라이브러리 버전 0.8.2를 설치합니다. PEFT는 'Parameter-Efficient Fine-Tuning'의 약자로, LoRA 등의 기법으로 모델을 파인튜닝할 때 사용합니다. PEFT를 통해 모델 크기를 크게 늘리지 않고도 특정 작업에 특화된 모델을 만들 수 있습니다.

④ `!pip3 install -q -U trl==0.7.10`

　TRL 라이브러리 버전 0.7.10을 설치합니다. TRL은 'Transformers Reinforcement Learning'의 약자로, 강화 학습을 이용한 언어 모델 파인튜닝용 라이브러리입니다.

⑤ !pip3 install -U bitsandbytes==0.42.0

bitsandbytes 라이브러리 버전 0.42.0을 설치합니다. bitsandbytes는 양자화된 가중치를 사용하여 추론 속도를 높이기 위한 라이브러리입니다. 코드에서 '-q'는 콰이어트 모드로 출력을 억제하고 '-U'는 최신 버전으로 업그레이드라는 뜻입니다.

⑥ !pip3 install -U accelerate==0.27.1

accelerate 라이브러리 버전 0.27.1을 설치합니다. accelerate는 파이토치 혹은 텐서플로 모델의 분산 병렬 학습을 쉽게 구현할 수 있는 라이브러리입니다.

이 모든 라이브러리를 설치하면 양자화 가중치 사용, LoRA를 이용한 파인튜닝, 강화 학습을 통한 파인튜닝, 데이터세트 처리, 분산 프로세싱 실행 등을 할 수 있습니다. 이번 실습에서는 이들 라이브러리를 이용해 양자화된 Gemma-2b 모델을 파인튜닝하겠습니다.

모듈 설치를 마쳤다면 다음 코드를 실행합니다.

```
import torch
from transformers import AutoTokenizer, AutoModelForCausalLM, BitsAndBytesConfig    #①

bnb_config = BitsAndBytesConfig(                                                     #②
    load_in_4bit=True,
    bnb_4bit_use_double_quant=True,
    bnb_4bit_quant_type="nf4",
    bnb_4bit_compute_dtype=torch.bfloat16
)
```

코드에서는 허깅페이스에서 google/gemma-2b-it 모델을 불러오기 전에 ① bitsanbdytes 라이브러리로 4비트 양자화를 수행하여 메모리 사용량을 줄이도록 ② BitsAndBytesConfig 설정을 합니다.

이제 google/gemma-2b-it 모델을 불러올 차례입니다. 그런데 코랩 노트북에서 처음으로 이 모델을 불러올 때는 구글에 사용 신청이 필요합니다. 일단 다음 코드를 실행해 보겠습니다. 그러면 다음과 같은 에러 메시지가 나옵니다.

```
# 런타임 1분
model_id = "google/gemma-2b-it"
model = AutoModelForCausalLM.from_pretrained(
model_id, quantization_config=bnb_config, device_map={"":0})
tokenizer = AutoTokenizer.from_pretrained(
model_id, add_eos_token=True)
...중략...
```

```
OSError: You are trying to access a gated repo.
Make sure to have access to it at https://huggingface.co/google/gemma-2b-it.
403 Client Error. (Request ID: Root=1-660bc94e-14e3979c74d7ea88287bd2c9;67df3ec9-c1da-45c9-a19c-
4b089afe9653)

Cannot access gated repo for url https://huggingface.co/google/gemma-2b-
it/resolve/main/config.json.
Access to model google/gemma-2b-it is restricted and you are not in the authorized list. Visit
https://huggingface.co/google/gemma-2b-it to ask for access.
```

출력 결과의 맨 마지막에 있는 URL을 클릭하면 허깅페이스 웹 사이트로 이동합니다. 이때 허깅페이스 웹 사이트에 로그인되어 있지 않으면 다시 로그인하면 됩니다. 로그인 후 해당 페이지 맨 아래의 [Acknowledge license] 버튼을 클릭합니다.

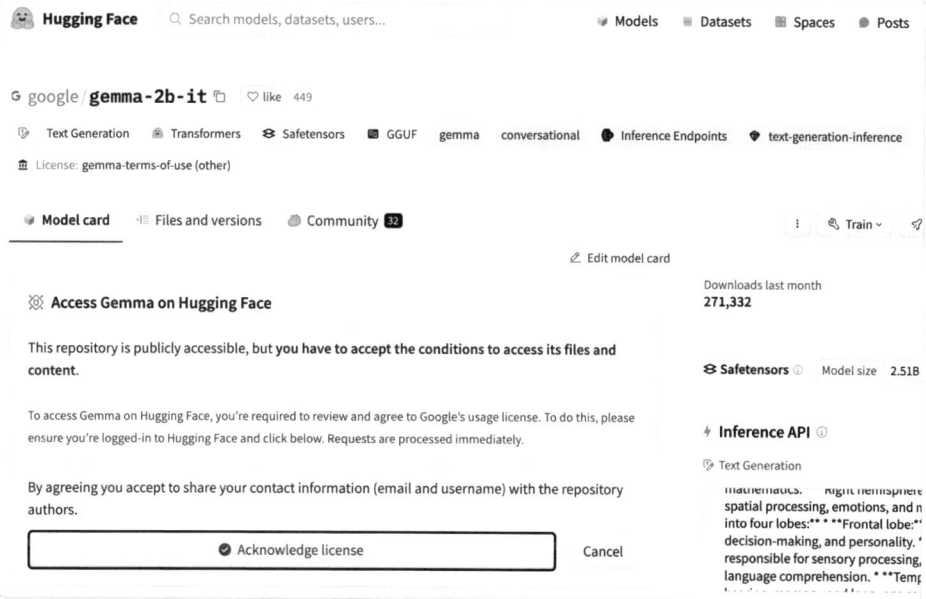

이 화면은 인터넷에서 머신러닝, 딥러닝 데이터세트를 제공하는 캐글 사이트가 허깅페이스의 계정으로 사용자의 계정명, 이메일 주소에 접근할 수 있도록 허용하는 과정입니다. [Authorize] 버튼을 클릭합니다.

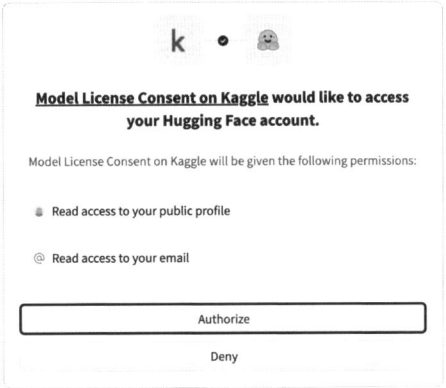

Gemma Access Request 페이지로 이동합니다. 입력란에 이름을 입력합니다.

화면을 스크롤해서 아래로 내려가면 Gemma 이용약관(Terms of Use)의 마지막 항목이 나타납니다. 두 항목 중 필수 체크 항목인 첫 번째 항목은 반드시 체크해야 하며 나머지 항목은 선택 사항입니다. 필수 항목에 체크한 다음 [Accept] 버튼을 클릭합니다.

이제 google/gemma-2b-it 모델을 사용할 준비가 되었습니다. 이제 에러가 났던 코드를 다시 실행하면 제대로 작동합니다. 이를 통해 모델을 불러오고 토크나이저를 생성합니다.

```
# 런타임 1분
model_id = "google/gemma-2b-it"

model = AutoModelForCausalLM.from_pretrained(
    model_id, quantization_config=bnb_config, device_map={"":0}) #①

tokenizer = AutoTokenizer.from_pretrained(
    model_id, add_eos_token=True)                               #②
```

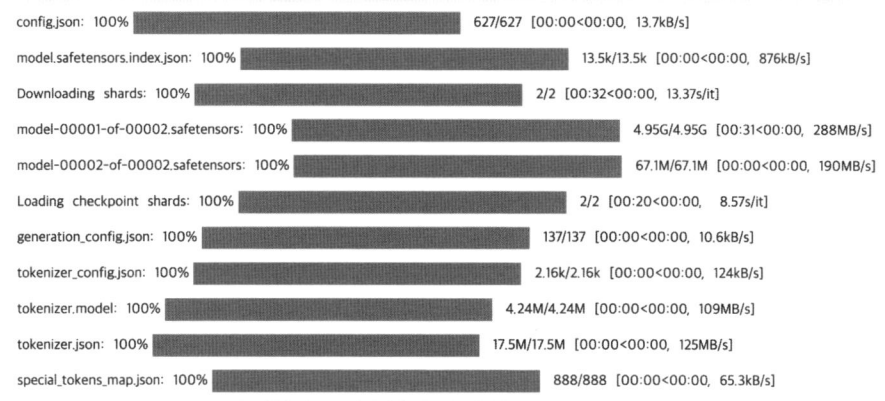

코드를 한 줄씩 살펴보겠습니다.

① `device_map={"":0}`

모델이 로드될 장치를 지정합니다. 이 경우 `{"":0}`은 모델을 첫 번째 GPU에 로드하라는 의미입니다. ""는 모든 모델 파라미터에 적용하라는 의미이며 0은 GPU 인덱스를 나타냅니다.

② `add_eos_token=True`

토크나이저가 각 시퀀스의 끝에 EOS^{End of Sequence} 토큰을 자동으로 추가하도록 합니다. 이 토큰은 문장이나 텍스트의 끝을 나타내며, 모델이 입력의 끝을 인식하게 합니다.

이어서 추론을 수행해 보겠습니다. 다음 코드는 구글의 Gemma 언어 모델에 쿼리를 입력하고 Gemma 모델의 출력을 얻기 위한 함수를 정의합니다. 그리고 예제 입력문을 투입하여 이 함수를 실행합니다.

```
def get_completion(query: str, model, tokenizer) -> str:      #①
    device = "cuda:0"                                          #②
    prompt_template = tokenizer.eos_token + """
<start_of_turn>user
다음은 작업을 설명하는 지침입니다. 요청을 적절하게 완료하는 응답을 한국어로
회신해 주십시오.
{query}
<end_of_turn>\n<start_of_turn>model"""                         #③

    prompt = prompt_template.format(query=query)               #④
    encodeds = tokenizer(prompt, return_tensors="pt",
                         add_special_tokens=True)              #⑤
    model_inputs = encodeds.to(device)                         #⑥
    generated_ids = model.generate(
        **model_inputs, max_new_tokens=64, do_sample=True,
        pad_token_id=tokenizer.eos_token_id)                   #⑦
    decoded = tokenizer.decode(generated_ids[0],
                               skip_special_tokens=True)       #⑧
    return (decoded)                                           #⑨

get_completion(query="자연어 처리를 공부하고 싶다면 어느 대학을 추천할까요?",
               model=model, tokenizer=tokenizer)               #⑩
```

A decoder-only architecture is being used, but right-padding was detected! Fo '\n user\n 다음은 작업을 설명하는 지침입니다. 요청을 적절하게 완료하는 응답을 한국어로 회신해 주십시오.\n 자연어 처리를 공부하고 싶다면 어느 대학을 추천할까요?\n \nmodel 자연어 처리를 공부하고 싶다고 듣던 분이라면 국제 대학에 진학하는 것이 일반적인 추천입니다. 이유는 다음과 같습니다.\n \n* **양질 교육:** 대학은 자연어 처리를 전문적인 학과로 제공하기

결과 맨 뒤에 복사 아이콘을 클릭하여 워드나 메모장에 붙여 넣으면 보기 좋은 형식의 결과를 볼 수 있습니다. 다음과 같이 말끔히 정리된 결과를 보면 쿼리 입력문에 대응하여 모델이 상당히 자연스러운 한국어를 생성하고 있습니다.

```
user
다음은 작업을 설명하는 지침입니다. 요청을 적절하게 완료하는 응답을 한국어로
회신해 주십시오.
자연어 처리를 공부하고 싶다면 어느 대학을 추천할까요?

model
자연어 처리를 공부하고 싶다고 듣던 분이라면 국제 대학에 진학하는 것이 일반적인
추천입니다. 이유는 다음과 같습니다.

* **양질 교육:** 대학은 자연어 처리를 전문적인 학과로 제공하기
```

다음은 코드에 대한 상세 설명입니다.

① `def get_completion(query: str, model, tokenizer) -> str:`

get_completion 함수는 쿼리, 모델, 토크나이저를 인수로 입력받습니다. 쿼리는 문자열로서 모델이 응답해야 할 질문 또는 요청입니다. 이 함수는 문자열을 반환합니다.

② `device = "cuda:0"`

device 변수에 cuda:0을 대입하여 GPU를 사용할 것을 지정합니다.

③ `prompt_template = tokenizer.eos_token + """`
 (중략)
`<end_of_turn>\n<start_of_turn>model"""`

prompt_template은 쿼리와 모델 출력을 정리하기 위한 템플릿 문자열로, 구글이 Gemma를 사전 학습과 ④에 쓰인 format 메서드가 사용한 태그를 포함합니다. 이때 특수 토큰과 태그를 사용하여 사용자의 질의와 모델의 대답을 구분합니다. 즉, tokenizer.eos_token은 입력의 끝을 나타내며 <start_of_turn>과 <end_of_turn> 태그는 대화의 시작과 끝을 구분하는 데 사용됩니다.

④ `prompt = prompt_template.format(query=query)`

prompt_template에 있는 쿼리가 포함된 문자열을 format() 메서드를 사용해서 prompt 변수에 저장합니다.

> 📝 **보충 수업** / **format 메서드**
>
> format 메서드는 문자열에 포함된 중괄호 {}를 사용해 지정된 값으로 대체하는 기능을 수행합니다. 예를 들어, prompt_template이 다음과 같다고 가정해 보겠습니다.
>
> prompt_template = "What do you think about {query}?"
>
> 여기서 사용자가 query="AI"라는 값을 전달하면 prompt_template.format(query=query)를 실행한 후의 prompt 문자열은 다음과 같이 됩니다.
>
> "What do you think about AI?"

⑤ encodeds = tokenizer(prompt, return_tensors="pt", add_special_tokens=True)

tokenizer를 사용하여 prompt를 숫자 텐서로 인코딩하여 encodeds에 저장합니다. return_tensors="pt" 코드로 파이토치 텐서를 반환하도록 지정합니다. add_eos_token=True 코드는 토크나이저가 각 시퀀스의 끝에 EOS 토큰을 자동으로 추가하도록 설정합니다.

⑥ model_inputs = encodeds.to(device)

encodeds를 GPU 메모리로 전송한 텐서가 model_inputs에 저장됩니다.

⑦ generated_ids = model.generate(**model_inputs, max_new_tokens=64, do_sample=True, pad_token_id=tokenizer.eos_token_id)

model.generate 메서드를 불러와 **model_inputs 인자의 값을 Gemma 모델에 입력합니다. max_new_tokens=64 코드로 최대 64개의 토큰 출력을 생성하도록 지정합니다. 이 값이 클수록 생성되는 문장과 시간이 길어집니다. 직접 실험해 본 결과 코랩 GPU(T4) 환경에서 max_new_tokens=64일 때 약 20초, max_new_tokens=256에서는 약 3분이 소요됐습니다. 그리고 do_sample=True 코드로 샘플링을 활성화합니다. 마지막으로 pad_token_id 코드로 EOS 토큰을 지정합니다.

⑧ decoded = tokenizer.decode(generated_ids[0], skip_special_tokens=True)

생성된 토큰 ID열 generated_ids를 tokenizer.decode로 문자열로 디코딩하여 변수 decoded에 저장합니다. 이때 skip_special_tokens=True 코드로 특수 토큰을 제외합니다.

⑨ return (decoded)

decoded(모델의 출력 문자열)를 반환합니다.

⑩ get_completion(query="자연어 처리를 공부하고 싶다면 어느 대학을 추천할까요?", model=model,tokenizer=tokenizer

get_completion 함수에 인자로 샘플 쿼리, 모델, 토크나이저를 전달하여 get_completion 함수를 실행합니다.

다음으로 파인튜닝을 위한 데이터세트를 입력하기 위해 Dataset.from_dict()를 사용합니다. 이를 사용해 샘플 데이터를 입력하면 datasets.load_dataset()에서 load_dataset()으로 데이터를 불러오는 것과 같은 형식으로 샘플 데이터가 변환됩니다. 보통은 허깅페이스의 datasets 라이브러리에서 더 많은 데이터로 파인튜닝을 수행하지만, 이 실습에서는 한국어로 학습하는 과정을 체험해 보고자 한국어로 된 output, input, instruction을 각각 1건씩만 입력합니다.

```
from datasets import Dataset
dataset = Dataset.from_dict({'output':["일본에서 자연어 처리를 공부한다면 논문
수나 대외적인 발표를 많이 하는 1) 도호쿠대학 건 연구실, 2) 교토대학 구로바시
연구실, 3) 도쿄공업대학 오카자키 연구실을 추천합니다.", "해외에서 자연어 처리를
연구한다면 논문 수나 대외적인 발표를 많이 하는 1)Allen Institute, 2)Standford,
3)Carnegie Mellon을 추천합니다."], "input":["일본에서 자연어 처리를 공부한다면
어느 대학, 어느 연구실을 추천해 주시겠습니까?", "해외에서 자연어 처리를
연구한다면 어디를 추천해 주시겠습니까?"], "instruction":["다음은 작업을 설명하는
지침입니다. 요청을 적절히 완료하는 응답을 한국어로 응답해 주십시오", "다음은
작업을 설명하는 지침입니다. 요청을 적절히 완료하는 응답을 한국어로 응답해
주십시오."]})

dataset
```

▶ 이 책이 제공하는 코드에서는 output, input, instruction 관련 텍스트를 한 줄에 입력합니다. 다만 책에서는 페이지 폭 제한으로 여러 줄에 나눠서 표기합니다.

```
Dataset({
    features: ['output', 'input', 'instruction'],
    num_rows: 2
})
```

이어서 generate_prompt 함수를 정의합니다. 그리고 데이터세트에 prompt라는 칼럼을 추가하고, input, instruction, output을 <start_of_turn>으로 시작하는 Gemma 형식으로 맞춥니다. 다음 코드의 prefix_text에 담기는 텍스트도 한 줄로 입력해야 하며 책 페이지 폭 제한으로 부득이 두 줄로 표기합니다.

```
def generate_prompt(data_point):

  prefix_text = '"다음은 작업을 설명하는 지침입니다. 요청을 적절히 완료하는 응답을 한국어로 응답해 주세요. \n\n\"'

# input 변수에 값이 들어 있는 샘플
  if data_point['input']:
    text = f"""<start_of_turn>user {prefix_text}
    {data_point["instruction"]} 입력 테스트: {data_point["input"]}
    <end_of_turn>\n<start_of_turn>model{data_point["output"]}
    <end_of_turn>"""                                            #①
# input 변숫값이 결측값인 샘플
  else:
    text = f"""<start_of_turn>user {prefix_text}
    {data_point["instruction"]}
    <end_of_turn>\n<start_of_turn>model{data_point["output"]}
    <end_of_turn>"""                                            #②

  return text

# 데이터세트에 prompt 칼럼 추가
text_column = [generate_prompt(data_point) for data_point in dataset]
dataset = dataset.add_column("prompt", text_column)             #③
dataset["prompt"]
```

['<start_of_turn>user "다음은 작업을 설명하는 지침입니다. 요청을 적절히 완료하는 응답을 한국어로 응답해 주세요. \n\n" 다음은 작업을 설명하는 지침입니다. 요청을 적절히 완료하는 응답을 한국어로 응답해 주십시오. 입력 테스트: 일본에서 자연어 처리를 공부한다면 어느 대학, 어느 연구실을 추천해 주시겠습니까?\n<end_of_turn>\n<start_of_turn>model 일본에서 자연어 처리를 공부한다면 논문 수나 대외적인 발표를 많이 하는 1) 도호쿠대학 건 연구실, 2) 교토대학 구로바시 연구실, 3) 도쿄공업대학 오카자키 연구실을 추천합니다. <end_of_turn>',

 '<start_of_turn>user "다음은 작업을 설명하는 지침입니다. 요청을 적절히 완료하는 응답을 한국어로 응답해 주세요. \n\n" 다음은 작업을 설명하는 지침입니다. 요청을 적절히 완료하는 응답을 한국어로 응답해 주십시오. 입력 테스트: 해외에서 자연어 처리를 연구한다면 어디를 추천해 주시겠습니까?\n   <end_of_turn>\n<start_of_turn>model해외에서 자연어 처리를 연구한다면 논문 수나 대외적인 발표를 많이 하는 1)Allen Institute, 2)Standford, 3)Carnegie Mellon을 추천합니다. <end_of_turn>']

코드를 한 줄씩 살펴보겠습니다.

① `if data_point['input']:` (코드 블록)

② `else:` (코드 블록)

　두 코드 블록 모두에 사용된 `<start_of_turn>model{data_point["output"]}` 코드를 통해 모델은 지정된 출력을 제공합니다.

③ `dataset = dataset.add_column("prompt", text_column)`

　`add_column()` 함수는 데이터세트에 새로운 칼럼을 추가합니다. 첫 번째 인자 "prompt"로 추가할 새 칼럼의 이름을 지정하고 두 번째 인자 text_column으로 새로운 칼럼에 들어갈 데이터를 제공합니다.

이제 이 코드의 출력 결과인 dataset을 다음 코드에서 무작위로 섞은 후에 토크나이저를 이용하여 인코딩합니다. 그리고 50:50 비율로 학습 데이터와 테스트 데이터로 분할합니다.

```
# 데이터세트 셔플
dataset = dataset.shuffle(seed=358)

# 토크나이저로 인코딩
dataset = dataset.map(lambda samples: tokenizer(samples["prompt"]),
                      batched=True)

# 데이터 분할
dataset = dataset.train_test_split(test_size=0.5)

train_data = dataset["train"]
test_data = dataset["test"]

print(train_data)
print(test_data)
```

이 코드에서는 dataset.map() 구문을 써서 입력 데이터에 대해 토크나이저를 이용한 일괄 인코딩을 수행합니다. 데이터 개수가 2건으로 작기 때문에 인코딩과 별 차이가 없지만, 대량의 데이터세트를 다룰 때 dataset.map()은 매우 유용합니다. 아울러 lambda samples: tokenizer(samples["prompt"]) 함수는 데이터세트의 각 샘플에 실행됩니다. 이 함수는 각 샘플의 "prompt" 필드(변수)의 내용을 가져와 tokenizer 함수가 처리하게 하고 그 결과를 반환합니다.

이어서 다음 코드에서는 PEFT 라이브러리에서 파라미터 효율적인$^{Parameter\ Efficient}$ 파인튜닝을 위한 모듈을 가져옵니다.

```
from peft import LoraConfig, PeftModel, prepare_model_for_kbit_training,
get_peft_model                                          #①

model.gradient_checkpointing_enable()                   #②
model = prepare_model_for_kbit_training(model)          #③
print(model)                                            #④
```

```
GemmaForCausalLM(
  (model): GemmaModel(
    (embed_tokens): Embedding(256000, 2048, padding_idx=0)
    (layers): ModuleList(
      (0-17): 18 x GemmaDecoderLayer(
        (self_attn): GemmaSdpaAttention(
          (q_proj): Linear4bit(in_features=2048, out_features=2048, bias=False)
          (k_proj): Linear4bit(in_features=2048, out_features=256, bias=False)
          (v_proj): Linear4bit(in_features=2048, out_features=256, bias=False)
          (o_proj): Linear4bit(in_features=2048, out_features=2048, bias=False)
          (rotary_emb): GemmaRotaryEmbedding()
        )
        (mlp): GemmaMLP(
            (gate_proj): Linear4bit(in_features=2048, out_features=16384, bias=False)
          (up_proj): Linear4bit(in_features=2048, out_features=16384, bias=False)
          (down_proj): Linear4bit(in_features=16384, out_features=2048, bias=False)
          (act_fn): GELUActivation()
        )
```

```
        (input_layernorm): GemmaRMSNorm()
        (post_attention_layernorm): GemmaRMSNorm()
      )
    )
    (norm): GemmaRMSNorm()
  )
  (lm_head): Linear(in_features=2048, out_features=256000, bias=False)
)
```

코드를 한 줄씩 살펴보겠습니다.

① `from peft import LoraConfig, PeftModel, prepare_model_for_kbit_training, get_peft_model`

이 코드는 모듈을 가져옵니다. 이 코드를 실행한 결과로 가져온 모듈은 다음과 같습니다.

- LoraConfig: LoRA 설정을 위한 클래스
- PeftModel: LoRA와 같은 파라미터 효율적 기법을 적용한 모델 클래스
- prepare_model_for_kbit_training: 모델을 저비트(4비트 또는 8비트) 양자화에 최적화하는 함수
- get_peft_model: LoRA 등의 기법을 적용한 PeftModel의 인스턴스를 가져오는 함수

② `model.gradient_checkpointing_enable()`

그레이디언트 체크포인팅을 활성화합니다. 그레이디언트 체크포인팅은 중간 계산 결과를 보관하지 않음으로써 메모리 사용량을 줄이는 방법입니다.

③ `prepare_model_for_kbit_training(model)`

`prepare_model_for_kbit_training` 함수를 사용하여 모델을 저비트(4비트 또는 8비트) 양자화에 최적화합니다. 이를 통해 모델의 메모리 사용량을 줄이고 LoRA 등의 기법을 적용할 때 계산 효율을 향상시킵니다.

④ `print(model)`

최적화된 모델의 구조를 출력합니다. 코드 출력 결과에서 모델이 GemmaForCausalLM임을 알 수 있습니다.

이제 Gemma 모델을 메모리 사용량을 줄이는 LoRA 기법 적용을 위해 최적화하겠습니다. 이를 통해 대규모 모델에서도 LoRA 기법을 효율적으로 적용할 수 있게 됩니다. 이의 일환으로 다음 코드에서는 bitsandbytes 라이브러리로 저비트(4비트 또는 8비트) 양자화 가중치를 사용하여 추론 속도를 높입니다.

```
import bitsandbytes as bnb

def find_all_linear_names(model):
    cls = bnb.nn.Linear4bit                                    #①
    lora_module_names = set()                                  #②

    for name, module in model.named_modules():                 #③
        if isinstance(module, cls):                            #④
            names = name.split('.')                            #⑤
            lora_module_names.add(names[0]
                        if len(names) == 1 else names[-1])     #⑥

    if 'lm_head' in lora_module_names:
        lora_module_names.remove('lm_head')                    #⑦

    return list(lora_module_names)                             #⑧

modules = find_all_linear_names(model)
print(modules)
```

['v_proj', 'down_proj', 'up_proj', 'q_proj', 'k_proj', 'o_proj', 'gate_proj']

코드에서 정의한 find_all_linear_names 함수는 주어진 모델의 모든 선형층^{Linear layer}의 이름을 가져오고 구체적으로 다음과 같은 처리를 수행합니다.

① `cls = bnb.nn.Linear4bit`

cls 변수에 4비트 양자화된 선형층 bnb.nn.Linear4bit를 할당합니다.

② `lora_module_names = set()`

lora_module_names라는 빈 집합을 생성합니다.

③ `for name, module in model.named_modules():`

model.named_modules()를 사용하여 모델의 모든 부분 모듈(모듈명 포함)을 루프로 가져옵니다.

④ `if isinstance(module, cls):`

획득한 부분 모듈이 cls(=bnb.nn.Linear4bit)의 인스턴스라면 해당 모듈 이름을 lora_module_names 집합에 추가합니다.

⑤ `names = name.split('.')`

문자열 name을 마침표(.)를 기준으로 분할하고 그 결과를 names라는 리스트에 저장합니다.

⑥ `lora_module_names.add(names[0] if len(names) == 1 else names[-1])`

names 리스트의 길이가 1인 경우와 그렇지 않은 경우를 구분합니다. 만약 len(names) = 1, 즉 names에 하나의 요소만 있으면 names[0] 코드를 사용하여 해당 이름을 lora_module_names 집합에 추가합니다. 그 외의 경우(else)는 names에 마침표(.)가 포함되어 여러 부분으로 구성된 것이므로(예: "AA.BB") names[-1]을 사용하여 마지막 부분(예: BB)을 lora_module_names 집합에 추가합니다.

⑦ `if 'lm_head' in lora_module_names:`
    `lora_module_names.remove('lm_head')`

lm_head가 모듈 이름에 포함되어 있는 경우(16비트 양자화된 경우) 이를 집합에서 제거합니다.

⑧ `return list(lora_module_names)`

lora_module_name 집합을 리스트로 변환하여 반환합니다.

이 코드 블록의 목적은 어떤 선형층에 LoRA를 적용해야 하는지를 결정하는 것입니다. 앞에서도 설명했듯이 LoRA는 모델의 일부 선형층만 조정하여 메모리 효율이 높은 파인튜닝을 하는 기법입니다. 따라서 대상 선형 계층을 미리 파악할 필요가 있습니다.

이어서 다음 코드에서는 LoRA를 설정하고 이 설정을 적용한 모델을 가져옵니다. 또, LoRA를 적용하여 어느 정도 파라미터 수를 줄일 수 있는지 확인합니다.

```
from peft import LoraConfig, get_peft_model

lora_config = LoraConfig(
    r=64,                       #①
    lora_alpha=32,              #②
    target_modules=modules,     #③
    lora_dropout=0.05,          #④
    bias="none",                #⑤
    task_type="CAUSAL_LM"       #⑥
)

model = get_peft_model(model, lora_config)
trainable, total = model.get_nb_trainable_parameters()

print(f"Trainable: {trainable} | total: {total} | Percentage: {trainable/total*100:.4f}%")
```

```
Trainable: 78446592 | total: 2584619008 | Percentage: 3.0351%
```

결과를 보면 전체에서 약 3%의 가중치만 업데이트하면 파인튜닝이 달성된다는 것을 알 수 있습니다. LoraConfig 인스턴스에서 각 인수와 역할은 다음과 같습니다.

① `r=64`

  LoRA의 Low-rank 근사치의 차원 수를 64로 설정합니다.

② `lora_alpha=32`

  LoRA의 스케일링 계수인 alpha 값을 설정합니다.

③ `target_modules=modules`

  앞의 코드에서 가져온 LoRA를 적용할 대상인 선형층 리스트를 지정합니다.

④ `lora_dropout=0.05`

  LoRA의 드롭아웃 비율을 0.05로 설정합니다.

⑤ `bias="none"`

  바이어스를 사용하지 않도록 설정합니다.

⑥ task_type="CAUSAL_LM"

작업의 종류를 인과 언어 모델$^{\text{CAUSAL\_LM, Causal language model}}$로 지정합니다.

이어서 다음 코드에서는 학습 클래스를 정의합니다.

```
# SFTTrainer(Supervised Fine-Tuning Trainer) 불러오기
import transformers
from trl import SFTTrainer                  #①

tokenizer.pad_token = tokenizer.eos_token
torch.cuda.empty_cache()

trainer = SFTTrainer(
    model=model,
    train_dataset=train_data,               #②
    eval_dataset=test_data,                 #③
    dataset_text_field="prompt",
    peft_config=lora_config,
    args=transformers.TrainingArguments(
        per_device_train_batch_size=1,      #④
        gradient_accumulation_steps=4,
        warmup_steps=0.03,
        max_steps=10,
        learning_rate=2e-4,                 #⑤
        logging_steps=1,
        output_dir="outputs",
        optim="paged_adamw_8bit",
        save_strategy="epoch"
    ),
    data_collator=transformers.DataCollatorForLanguageModeling(
        tokenizer, mlm=False),              #⑥
)
```

이 코드를 실행하면 경고 메시지가 뜹니다. 이번 실습에서는 이 코드와 후속 코드 실행 시 나타나는 모든 경고 메시지는 무시하면 됩니다. 이제 코드를 한 줄씩 살펴보겠습니다.

① `from trl import SFTTrainer`

TRI 모듈에서 SFTTrainer$^{\text{Supervised Fine-Tuning Trainer}}$를 불러와 모델을 학습시킬 준비를 마칩니다.

② `train_dataset=train_data`

③ `eval_dataset=test_data`

전처리된 데이터세트를 지정합니다.

④ `per_device_train_batch_size=1`

⑤ `learning_rate=2e-4`

학습 배치 크기, 학습률 등 다수의 하이퍼 파라미터를 지정합니다.

⑥ `data_collator=transformers.DataCollatorForLanguageModeling(tokenizer, mlm=False)`

transformers 라이브러리의 일부인 데이터 컬래이션 작업을 수행하기 위해 `transformers.DataCollatorForLanguageModeling`를 사용합니다. 코드에 사용된 생소한 영어 단어인 컬래이터^{Collator}의 원래 뜻은 '문서나 데이터를 정렬하고 조직화하는 사람'을 지칭합니다. 데이터 컬래이터 코드에서는 작업에 사용할 토크나이저를 지정하고 mlm=False 값을 지정합니다. 이 옵션을 통해 마스크된 언어 모델링$^{\text{MLM, Masked Language Modeling}}$을 적용하지 않게 됩니다. 이 설정으로 데이터 컬래이터는 입력 텍스트의 단어를 마스크 처리하지 않는 대신 모델이 주어진 텍스트에서 연속적으로 다음 토큰을 예측할 수 있게 데이터를 준비합니다.

이어서 trainer.train()를 통해 학습을 실행합니다. 그 결과 10회의 에포크를 진행하는 동안 학습 손실이 1.2102에서 0.2809까지 하락했습니다. 즉, 성공적으로 학습됐음을 알 수 있습니다.

```
# 런타임 1분 이하 소요
trainer.train()
```

[10/10 00:42, Epoch 10/10]

Step	Training Loss
1	1.210200
2	1.210200
3	0.864600
4	0.673900
5	0.555700
6	0.445700
7	0.387600
8	0.341600
9	0.303900
10	0.280900

이제 모델명을 지정하고 저장하기 위해 다음 코드를 실행합니다.

```
# 런타임 1분 이상 소요
new_model = "gemma-nlp-ko"                                              #①


trainer.model.save_pretrained(new_model)                                #②
base_model = AutoModelForCausalLM.from_pretrained(
    model_id,
    low_cpu_mem_usage=True,
    return_dict=True,
    torch_dtype=torch.float16,
    device_map={"": 0},
)

merged_model= PeftModel.from_pretrained(base_model, new_model)          #③
merged_model= merged_model.merge_and_unload()                           #④

# merged model 저장
merged_model.save_pretrained("merged_model",safe_serialization=True)    #⑤
```

코드를 한 줄씩 살펴보겠습니다.

① `new_model = "gemma-nlp-ko"`

② `trainer.model.save_pretrained(new_model)`

지금까지 학습시킨 모델 이름을 gemma-nlp-ko로 지정하고 이를 변수 new_model에 저장합니다.

③ `merged_model= PeftModel.from_pretrained(base_model, new_model)`

new_model을 base_model과 병합하여 모델명 merged_model로 저장합니다. 이 코드로 LoRA를 통한 파인튜닝 후 모델을 병합하는 과정을 거칩니다. 이 과정이 필요한 이유는 모델 크기 및 추론 속도 개선 그리고 모델 성능 향상 때문입니다.

먼저 LoRA는 사전 학습된 모델에 저차원 행렬을 추가해 효율적으로 모델을 업데이트하는 방법입니다. 이 방법을 사용하면 모델 크기를 줄이면서도 높은 성능을 유지할 수 있습니다.

하지만 LoRA로 파인튜닝한 후의 모델은 베이스 모델과 LoRA 어댑터(new model)의 2가지 모델로 구성되고 이를 그대로 두면 추론 속도가 느려진다는 단점이 있습니다. 이 문제를 해결하기 위해 베이스 모델과 LoRA 어댑터를 병합하여 하나의 모델로 만듭니다. 이로써 모델 크기, 추론 속도, 모델 성능을 동시에 개선할 수 있습니다.

> **보충 수업 / 모델 성능 향상**
>
> LoRA를 통한 파인튜닝은 특정 작업에 특화된 모델을 생성할 수 있습니다. 하지만 베이스 모델의 성능이 충분하지 않으면 LoRA 미세 조정의 효과도 제한적입니다. 이를 해결하려면 모델을 병합해 베이스 모델과 LoRA 어댑터의 정보를 융합합니다. 이로써 모델의 표현력을 높이고 성능을 향상시킬 수 있습니다.

④ `merged_model.merge_and_unload()`

통합된 모델의 가중치를 최적화하고 중복 가중치나 사용하지 않는 데이터 등의 리소스를 언로드(제거)합니다. 이 과정은 메모리 사용을 효율화하고 모델을 배포하거나 추가 사용할 때를 위해 최적의 상태로 만듭니다.

⑤ `merged_model.save_pretrained("merged_model",safe_serialization=True)`

최종으로 통합된 모델을 안전하게 직렬화(serialization)하여 저장합니다. safe_serialization은 transformers 라이브러리에서 도입된 기능으로, 모델을 보다 안전하고 효율적으로 직렬화하여 저장할 때 사용합니다.

> 📝 **보충 수업** / **직렬화**
>
> 직렬화는 객체, 데이터 구조, 또는 모델을 연속적인 비트 스트림^{Bit stream}으로 변환하여 파일 시스템에 저장하거나 네트워크로 전송하는 과정을 의미합니다. 여기서 비트 스트림은 0과 1로 구성된 시퀀스입니다. 이 직렬화 옵션은 복잡한 모델이나 대용량 모델을 다룰 때 사용하면 효율적입니다.

이제 이전과 같은 질문을 병합된 LoRA 파인튜닝 모델에 쿼리로 다시 한 번 입력하겠습니다. 사용한 모델이 merged_model임에 유의하세요. 그리고 실제 코드에서는 get_completion() 함수 내용을 한 줄에 모두 입력해야 합니다.

```
result = get_completion(query="자연어 처리를 공부하고 싶다면 어느 대학을
추천할까요?", model=merged_model, tokenizer=tokenizer)
print(result)
```

A decoder-only architecture is being used, but right-padding was detected! For correct generation results, please set `padding_side='left'` when initializing the tokenizer.

user
다음은 작업을 설명하는 지침입니다. 요청을 적절하게 완료하는 응답을 한국어로 회신해 주십시오.
자연어 처리를 공부하고 싶다면 어느 대학을 추천할까요?

model
자연어 처리를 공부하고 싶다고 듣던 분이라면 국제 대학에 진학하는 것이 일반적인 추천입니다. 이유는 다음과 같습니다.

* **양질 교육:** 대학은 자연어 처리를 전문적인 학과로 제공하기'

"자연어 처리를 배우려면 어느 대학을 추천할까요?"라는 쿼리에 모델은 국제 대학을 추천하고 있습니다. 이어서 질의의 맨 앞에 "일본에서"라는 문구를 추가해서 동일한 코드를 실행해 보겠습니다.

```
# 일본을 지정하고 물었을 때
result = get_completion(query="일본에서 자연어 처리를 공부하고 싶다면 어느
대학을 추천할까요?", model=merged_model, tokenizer=tokenizer)
print(result)
```

A decoder-only architecture is being used, but right-padding was detected! For correct generation results, please set `padding_side='left'` when initializing the tokenizer.

user
다음은 작업을 설명하는 지침입니다. 요청을 적절하게 완료하는 응답을 한국어로 회신해 주십시오.
일본에서 자연어 처리를 공부하고 싶다면 어느 대학을 추천할까요?

model
일본에서 자연어 처리를 공부하고 싶으면 다음 두 대학을 추천합니다.
1. **東京大「**
2. **京都大「**

파인튜닝 시 제공한 데이터 '도호쿠대학, 교토대학, 도쿄공업대학'이 학습되어 그중에서 교토대학이 모델 출력 대답에 포함되었습니다. 파인튜닝의 효과가 나타나고 있습니다. 이번에는 '해외에서'라는 문구를 추가해서 동일한 코드를 실행해 보겠습니다.

```
# 해외를 지정하고 물었을 때
result = get_completion(query="해외에서 자연어 처리를 공부하고 싶다면 어느
대학을 추천할까요?", model=merged_model, tokenizer=tokenizer)
print(result)
```

A decoder-only architecture is being used, but right-padding was detected! For correct generation results, please set `padding_side='left'` when initializing the tokenizer.

user
다음은 작업을 설명하는 지침입니다. 요청을 적절하게 완료하는 응답을 한국어로 회신해 주십시오.
해외에서 자연어 처리를 공부하고 싶다면 어느 대학을 추천할까요?

model
reputable international university would be a highly recommendable school of choice. The following are some well-known schools that offer a strong reputation in natural language processing (NLP):

1. Stanford University
2. Carnegie Mellon University
3. University of Cambridge
4. Oxford University
5. Massachusetts Institute of Technology (MIT

파인튜닝 시 제공한 데이터 '1) Allen Institute, 2) Standford, 3) Carnegie Mellon'가 학습되어 파인튜닝 이전에는 없었던 'Standford University'가 출력에 포함됐습니다. 이것이 파인튜닝의 효과입니다.

지금까지 실습을 통해 파인튜닝, 매개변수, 데이터 규모 등 여러 과정을 거치면서 사용자가 원하는 지식을 출력하는 모델을 간단하게나마 만들어 보았습니다. 이번 실습에서는 Google Gemma-2b의 LoRA를 이용한 파인튜닝을 통해 자연어 처리를 배우기에 적합한 대학을 추천해 주는 모델을 직접 다뤄 보았습니다. 한국어나 일본어를 처리하는 LLM 모델을 개인의 로컬 컴퓨터에서 자유롭게 사용할 수 있는 모델에 대한 구축 노하우가 거의 없기 때문에 이 실습이 여러분에게 조금이나마 도움이 됐으면 좋겠습니다. 이상으로 생성 AI부터 LLM까지 살펴본 기나긴 여정을 마치겠습니다.

찾아보기

특수문자

*연산자	120
**연산자	186
\n	146
+= 연산자	136

A – E

Access 토큰	132
accuracy_score	68
AI	14, 20
API	147
argmax( )	57
Array	47
BERT	199, 200
BLOOM	95
CBOW	80
CNN	93
Dense 층	149
Dim	69
dir( )	48
DPO	229
enumerate( )	136
EOS 토큰	244

F – I

F1값	70
FLAN	224
Flow-based	14
FN	70
format( )	244
Forward process	100
FP	70
GAN	14, 101
GeLU	175
Gemma-2b	238
Gemma	234
GPT	170
GPT-J	95
GPTs	25
GPU	105
InstructGPT	226
ipynb	34
item( )	57, 144
items( )	144

K – N

KTO	230
len( )	65, 146
Long integer	67
LoRA	236
LSTM 층	149
map( )	187
MLM	99
MMM	101
MoE	231
n-gram	114
NLP	81
np.split( )	187
NSP	99
NTP	170
numpy.allclose( )	50, 69
numpy.ndarray	47

O – Q

On-policy 알고리즘	228
OpenAI	17
OPT	95
picoGPT	171
Pipeline	196
Positional Encoding	157
PPO	79, 228
QLoRA	236

R – S

RAG	195
random.randint( )	73
range( )	146
ReLU	163

Reverse process	100
RLHF	226
RNN	93, 139
Sentence-Transformer	97
Seq2Seq	155
set( )	143
SGD	66
Sigmoid	163
SiLU	163
SimpleNN	66
skip-gram	80
Softmax	175, 176
Sora	219
sorted( )	143
spanned 코퍼스	217
Sparse MoE	233

T

T5	217
Temperature	42
Text To Image	104
Text to Text	217
TN	70
torch.argmax( )	69
torch.float32 타입	60
torch.float64 타입	60
torch.max( )	69
TP	70
TPU	157
train_test_split( )	65
Transformer	94
transformers	159

V - Z

VAE	14, 101
Word2Vec	80
WordPiece 토크나이저	207
zip( )	120

ㄱ

가이던스 스케일	107
감성 분석	95
값	164
강화 학습	78
개체명 인식	95
개행 문자	146
객체	54, 127
객체지향	53
게이팅 네트워크	231
게인 파라미터	178
계산량 크기 이론	41
교차 엔트로피 손실	66
구글 드라이브	39
구글 코랩	33
구분자	207
기울기	150
기울기 초기화	67

ㄴ - ㄷ

내부 파라미터	77
넘파이	174
뇌 임플란트	103
뉴런	91
뉴럴링크	103
다운스트림	95
다차원 배열	47, 147
다층 퍼셉트론	93
다트머스 회의	24
단순 퍼셉트론	92
달리3	21, 26
디코더	94
디코더 전용 모델	95
디코딩	142
디퓨전	15
디퓨전 모델	100, 219
딕셔너리	122
딥러닝	70, 91

찾아보기

ㄹ

라마	95
라이브러리	47
레이블	14, 68
리더보드	96
리스트	119
리스트 컴프리헨션	119

ㅁ

마스킹	185
매개변수	42
맷플롯립	43
머신러닝	43, 70
멀티모달	101
멀티모달 모델	101
멀티 헤드 어텐션	94
메서드	48, 54, 127
역법칙	218
모달	101
모듈	47, 203
무작위성	42
미니배치	150
미드저니	15

ㅂ

바이그램	115
바이어스 파라미터	179
배치 크기	150
벡터	56
분포 가설	80
비선형 함수	175
비지도 학습	78
빙	21

ㅅ

사이킷런	43
사후 학습	32
삼각 행렬	189

상속	53
생성자	127
생성 AI	14, 101
서브 워드	206
선형 분리	93
선형층	250
선형 회귀 모델	150
성능 지표	70
셀프 어텐션	155
속성	53, 127
손실 함수	66
수상돌기	91
순방향 신경망	93
순방향 전파	53
순환신경망	139
스칼라	56
스케일	64
스케일링 법칙	218
스테이블 디퓨전	15, 104
스텝 함수	92
슬라이싱	145
시각화	72
시퀀스	119
신경망	43
심층 신경망	93

ㅇ

양자화	236
어텐션	164
언어 모델	112
얼라인먼트	226
에포크	67, 150
역함수	100
오차역전파	141
위치 인코딩	157
원샷 학습	222
위치 인코딩	157
유니그램	115
은닉 상태	140
은닉층	91

의존성	106
이상 감지	78
이상값	64
인공지능	20
인덱스	48, 144
인덱싱	48, 144
인수	56
인스턴스	55
인스턴스화	54
인스트럭션	224
인코더	94
인코더-디코더 모델	95
인코더 전용 모델	95
인코딩	142
일반화	77
임베딩	90
임베딩 층	149
입력 시퀀스	145
입력층	91
입력 토큰	156
입력 ID	191

ㅈ

자기 지도 학습	78
자기회귀 모델	199
자연어 처리	15
잠재 공간	101
재현율	70
전결합형 신경망	53
전문가 모델	231
절편	150
정규화	62
정밀도	70
정확도	68
제로샷 학습	222
제미나이	95
조정 계수	179
지도 학습	77
직렬화	257

ㅊ

창의성	42
챗GPT	17
초기 가중치	25
최적화 함수	66
추상화	42, 77
추천 시스템	78
출력층	91
출력 토큰	156

ㅋ

캐스트	60
컬래이터	254
케라스	147
코드 셀	35
코랩 프로	104
코파일럿	21
쿼리	164
클래스	54, 127
클로드3	95
키	164
키워드 인자	186

ㅌ

타깃 시퀀스	145
테스트 데이터세트	65
텍스트 셀	35
텐서	56
텐서플로	33, 147
튜링 테스트	16
튜플	119
트랜스포머	14, 94, 157
트리그램	116
특수 토큰	207

찾아보기

ㅍ

파라미터	150
파이토치	33, 147
파이썬	147
파인튜닝	170, 222
패키지	47
평탄화	55
폰 노이만	31
표준편차	63
풀링	97
퓨샷	222
프롬프트	17
플러그인	25

ㅎ

하이퍼 파라미터	150
학습 데이터세트	65
학습률	150
학습 에포크	150
행렬	56
허깅페이스	131
혼동 행렬	71
확률적 경사하강법	66
활성화	91
활성화 함수	92